LA VIE
HORS DE CHEZ SOI

Ce volume a été déposé au ministère de l'intérieur (section de la librairie) en décembre 1875.

PARIS. TYPOGRAPHIE DE E. PLON ET Cie, RUE GARANCIÈRE, 8.

LA VIE
HORS DE CHEZ SOI

LA VIE
HORS DE CHEZ SOI

(COMÉDIE DE NOTRE TEMPS)

L'HIVER — LE PRINTEMPS
L'ÉTÉ — L'AUTOMNE

ÉTUDES AU CRAYON ET A LA PLUME

PAR

BERTALL

PARIS
E. PLON ET Cie, IMPRIMEURS-ÉDITEURS
RUE GARANCIÈRE, 10

1876

AVANT-PROPOS

LA nature a refusé à l'homme l'instinct merveilleux qui depuis la création guide les autres animaux, et les maintient imperturbablement, comme sans dérogation aucune, dans les habitudes et dans la voie qui conviennent à leur organisation.

A titre de compensation, elle lui a départi une faculté secondaire dont l'homme s'enorgueillit bien à tort, et qu'il s'est plu à désigner sous le nom d'intelligence.

Cette intelligence n'est autre qu'un instinct vague et non circonscrit, qui pousse les hommes à imiter à peu près ce qu'ils voient autour d'eux, à s'approprier tant bien que mal les habitudes, les façons d'agir, et jusqu'à certaines lois sages et immuables qui président à la vie des êtres répandus avec eux sur le globe.

Ces imitations, ils les font grâce à la main, outil adroit, souple et industrieux, dont ils sont pourvus; outil sans lequel l'intelligence serait stérile; ils les font à leurs risques et périls, au gré de leurs besoins, de leur caprice ou de vagues désirs, copistes souvent médiocres, incomplets, hésitants ou irrésolus, soit faute de l'instinct précis qui leur désignerait avec rectitude ce qui leur convient, soit par suite de l'imperfection de leurs moyens d'agir.

Avant que les hommes aient commencé à s'abriter sous des amas de branches et de feuillages, alors qu'ils se cachaient tristement dans les trous de rochers creusés par les mouvements du sol, les castors réunis en société savaient depuis longtemps construire les huttes où ils élèvent leur famille, édifier les barrages intelligents qui protégent leurs constructions contre les eaux violentes et rapides. Les hirondelles savaient arrondir la voûte de leurs nids. Les fourmis industrieuses creusaient leurs galeries et bâtissaient leurs cités. Les abeilles construisaient avec art les ruches merveilleuses où se cachait et se cache encore une civilisation qui a ses règles, ses lois, ses respects et ses obéissances. Civilisation transmise immuable jusqu'à nos jours, sans contestation, sans discussion et sans révolution d'aucune sorte.

* * *

Depuis que le monde des abeilles est monde, n'est-il point intéressant d'interroger cette organisation puissante et combinée savamment pour les besoins des êtres qui en jouissent? Organisation qui n'a cédé à aucun affaissement, aucune démoralisation quelconque, basée sur une solidarité complète, un travail incessant, producteur et prévoyant, une société où les travailleurs assidus ne discutent pas leur travail, où cependant il existe d'apparentes aristocraties, où depuis des milliers d'années les reines se succèdent invariablement respectées. Ces curieux et saisissants modèles, fournis par ce qu'on est convenu d'appeler l'instinct, l'intelligence des hommes s'est efforcée de les copier. Mais que de fautes évidentes dans la copie!

L'instinct, c'est peut-être le devoir.

* * *

Ainsi donc, depuis qu'ils figurent sur la machine ronde, comme l'a dit le bon La Fontaine, ce merveilleux poëte historiographe de la race animale, les hommes se sont appliqués tant bien que mal ou à la copier ou à la voler.

Nus, ils imitent pour se couvrir les fourrures des animaux, auxquels ils les empruntent pour les transformer suivant les exigences des climats et des saisons. Ils parent leur tête de la dépouille des oiseaux, leur poitrine et leurs bras de l'écaille des mollusques ou des poissons.

* * *

Marchant péniblement et lentement sur le sol, faibles et ne pouvant porter que d'humbles fardeaux, ils confisquent à leur profit les jambes des ânes, des chevaux, le poitrail des bœufs, le dos des dromadaires et des éléphants. Doués d'une vue courte, ils empruntent l'œil du faucon. L'odorat chez eux étant sans valeur, ils s'attachent celui du chien.

Ils imitent pour leurs parures les couleurs éclatantes des fleurs, des oiseaux et des insectes.

Pour se déplacer et courir le monde, ils cherchent à copier, dans la forme

de leurs bateaux, les poissons qui traversent les fleuves, les rivières et les océans.

Jusqu'ici ils n'ont pu, malgré de fréquents et célèbres essais, imiter l'aile des oiseaux, qui franchissent les montagnes, les immenses déserts de sable et les mers. Mais ils n'y renoncent point, et nos descendants verront sans doute ce prodige.

Les oiseaux sont donc le *desideratum* et le rêve jusqu'alors impossible.

Quelle jouissance les hommes n'entrevoient-ils pas dans cette faculté de s'élever au-dessus des ornières dans lesquelles ils se traînent, de fendre l'air d'un vol rapide et sûr, et de pouvoir gagner à leur gré, comme les oiseaux, d'autres régions et d'autres climats!

Êtres heureux et privilégiés, ces oiseaux! Lorsque, dans les régions du Nord, le froid emprisonne la terre et l'eau, lorsque les neiges couvrent le sol et que la verdure a disparu balayée par les frimas, ils réunissent leur famille et leurs amis : le soleil brille autre part, se disent-ils, il est au sud des endroits bénis où il caresse la terre de ses rayons, où les arbres sont

verts, où les grains mûrissent, où les insectes bourdonnent, où le ciel est bleu. Le soleil, où est-il? Allons le chercher. — Et ils partent.

Puis plus tard les saisons ont accompli leur marche. Le soleil qu'ils ont été rechercher à tire-d'aile est devenu brûlant. La terre se dessèche et la verdure s'éteint; l'air étouffant embrase la poitrine.

Où est la fraîcheur? se disent-ils.

Et ils partent.

En quelques coups d'aile ils vont retrouver au nord les pins verts, les

eaux rafraîchissantes, les forêts ombreuses et les toits amis où ils viennent accrocher amoureusement leurs nids.

Les hommes n'ont pu trouver encore, pour se l'approprier, le secret de ces ailes. Mais, envieux de leur puissance, ils se sont efforcés de copier au moins les mœurs intelligentes des oiseaux.

Comme eux, au temps du ciel gris et froid, de la glace et des neiges, ils se demandent où est le soleil.

Au temps où le soleil est brûlant, ils se disent : Où est la fraîcheur?

Et ils partent.

En attendant les ailes qu'ils rêvent, ils ont les chemins de fer, ce mille-pattes au souffle de feu qui dévore la route aussi rapidement qu'on peut le faire lorsqu'on ne quitte point la terre.

LES CHEMINS DE FER

Il y a seulement trente ans, celui qui voulait quitter les brumes ou les neiges de Paris pour aller saluer le soleil à Marseille mettait huit jours à opérer ce lointain voyage. Il lui fallait changer trois fois de diligence et deux fois de bateau sur la Saône et sur le Rhône jusqu'à Avignon.

Il arrivait moulu, harassé, fourbu dans la vieille ville des Phocéens, où il ne trouvait que des auberges à marchands de blé, et de repoussante cuisine à l'huile.

Maintenant le voyageur s'emballe proprement le soir à Paris après son dîner, dans une boîte roulante bien et dûment aménagée, capitonnée avec soin, et le lendemain, seize heures après son départ, il arrive pour le second déjeuner à Marseille.

A l'hôtel, taillé sur le patron des hôtels de Londres, de Vienne ou de Paris, il trouve les mêmes chambres, les mêmes garçons couverts des mêmes

habits noirs, tenant sous le bras les mêmes serviettes blanches, et servant pour le même prix les mêmes mets, dans les mêmes plats de ruolz ou d'argent.

Les mêmes servantes égrillardes pour faire et défaire les lits.

Il n'y a rien de changé autour du touriste, qu'un peu de soleil de plus. Et encore, parfois, et notamment comme cette année, il arrive qu'il n'y en a guère.

* * *

Le caractère particulier de l'époque où nous vivons est dans la faculté de déplacement rapide et facile. Cette faculté doit-elle fatalement et nécessai-

— Mesdames et messieurs, si vous avez des commissions pour n'importe où, j'y vais.

rement amener entre les individus, et par suite entre les peuples, une fusion de mœurs, d'usages et d'intérêts; un frottement perpétuel qui polira et supprimera peu à peu les angles aigus avec lesquels ils se blessent?

Peu à peu se passera-t-il, quoi qu'on puisse faire, entre les différents peuples d'Europe, ce qui s'est passé, grâce aux routes, entre les habitants des différentes contrées de la France?

Les idées comme les mots se mélangeront-ils dans une certaine harmonie d'où sortira une nouvelle langue, d'où sortiront aussi d'autres rapports et d'autres coutumes?

Les voies rapides de communication, instrument inévitable de paix, ne seront-elles plus détournées de leur mission pour servir d'engins à de nouvelles guerres, et les divisions entre les habitants de l'Europe seront-elles oubliées comme le sont de nos jours les querelles des Bourguignons et des Armagnacs?

Il est permis tout au moins de l'espérer, sinon de le croire.

* * *

A défaut d'autres progrès, nous aurons celui du voyage rapide, heureux toutefois si la sottise humaine ne s'arrange pas de façon à le contre-balancer, comme d'habitude, par d'autres fautes et d'autres erreurs.

* * *

Toujours est-il que la façon de voyager s'est bien transformée depuis le jour où Sterne écrivait sa fameuse préface dans la *désobligeante*, et où M. de Voltaire employait dix journées pour gagner en chaise son ermitage de Ferney.

* * *

Si M. de Voltaire, endormi cent ans comme feu Épiménide, se réveillait dans sa chambre à l'hôtel de son quai, au coin de la rue de Beaune, et trouvait sur sa table de nuit le billet suivant :

« Cher et illustre ami,

« Un *télégramme* de Marseille qui arrive à l'instant, huit heures du matin, « m'apprend qu'aujourd'hui, à sept heures et demie, le temps est superbe,

« et s'annonce on ne peut mieux pour le départ demain du *steamer* de « Marseille à Alexandrie. On sait que le vapeur n'attend pas. En huit jours, « tout compris, vous serez au Caire. Le bâtiment est excellent, il est à « hélice, et fait le voyage de Marseille à Canton par l'isthme de Suez en « trente-cinq jours. Prenez immédiatement votre *ticket* à la gare de la « *Méditerranée*. Faites-vous réserver un *wagon* pas trop rapproché de « la locomotive pour vous et madame Denis. Le *tunnel* de Dijon ayant à « subir quelques réparations, vous mettrez une demi-heure de plus dans « votre voyage. Il vous faudra près de dix-sept heures pour être à la Canne-« bière. C'est un peu long et fatigant; mais il faut se résigner. Au retour, les « réparations du tunnel seront terminées, et vous n'aurez que seize heures « à rester sur le *railway*. Au *buffet* d'Avignon, envoyez-nous une dépêche « par *fil électrique*, afin de nous renseigner sur la façon dont vous avez « supporté un voyage aussi long. Si vous n'êtes pas obligé de vous arrêter à « Avignon, dites-le-moi par télégramme. J'avertirai à l'instant mon neveu « Denis, qui ira vous attendre au *débarcadère* à Marseille. Ne craignez pas « les *déraillements*, la voie est sûre. Votre cheval favori vous suit dans un « *box*. A l'arrivée on l'attellera à votre *victoria*, que j'ai fait mettre sur le « *truck*. N'oubliez pas de nous faire faire votre *photographie*. Le soleil de « Marseille est excellent pour les portraits. Le photographe demeure près de « la *gare*, à cinq minutes du *chemin de fer*.

« Votre très-humble et très-dévoué serviteur,

« DENIS. »

M. de Voltaire ne comprendrait pas un mot à la lettre, et se croirait le jouet d'une absurde mystification.

* * *

Et cependant, malgré cette grande ignorance des gens du passé sur les choses du temps où nous vivons, en dépit de cette lumière nouvelle qui luit pour ceux qui occupent actuellement la place, et dont l'esprit devrait s'illuminer chaque jour davantage, combien peut-on compter d'hommes supérieurs à ceux qui vivaient alors? supérieurs audit M. de Voltaire, supérieurs à Sterne, supérieurs à Beaumarchais, etc., etc., etc.; lesquels eux-mêmes,

EN CHEMIN DE FER

— Quand on vous dit qu'il n'y a plus qu'une place !

— Ce qui me va, c'est qu'un fort épicier comme moi, avec sa dame et sa demoiselle, ça fait la route comme le premier duc venu, et tout aussi vite, et je fais mettre mon employé dans les secondes.

Cinq minutes d'arrêt.

Un jeune homme bien élevé doit savoir prendre son mal en patience... mais il n'est pas défendu d'éternuer.

Aussi parfois le bien vient en dormant.

Buffet.

malgré le progrès réalisé de leurs jours, ne l'emportaient pas d'une manière flagrante sur Homère, ou Plaute, ou Corneille, ou Molière, etc.

La vaniteuse théorie du progrès n'est-elle point semblable à ce progrès apparent de la mer qui envahit certaines plages pour en abandonner d'autres? ou bien à un procédé connu qui consiste à découvrir saint Pierre pour couvrir saint Paul?

* * *

L'homme sage use des nouveautés que lui apporte son temps, comme elles viennent et comme elles sont; il s'y conforme, de même qu'il arbore des pantalons au lieu de mettre des culottes, des chapeaux tromblons au lieu de chapeaux à cornes, des paletots au lieu de pourpoints et de lévites. Il s'accommode ainsi à la façon et à la mode du jour, et en profite dans la mesure qui lui est convenable.

Maintenant il va plus loin, mais voit moins; il y a compensation. Il ne peut l'éviter et s'y résigne. Jadis on voyageait, et l'on pouvait voir et observer. Maintenant on part, et l'on arrive.

On n'a vu sur la route que les mêmes poteaux qui semblent courir, les

mêmes fils télégraphiques qui semblent danser, et les mêmes employés surmontés des mêmes casquettes qui viennent assurer les portières et crier le nom des gares. Impossible de constater la différence de ces gares entre elles s'ils n'avaient soin de prévenir le voyageur.

Tous les buffets où l'on se repaît en route sont exactement pareils. Le même bouillon brûlant dans les mêmes bols, la même tranche de filet de bœuf

MADAME LA MARQUISE DE NIMPORTECUA.

— Ne jamais changer de ciel, d'air, *et cætera*, c'est trop triste.

M. LE COMTE DE NIMPORTEKI.

— Rester toute sa vie à la même place comme le premier croquant venu;
c'est trop bête.

COMPARTIMENT DES DAMES SEULES.

— Avec ça que c'est drôle... Autant la prison cellulaire.

assise sur la même purée de pommes de terre, le même petit carafon de vin se dressant devant l'assiette.

Ces observations du touriste, limitées à ces constatations de perpétuelle identité, ne peuvent fournir d'aliment varié à l'étude et à la comparaison. Et si l'on n'avait en poche le guide Joanne, on ne saurait même pas où l'on passe.

*
* *

On part donc, et l'on arrive, à peu près comme arrivent les boucauts de sucre et les balles de soie ou de café. Tous les points intermédiaires sont comme s'ils n'existaient point. On arrive, c'est l'essentiel.

*
* *

Cette faculté précieuse de déplacement rapide fait on ne peut mieux l'affaire du riche et du désœuvré qui ne sait à quoi au juste employer son temps, et qui l'utilise de son mieux pour sa santé, son bien-être ou son plaisir.

*
* *

La famille Benoiton est le type de la famille moderne dont un instant fut pris sur le vif par Victorien Sardou dans un de ces buffets situés sur la route de notre temps.

Cette famille a des ramifications dans tous les pays. Les Benoiston en Angleterre, Van Benoitonnen en Hollande et en Belgique, Benoitonmann en Allemagne, don Benoitonno en Espagne, Benoitonni en Italie, Benoitonski et Benoitonnoff en Russie se tiennent par des liens évidents.

Ils sont riches en écus, en roubles, en thalers, en ducats ou en guinées. Ils sont partout et ne sont jamais ou presque jamais chez eux.

*
* *

Ces gens, grâce aux chemins de fer qui sillonnent l'Europe, ont inventé la vie hors de chez soi.

Madame Benoiton a rompu complétement la tradition de la femme du temps passé qui restait à la maison et filait de la laine :

Domum mansit, lanam texit ;

elle ne reste jamais à la maison et ne file qu'en chemin de fer.

M. Benoiton, tous les grands et petits Benoiton n'ont rien trouvé de mieux que d'imiter Madame.

L'année commence.

Toutes les familles de race Benoiton se disent simultanément : Il fait froid ici, allons au Midi : C'est l'HIVER.

Puis : Il fait bon là-bas, voici la saison, allons à Paris : C'est le PRINTEMPS.

Puis : Il fait étouffant et brûlant à Paris, allons aux bains de mer, aux eaux : C'est l'ÉTÉ.

Puis : Le temps s'est par trop rafraîchi, c'est le moment des moissons, de la chasse, des veillées aux châteaux : C'est l'AUTOMNE.

Et ils sont toujours sur les routes, se voyant, se retrouvant partout, voyageant à condition de ne voir que les gens qu'ils ont vus autre part, jouant partout à peu près la même comédie, dont les décors seuls varient.

VOYAGES ET VOYAGEURS

Comme du temps de Sterne, il y a toujours eu plusieurs sortes de voyageurs :

Voyageurs oisifs,

Voyageurs curieux,

Voyageurs menteurs,

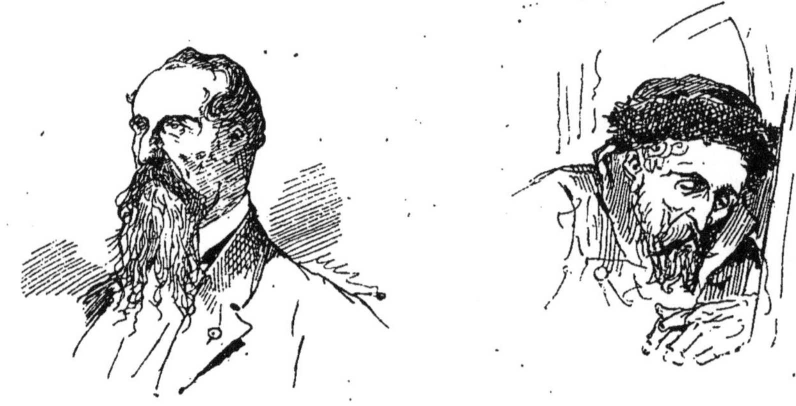

Voyageurs orgueilleux, voyageurs sombres,

Voyageurs malades.

Puis les voyageurs contraints, les voleurs, les bandits, auxquels nous ajouterons les gendarmes ;

Les voyageurs innocents et infortunés,

— Madame, vous offrirai-je un peu de ce bœuf à la mode?

Les voyageurs simples,

Enfin les voyageurs de commerce.

Le voyageur sentimental tient encore sa place, malgré la différence des temps et le peu de rapports qui existent entre les wagons où l'on est huit et les désobligeantes ou chaises de voyage où l'on était deux.

Dans cette dernière catégorie peut se placer une sorte de voyage qui ne se fait le plus souvent qu'une fois, rarement deux, le voyage dit de la lune de miel.

* * *

De nos jours, ceux qui voyagent, sans y être poussés par la nécessité, comme les marchands, les négociants, les caissiers, les voleurs, les gens

Par état.

d'affaires et de gendarmerie; ou pour conduire les autres, comme les postillons, les chauffeurs et les chefs de train, ne voyagent guère que pour faire comme les autres qui voyagent, et pouvoir raconter qu'ils ont voyagé.

PREMIÈRES.

— Quand on a de quoi, on ne se gêne pas pour les dames!
Avec ça que les dames se gênent!...

PREMIÈRES.

— Le saucisson à l'ail ne vous gêne pas?

SECONDES.

Il y aura du foin cette année.	Le cuisinier de M. le comte.	Voyage pour les savons.	Voyage pour madame la comtesse.	Les femmes, je connais ça... Des bêtises.

TROISIÈMES.

— Pourvu que l'odeur du tabac n'incommode pas madame.

Ils ne peuvent supporter la pensée qu'au printemps, à Paris, on puisse leur dire un jour :

— Ah çà! où donc étiez-vous cet hiver qu'on ne vous a vu ni à Cannes, ni à Nice, ni à Menton, ni à Monte-Carlo?

Si l'on ne répond pas qu'on était à Pau, à Biarritz ou en Italie, on est perdu.

— Mais c'est vraiment incroyable, mais ça ne se fait plus. Qui est ce qui reste à Paris pour décembre et janvier? Il n'y a plus que les boutiquiers, les employés, les boursiers et les concierges.

Jadis, comme disait Sterne, un Anglais ne voyageait pas pour voir des Anglais.

Les Français du temps présent ne sont pas de cet avis. Ils ne vont guère qu'aux endroits où il y a des Français, où on peut les voir, ou bien en être vu.

Il y a quelques endroits réputés *endroits chic*, où il est convenu et convenable d'aller : *Monte-Carlo* est *chic, Cannes* est *chic, chic;* ainsi est *Nice* et ainsi *Menton*. *Hyères* a quelque *chic* pour certaines maladies. Toutes les autres stations sur la côte, quelque ravissantes qu'elles soient, n'ont encore aucun *chic*.

On n'y va pas.

* * *

Celui ou celle qui s'arrête un instant par hasard ou désœuvrement à l'un de ces endroits où la terre et le ciel sont bénis, mais où l'on ne revoit pas les mêmes individus, les mêmes toilettes et les mêmes chapeaux que l'on rencontre chaque jour à Paris, ou au bois, ou sur le boulevard, dans les salons, ou dans les cercles :

Impossible de rester ici, se dit-on; il n'y a personne.

Et l'on part aussitôt, pour retrouver ailleurs le boulevard et le bois, récemment débarqués à la gare.

* * *

Ce que l'on veut en hiver, c'est le soleil, avec le boulevard et le bois.

Ce que l'on veut en été, c'est la brise de la mer, toujours avec le bois et le boulevard.

Un déplacement, un changement de température ou de décor tout simplement.

La comédie de société que l'on joue ne veut pas être interrompue.

Si madame la baronne de P..., ou la comtesse de X..., ou la marquise de Z..., qui occupent depuis vingt ans la troisième colonne des feuilles publiques, comme la douce Revalescière ou l'eau des Fées occupent la quatrième, n'étaient pas signalées, elles et leurs cuirasses, garnitures ou falbalas, aux courses de Nice ou au tir aux pigeons de Monte-Carlo, à côté du prince de A..., du duc de B..., du comte de C... ou du marquis de D..., elles en feraient une grave maladie.

En été, ne faut-il pas donner acte de sa présence à Dieppe, Trouville ou Biarritz?

En venant religieusement faire le voyage, elles font tout simplement de l'hygiène. Elles se soignent.

PREMIÈRE PARTIE

L'HIVER

Où est le soleil ?...

Quel rêve! quitter Paris au moment où il reprend fatalement sa redingote grise de nuages, de brouillard et de fumée, où les rues recommencent à distiller les boues noires et profondes, où les macadams redeviennent des abîmes de fange, tandis que les parapluies se remettent à pleurer leurs larmes perfides sur les manches et dans le cou des tristes passants.

Une nuit en chemin de fer, et tout à coup le bleu rude et chaud de la Méditerranée inonde vos regards. Plus de nuages; ils sont restés accrochés aux derniers pignons de Lyon, Vienne et Valence.

Ce n'est pas encore midi, c'est midi moins un quart.

Mais voici que le soleil illumine des paysages à grandes lignes magistrales, et les montagnes à l'horizon se dessinent en teintes bleues délicates et transparentes.

La locomotive dévore l'espace; il semble qu'une série de décors variés et splendides se déroule devant les yeux. De temps en temps, le chemin s'enfonce entre des rochers gigantesques.

Puis la mer apparaît pour disparaître encore bleue, suave, creusant des criques adorables, des anses féeriques, soulignant des golfes aux lignes harmonieuses et riches.

Voici Fréjus avec son vieil arc romain qui est toujours à peu près tendu depuis des siècles. Cependant il semble appuyer sa vieillesse très-vermoulue sur trois ou quatre maisons d'allure italienne qui se pressent autour de lui pour le soutenir.

* * *

Salut, voici le premier palmier. Ce palmier est grand, élancé, élégant; il dresse sa tête ensoleillée par-dessus les pierres d'un vieux mur misérable et décrépit.

Quelques orangers chargés de fruits lui servent de compagnon. Ce n'est pas un palmier de parade. C'est donc le Midi vrai.

* * *

Voici Saint-Raphaël, une merveille; Cannes, la ville de lord Brougham et de l'Angleterre. Les lords, les baronnets, les marchands de savon de Windsor et de fers de Birmingham y ont semé à plaisir, au milieu des cactus, des orangers et des palmiers, une myriade d'habitations toutes plus étranges les unes que les autres, pièces montées, gâteaux de dessert et de thé, tours de carton, nougats variés, jouets d'enfants.

* * *

Les Anglais savent conserver partout, avec la ténacité d'un grand peuple, le même mauvais goût prétentieusement magistral. En France au moins on change de mauvais goût tous les deux ou trois ans. C'est ce qui fait notre force.

Voici Antibes, dont les murs fortifiés baignent leurs pieds dans la mer. Bientôt le sifflet de la locomotive fait entendre son éclatant cri d'arrivée sous les voûtes vitrées de la gare.

Nous sommes à Nice.

NICE

Quel soleil brillant! quel ciel sans nuages! Avec cela une petite brise délicate qui gonfle à peine les voiles latines, dont on aperçoit la tache blanche çà et là sur le bleu profond de la mer.

Le train, qui était garni outre mesure, laisse échapper de ses boîtes successives une série de misses, de dames aux lèvres pâles et aux visages amaigris, de vieux messieurs éclopés, de vieilles dames fourbues que des domestiques en livrée s'empressent d'emballer dans des calèches ou des chaises roulantes.

Tous ces yeux malades ou tristes semblent s'ouvrir à l'espace; les bouches tourmentées par la souffrance essayent un sourire. Nice sera-t-elle pour eux la guérison et la vie?

— Toi ici, toi à Nice! me dit une voix amicale; et par quel hasard, mon pauvre ami?

Et je reconnus immédiatement le petit X..., qui menait jadis un train fort aimable à Paris, et qui compte malheureusement parmi les décavés de la liquidation de l'an dernier.

— Mais tu n'es pas malade. L'œil est bon, la poitrine fonctionne bien, pas de râle muqueux, pas d'ankyloses au genou.

— Mon ami, je n'ai qu'une excuse, je viens voir...

— Ah! oui, je la connais celle-là, le ciel bleu, la mer azurée, les orangers et les citronniers en fleur; je sais par cœur ce cliché dentelé en forme de scie.

Cette antienne m'est connue, je l'entends résonner à mon oreille avec un agacement dont je ne suis plus maître.

Tu sais ou tu ne sais pas que, nettoyé à l'émeri place de la Bourse, et par les soins empressés de mon agent de change, j'ai obtenu, grâce à un mien cousin, une place à Nice. Mon bon ami, tu peux saluer; je suis fonctionnaire, et je n'en suis pas plus fier pour cela.

Tu es Français, allons à l'hôtel Chauvin : ce nom doit plaire à ton patriotisme, et c'est moi qui me charge de te faire les honneurs de notre ville.

*
* *

— Ah! mon cher garçon, tu répètes tranquillement ces lieux communs, du ciel bleu, de la mer azurée, etc. Mais tu ne sais donc pas que depuis six mois, ici, il n'est pas tombé une goutte d'eau! Je donnerais mon royaume pour une averse.

J'ai toujours pensé, au point de vue de l'art, que le bleu était la plus idiote de toutes les couleurs. Maintenant, on ne m'arrachera cette conviction qu'avec la vie.

Bleu partout, bleu du ciel, bleu de la mer, bleu de la Prusse. Jamais aucun de ces petits nuages blancs ou gris qui donnent des reflets, des profondeurs douces et nacrées aux perspectives et aux ombres.

Pas de vert. Les palmiers sont gris, les oliviers sont gris, les cactus tournent à l'indigo; les orangers seuls sont habillés d'un vert désagréable et féroce qui me fait penser au vert des visières et des abat-jour.

Est-il un ton plus bête que le ton jaune cru des oranges et des citrons, jeté brutalement çà et là au milieu de ce vert détestable? Et quel peintre as-tu jamais vu prendre un pareil arbre pour servir de fond à quelque figure?

Tu ne sais pas ce que je donnerais pour voir quelqu'un de nos beaux pommiers de Normandie, quand le feuillage passe par toutes les nuances multiples de l'automne, et que ses fruits varient du vert le plus délicat jusqu'au rouge vivant qui fleurit sur les bonnes et joyeuses joues des fermières.

*
* *

Monsieur le Parisien, je vous présente le Paillon; c'est le fleuve de Nice. Nous avons des quais superbes, des ponts splendides. Seulement l'eau

Le Paillon, fleuve. On regarde couler le linge; lavage à sec. Les blanchisseuses sont priées d'apporter leur eau.

manque totalement. Depuis six mois, je n'en ai pas vu tomber une goutte.

Suivant Alphonse Karr, le Paillon est une rivière propre à faire sécher le linge

En effet, tout le linge de la ville sèche parfaitement dans le lit de la rivière, mais il serait impossible d'y laver seulement un torchon.

Une fois par an, le Paillon donne une représentation. A la suite de quelque violent orage, ou d'une fonte exagérée des neiges dans les montagnes, le lit se garnit d'une eau sale et bouillonnante. Les galets effrayés roulent, craquent et se précipitent les uns contre les autres. La population étonnée se range sur les quais et les ponts pour voir lutter contre le courant et se noyer quelques rats d'eau décavés qui, n'ayant jamais vu d'eau, ne savent pas nager.

Le lendemain les galets se sont remis en place, et le Paillon contient à peine quelques litres d'eau.

Les repasseuses rentrent triomphalement dans son lit.

*
* *

La promenade des Anglais s'étend depuis l'embouchure du Paillon, c'est-à-dire l'endroit où les derniers galets viennent se mouiller un peu dans la Méditerranée, jusqu'au promontoire qui se dessine à l'ouest de la ville, à la distance d'au moins une lieue.

Cette promenade, dont la réputation est européenne, s'allonge tout le long de la mer. Elle est bordée de l'autre côté en plein midi par un bataillon d'hôtels tous construits sur le même format, style Rambuthaussmann, parfaitement alignés comme des soldats des *Coldstream-Guards,* et possédant chacun deux petits palmiers qui montent la garde à leur porte. Il faut bien souligner le caractère du pays.

Du côté de la mer, d'où les curieux surveillent du bout de leur lorgnette les quelques baigneuses anglaises intrépides qui se plongent dans la mer, pour donner aux autres l'idée qu'avec ce vent aigre la chose est praticable, il règne tout le long de la promenade un cordon régulier qui se compose

ainsi : un palmier, un arbre en forme de balai, un bec de gaz; puis un palmier, un balai, un bec de gaz, et ainsi de suite jusqu'à l'horizon.

Les poteaux électriques, plantés en pendants de messieurs les palmiers, forment l'allée du côté de la mer, et terminent le tableau à l'aide des cinq lignes droites du réseau télégraphique, portées muettes, qui semblent attendre la musique qu'Offenbach devrait bien y semer en passant, pour égayer un peu et compléter l'harmonie du tableau fantaisiste.

Les palmiers qui montent ainsi la garde le long de la côte n'ont été engagés dans la troupe des becs de gaz que depuis quelques années. Venus des côtes d'Italie, ils ont été plantés dans des cadres et arrosés d'eau chaude pendant toute une année; ils se sont acclimatés tant bien que mal, mais ils ne semblent pas avoir repris encore tout leur moral.

Évidemment les palmiers en zinc de Mabille, à Paris, leur sont excessivement supérieurs au point de vue de la forme et de la couleur, et personne n'oserait dire qu'ils ne leur sont pas tout à fait incomparables au point de vue de la gaieté.

Ah! par exemple, si vous voulez ne pas vous mettre mal avec les bons Niçois, il ne faut pas mal parler des eucalyptus.

L'eucalyptus est un grand polisson d'arbre dont ils sont très-fiers, parce qu'il ne peut même pas pousser à Marseille, et qu'il lui faut absolument le soleil des côtes liguriennes. La voie a, comme vous le voyez, un feuillage bête, et d'un gris bleu, des branches d'un jaune sale, crevassées et tourmentées.

Ça pousse et ça grimpe avec une rapidité qui confond. En six années, ça meuble un boulevard, et ça possède dix mètres de hauteur. Avec les feuilles on fait un fébrifuge, une liqueur, un cirage; avec le bois, des planches, des armoires et des commodes indestructibles, et des pastilles, à ce que disent les Niçois. Moi je trouve tout ça affreux, mais je ne le dis qu'à vous. Si vous voulez être bien vu, ne dites pas de mal des eucalyptus.

* * *

On prétend qu'à Nice tous les rhumes les plus invétérés se guérissent, et que les poitrines les plus démolies se reconstruisent.

Encore une plaisanterie! Pour ma part, je ne me suis jamais enrhumé qu'à Nice.

Il semble qu'il y ait des rhumes décavés, et sans propriétaire, qui flânent ici, embusqués à l'ombre de tous les palmiers et de toutes les ruelles. Ne sortez jamais sans un paletot. A un moment donné de la journée, il faut s'empresser de le mettre et de le boucler sérieusement; sans cela l'ennemi vous prend à la gorge, et s'empare de votre personne.

— Quelle heure est-il? demande-t-on en passant.

— Il est paletot moins un quart.

Ceux qui ne s'assujettissent pas à ce jeu du paletot, et qui font simplement comme à Paris, sont inévitablement pincés, au moment où le soleil s'apprête à disparaître, et où subitement la température s'abaisse de quelques degrés.

Et l'on en a pour quinze jours.

Heureusement, au bout de quelque temps on est fait à cette gymnastique, et l'on tâche de l'oublier le moins possible.

*
* *

Pendant tout le temps où l'on grille ici, c'est-à-dire pendant tout le temps qui n'est pas ce que l'on appelle la belle saison, les gens du pays, hommes et femmes, sont casaniers et vivent chez eux. Ils se couchent de bonne heure, et ils exigent que leurs femmes en fassent tout autant.

C'est dire que l'on voit rarement ces messieurs dans les salons officiels, et si nous voulons aller dans le monde et voir quelques personnes, il faut mettre nos cravates blanches entre nous, et n'avoir d'autres relations possibles que nous autres fonctionnaires. Or, ce n'est pas pour moi seul que je dis cela, mais les fonctionnaires, ce n'est pas drôle.

Aussi, lorsque arrive la saison des catarrhes, des bronchites, des pneumonies,

des péripneumonies, la saison bienheureuse où l'on tousse, où l'on éternue, où l'on crache, où l'on étrangle, je bénis le ciel qui va m'envoyer d'autres figures que ces figures niçoises jaunes et très-peu débarbouillées, ou que ces physionomies d'hommes en place figés dans leur cravate blanche, et dont les compagnes sont trop souvent guindées, ennuyeuses et ennuyées.

*
* *

Chaque jour je viens donc assister à l'arrivée du train, je vois monter le flot des phthisiques et des catarrheux, et je me réjouis d'autant plus que par compensation, il est près de ces malheureux des héritiers en herbe dont l'allure a naturellement de la gaieté, — une certaine gaieté contenue, il est vrai. Mais, grâce à eux, le froid jeté dans Nice et sur ma vie va sans doute disparaître.

C'est le véritable moment, du reste, pour arriver à notre ville et pour arriver à cette marée montante.

Tout est prêt. Le soleil si vanté de Nice a été récuré par M. le maire; les palmiers ont reçu un vigoureux coup de brosse et de plumeau; les troncs sont badigeonnés et revernis précieusement, les hôteliers sont en habit noir, les cuisiniers sont à leurs fourneaux. Tout le monde est sur le pont.

Les Niçois, qui habitent leurs caves pendant l'été, ont ouvert leurs appartements, balayé leurs tapis, épousseté leurs tentures. Les marchands qui n'ont absolument rien en autre temps, ont garni leurs étagères. — Les escopettes sont chargées. Les moustiques affamés sont à leurs pièces. Attention, les étrangers n'ont qu'à bien se tenir.

* * *

Les Niçois sont prêts, ils ont, comme vous voyez, aiguisé leurs griffes et leurs dents.

Nous allons assister au spectacle.

Au moins, c'est une distraction pour nous autres de voir ces gens de proie bel et bien dévaliser et dévorer les victimes, elles, leurs chapeaux de paille et leurs ombrelles.

* * *

Je grelotte consciencieusement. Vois, mon ami, en ce moment il fait un vent aigre comme un citron vert. Eh bien, voici une famille tout entière qui arrive, vêtue de blanc, de gris, pourvue de voiles verts ou bleus; tous, depuis le plus grand jusqu'au plus petit, se sont empressés de déployer des ombrelles.

* * *

Les ombrelles, c'est un signe et un symbole; cela indique que les gens ont payé très-cher pour venir trouver un soleil bienfaisant. La première chose qu'ils font, c'est de montrer qu'ils sont obligés de se garantir contre l'ardeur de ses rayons. Ils veulent paraître ne pas avoir été trompés dans leur marché et en avoir pour leur argent. — Tu verras ce joli rhume de famille

après-demain. Mais dans huit jours, quand ils seront rétablis, ils n'en auront pas le démenti, ils déploieront de nouveau leurs ombrelles.

— A bientôt, mon bon ami; n'oublie pas le jeu du paletot

II

Cette douche réfrigérante envoyée par ce fonctionnaire grincheux ne laisse pas de faire quelque bien. Il faut quelques ombres dans un tableau, sans cela quelle fadeur! Et le besoin de l'opposition est tellement implacable, qu'on n'est pas fâché peut-être d'en trouver une toute faite pour avoir le plaisir de faire une contre-opposition à son tour.

Si le malheureux eût pataugé comme nous à Paris avant-hier sous un ciel sombre et louche au milieu des neiges fondantes et des boues sur le boulevard des Italiens, il apprécierait davantage le charme du Paillon inaccessible à la crotte et à l'humidité, se réjouirait au bleu du ciel et ferait la concession de déployer une ombrelle, quand ce ne serait qu'à titre d'hommage reconnaissant, et pour ne pas troubler la piété des fidèles.

A tout prendre, Nice présente en ce moment un échantillon de tous les peuples; c'est comme une succursale de l'Exposition universelle.

Les idiomes les plus étranges se croisent dans toutes les rues, depuis la place Masséna jusqu'aux abords de la côte ouest par la descente du chemin de fer.

Les Russes, les petits Espagnols, les Allemands aux trognes bourgeoises, les Anglais aux allures aristocratiques, les Italiens chatoyants de chaînes et de bagues, les Hollandais à lunettes d'or, les Belges et même les Suisses envahissent les hôtels et débordent chez les particuliers qui habitent joyeusement leurs cuisines pour livrer leur lit à cette armée d'invasion.

* * *

Le matin, sur la promenade qui longe la mer, et que l'on nomme *Promenade des Anglais*, ce n'est que cuisiniers à veste blanche, poussant

PROMENADE DES ANGLAIS.

Tous les avantages réunis : la nature, la science et les arts; télégraphie des familles. Suppression des toux les plus opiniâtres en quarante-huit heures.

devant eux quelques-unes de ces paysannes vigoureuses et tannées qui portent sur la tête des montagnes de légumes et de fruits à épouvanter un portefaix.

Des grooms anglais conduisent au pas les chevaux habillés de couvertures,

ENVOI DE LONDRES.
Sir Thomas Plumpudding baronnet et sa famille.

ENVOI DE RUSSIE. — La princesse Roublanskoff et sa suite.

ENVOI DE PARIS.
La Dame aux camélias vient encore faire sa petite saison.
Précieux trucs pour lever des âmes sensibles.

***

ENVOI DE PARTOUT. — *Le matin. Promenade des Anglais.*
On ne parle pas la même langue, mais on s'entend toujours assez pour éreinter les maîtres.

— Un Greuze nouvelle manière.
— Mais la cruche n'est pas cassée.

CE BON DOCTEUR.
Problème médico-social. Étant donné un malade qui en a pour six semaines, le faire durer trois mois à deux visites par jour. Tant pis pour messieurs les héritiers.

— Soyons toujours remplie d'attentions délicates pour ceux qui souffrent. On ne sait pas ce qui peut arriver. On emporte les regrets, on laisse le reste.

PROMENADE DES ANGLAIS. — Effet de parasols.

aux armes aristocratiques, et les genoux douillettement enveloppés de genouillères.

Les dames, accompagnées de leurs petits havanes blancs et frisés, font leur promenade du matin, drapées dans de larges burnous aux couleurs éclatantes; et les enfants de toute race courent au-devant des bonnes, des valets et nourrices, en poussant de petits cris joyeux.

Quelques vieilles gens écloppés lisent leur journal sous leur ombrelle, et se font rouler dans leur petite voiture par leur valet de chambre, pendant que les jeunes filles et les jeunes gens s'immobilisent un instant devant l'objectif de Numa Blanc, le photographe à la mode.

* * *

Çà et là apparaissent la silhouette et la cravate blanche de quelqu'un des docteurs venus pour la récolte de la saison et qui passe, avec un sourire plein de satisfaite gravité, la revue de ses contribuables.

A onze heures, les cloches du déjeuner vident les promenades et les quais; chacun rentre chez soi. Puis les femmes procèdent aux élégances de l'après-midi.

* * *

Revenons à la promenade des Anglais. Il est trois heures et le mouvement y règne. Les voitures se suivent comme au tour du lac ou aux Champs-Élysées. Voici des escadrons de misses aux cheveux flottants sur leur costume de cheval. Voici des chevaux pur sang délicats et élégants.

Cette grosse dame à lunettes bleues, montée sur une jument baie à sérieuses allures, c'est lady X... Un volumineux panache surmonte son petit toquet de velours; les dents aristocratiquement allongées sortent légèrement de ses lèvres; il semble la voir fumer une cigarette..

Trois ou quatre lords, montés sur d'admirables chevaux, et tenant en main leur parasol, l'accompagnent, échangeant de temps en temps avec elle quelques observations sur les gens importants qui les croisent.

A distance suit une calèche découverte, dont trois laquais occupent les siéges. Un-en cas.

* * *

Un droski russe conduit par un grand domestique à barbe, costume et chapeau de moujick; un valet de pied aux mêmes allures.

Deux jeunes femmes au visage d'un blanc rose et légèrement aigu, quelque chose comme la physionomie de la martre zibeline, les cheveux d'or pâle, les yeux de ce bleu verdâtre et profond qui donne quelque froid à regarder; une fourrure blanche jetée sur elles et leur faisant comme un nid de blanches mousselines voltigeant autour de leurs têtes et de leurs épaules.

Une apparition de fées du Nord.

A chaque côté des portières, un de ces Russes légendaires au nez court et droit, les moustaches rejoignant les favoris, à l'imitation de l'empereur Alexandre, la poitrine large et militairement ouverte, l'aspect à la fois avenant et hautain.

Les chevaux sont noirs et à tous crins; quelque chose de l'allure des chevaux barbes, avec de la rudesse et de la rusticité de plus.

* * *

Je savais bien qu'elle ne manquerait pas à cette petite fête. La voilà l'inévitable cocotte parisienne, et son panier, et son groom correct irrépro-

chable, cravaté de blanc, immobile et sérieux dans son grand col roide et arrondi aux angles.

La voilà nonchalamment étendue. Robe de faille havane tendre, relevée sur un jupon bleu de Chine, finement plissé. Les manches et le corsage constellés de garnitures du même bleu. De fines bottines havane, aux délicats talons d'argent, illustrées de glands bleus.

Elles sont là plusieurs, rivalisant de robes et de paniers. Quelques désœuvrés, choisis parmi ceux que l'on désigne sous le nom de petits-crevés et de vieux repeints, les uns trop blonds, les autres trop noirs, viennent aimablement folichonner aux portières.

* * *

Quelques maris, Russes, Allemands ou Anglais, Français même, il faut le confesser, laissent filtrer, en passant dans leur voiture où ils bâillent au soleil près de leurs femmes, quelques regards désolés où se lisent les nostalgies de Paris, du café Anglais, du restaurant de la cascade ou du salon de la Maison-d'Or.

* * *

Cet équipage de haut style qui arrive au grand trot de deux chevaux de sang à la livrée correcte et de premier ordre, qui est-il?

Il s'arrête à la porte d'une villa établie totalement au soleil, dont elle s'abrite derrière un écran de palmiers, de cactus, de lauriers et d'aloès.

Du milieu des fourrures de petit-gris jaillit une forme élégante. On voit apparaître un profil pur, à la fois caressant et sévère. Un vêtement de fine laine blanche trahit amoureusement toutes les délicatesses de la taille et du corsage, et la jupe de faille, au bleu doux et tendre, laisse deviner les mouvements gracieux et souples du corps.

Ces cheveux qui se tordent sur la tête en abondantes nattes, se répandent en vigoureuses tresses sur les épaules aux lignes ondoyantes, ils sont de ce roux cher aux Vénitiens, de ce roux qu'affectionnait Titien, et qui resplendit sur ses toiles immortelles quand il peint sa maîtresse ou celle de Philippe II.

Celui qui pénètre à la suite de cette apparition dans la villa, couchée nonchalamment devant la mer comme dans un nid de palmiers, de citronniers et de plantes rares, se demande quel coup de baguette a réalisé ce rêve, de meubles merveilleux, de tentures aux tons doux et calmes, de bronzes, tableaux de prix, lustres vénitiens, tapis d'Orient, fleurs étranges et inattendues.

* * *

Quelle est la fée qui préside à ces merveilles et qui les ordonne? Est-ce une duchesse, une princesse, une reine?

Non! c'est la fille aux yeux d'or, celle qu'a chantée Balzac qui l'a créée, et qui, sous ce souffle puissant, n'a point cessé de vivre; qui disparaît parfois un instant, puis reparaît, toujours rayonnante, jeune, à peine transformée, suivant les modes et les temps, toujours prête et parée pour l'ivresse, la torture ou la ruine des ducs de Maufrigneuse, de Navarreins, des comtes de Marsay, des barons Hulot, des Nucingen et des Camusot, qui, comme elle, renaissent sans cesse de leurs cendres, pour repasser fatalement par la même route, pour abaisser leur front sous le même joug.

Qu'importe pour ces filles aux yeux d'or que, dans les théâtres et sur les promenades, les duchesses et les comtesses leur envoient des regards chargés de haine et de mépris? leurs antichambres sont meublées de ducs!

*
* *

A six heures, branle-bas général de combat : un roulement continu des cloches d'hôtel, des cloches de villas, retentit le long de la grande promenade. C'est l'heure où toute la ménagerie variée de Nice va prendre sa nourriture.

Les grandes tables d'hôte qui occupent le rez-de-chaussée des hôtels brillent comme des soleils entre les deux palmiers de garde à la porte, et l'on voit, à travers les grandes fenêtres sans rideaux, circuler les plats fumants sur les bras des maîtres d'hôtel en habit noir.

*
* *

Vers huit heures, les voitures recommencent à circuler depuis l'extrémité de la plage, à l'endroit où la route tourne le long du rocher pour aller trouver le vieux port, jusqu'au bout de la grande promenade à l'ouest.

Les calèches sont découvertes, et les femmes, enveloppées de fourrures, se font bercer au petit trot des chevaux, au murmure du flot que les rayons de la lune frangent d'argent et de lumière.

*
* *

On entre au club pour savoir la petite histoire du jour, les arrivées du matin, les espérances du lendemain. On va passer quelques instants au

La marquise a été envoyée à Nice parce qu'elle est trop grasse, la comtesse parce qu'elle est trop maigre. Si ces dames s'entendaient entre elles !... Mais les femmes ne s'entendent jamais.

— Cher marquis, je peux bien vous dire cela maintenant, mais à ce fameux bal chez la duchesse de Berri, je vous ai trouvé bien timide!

théâtre pour faire quelques visites dans les loges, rire aux larmes du premier ténor, de la première chanteuse, ou bien écouter soit la tirade célèbre, soit la cavatine favorite de l'étoile de passage. Puis, après avoir remisé ces dames à leur hôtel ou à leur villa, on va retrouver sur la plage le *cercle de la Méditerranée,* ou dans la ville le *cercle Masséna*.

Car c'est le moment de remuer dans ses mains les abominables petits morceaux de carton sur lesquels les rois, les reines et les valets conservent, en dépit de tout, leur estampille. Il y a des gens qui ne peuvent supporter l'idée de se coucher sans avoir préalablement agité quelque peu dans leurs

— Dis donc, Baptiste, encore un qui va se faire nettoyer.

mains ces sortes de fétiches, pour un whist, un baccarat, un lansquenet, ou une simple partie d'écarté.

*
* *

A Nice, l'infirmité ou la maladie qui se révèle par ce symptôme sévit d'une façon toute particulière pour les hommes, de quelque pays qu'ils soient, Anglais, Russes, Allemands, Italiens ou Français, ou même Grecs.

Le *Timeo Danaos et dona ferentes* de Virgile doit, nous dit-on, être observé avec le plus grand soin par ces tables hospitalières.

Traduction libre : Je crains les Grecs, quand ce sont eux qui donnent les cartes. L'hiver dernier un Grec, qui par parenthèse était Anglais, fut pris au moment où, donnant les cartes, il s'était préparé une portée, c'est-à-dire une série de cartes gagnantes à son profit.

On n'a pas été touché par les qualités de prévoyance et de souci de l'avenir révélées par l'auteur de cet acte, et on l'a mis à la porte du club avec sa honte, et soixante mille francs de bénéfices, qu'il avait probablement collectionnés précédemment à l'aide de ce procédé industrieux.

*
* *

Ce qui devrait être décourageant pour les joueurs, et qui pourtant ne les décourage guère puisqu'ils persistent, c'est qu'un grec n'est reconnaissable à aucun accent, à aucun costume, à aucune façon d'être, et que souvent il passe tout une vie fort agréable sans jamais avoir été pris, ou bien après avoir vécu très-probablement plusieurs bonnes années de ce petit travail. Ce sont donc eux qui touchent les bénéfices nets attachés à l'opération.

*
* *

Quant à moi, tant qu'on ne sera pas parvenu à leur imposer un costume, ou un uniforme, ou une décoration qui puisse les faire reconnaître, je déclare être de la même opinion que M. Blanc et les joueurs de Monte-Carlo.

Je préfère la roulette.

*
* *

Ce qui est certain, c'est qu'à Nice, avec ou sans grecs, messieurs les joueurs passent bravement à croiser leur carton une bonne partie de chaque nuit, revenant se coucher vers le matin, avec quelques milliers de francs de plus ou de moins, — le plus souvent de moins, — et se lèvent le lendemain au moment du déjeuner pour recommencer et finir leur journée à peu près de la même manière.

*
* *

De temps en temps on apprend quelque sinistre. C'est un monsieur qui a perdu sur parole plus qu'il ne pouvait payer, et qui part subitement, soit pour les Indes, soit pour l'Amérique, à moins qu'il n'ait préféré fréter un revolver et se faire sauter tout bonnement le peu de cervelle qu'il avait en partage.

Cela produit quelque bruit dans le grand Landernau qui s'appelle Nice. On en fait quelques racontars dans le journal *des Décavés*. Quelques jours après on remue le carton avec plus de ferveur que jamais.

III

Nice a ses légendes.

Voici sur le port la vieille maison où Garibaldi est né; c'est là que le curieux et respectable Prudhomme de la démocratie militante a flanqué ses premières calottes à ses compatriotes en bas âge. Les vieux de Nice se le rappellent avec attendrissement. Le garibaldisme est un culte parmi les Niçois, et le débit de liqueurs qui occupe le bas de la maison en est une preuve, car il lui doit une tumultueuse popularité.

On m'a montré avec respect, sur la promenade des Anglais, le chalet où, dans un moment d'inspiration, Offenbach a trouvé son fameux air de bravoure,

Voici le sabre! le sabre! le sabre!

qui occupe, dans la *Grande-Duchesse,* le même plan que l'illustre *Bu qui s'avance* de la *Belle Hélène.*

Un brave Piémontais était occupé à moudre consciencieusement cet air en face de la maison de Garibaldi. Un hommage.

* * *

Suivez, parallèlement à la route qui conduit au chemin de fer, une large rue bordée de charmants attelages anglais et de ravissantes villas italiennes.

A travers les grilles vous apercevrez à chaque instant la silhouette élégante de quelque grande dame anglaise, ou russe, ou allemande.

Au milieu des buissons de fleurs, de plantes grasses, de cactus et d'orangers, vous entendez les cris joyeux et étranges d'enfants vêtus d'une façon bizarre, se roulant sur l'herbe et sur le sable, en compagnie de ces grands levriers gris à longues soies dont la tournure rappelle les levriers héraldiques.

Parfois se montre un domestique poudré, bâillant au soleil dans sa grande livrée, ou l'une de ces robustes et puissantes nourrices russes, tenant endormi sur ses bras rouges de santé l'enfant pâle et lympathique de la maîtresse du logis.

Marchez toujours, et après avoir monté quelque temps et dépassé le chemin de fer, vous tournez sur votre gauche, et l'on vous montre la maison qu'habitait Alphonse Karr, et sur la porte de laquelle se lisaient ces mots : *Alphonse Karr, jardinier.*

Nous entrons, et nous marchons à la suite de l'Italien à demi sauvage qui nous ouvre et ne comprend pas un mot de nos paroles.

L'ensemble du jardin a l'air dévasté. De grands citronniers pleurent leurs énormes fruits. Sur le sol bouleversé, les violettes aux touffes odorantes épanouissent quand même leurs suaves parfums; des arbustes déracinés jonchent le terrain; quelques abeilles affairées s'empressent autour de leur ruche sur la droite.

Mais les guêpes se sont envolées.

A leur place, va-t-on construire un hôtel, ou tracer un boulevard?

* * *

Par lassitude de Paris, Alphonse Karr avait jadis inventé Étretat; les marchands de mousseline de laine, de confections et d'eau de Cologne l'en ont chassé. Puis il imagina Sainte-Adresse, dont les marchands de coton l'ont expulsé.

De désespoir, il franchit deux cent lieues et vint à Nice. L'annexion et tous les marchands de n'importe quoi se sont empressés de le suivre.

En sortant de ce jardin rendu célèbre par lui, nous apercevons un candélabre tout neuf et peint récemment à l'huile, dont la tête élevée au-dessus du mur regarde bêtement les citronniers, les violettes et les guêpes.

Nous avons compris Alphonse Karr; il a été chassé de Nice par les becs de gaz.

* * *

L'éminent et spirituel écrivain est maintenant à Saint-Raphaël, une anse adorable et retirée, loin des marchands et des candélabres.

Mais, hélas! les becs de gaz ne tarderont-ils pas aussi à arriver à Sainte-Adresse, et n'en chasseront-ils pas encore Alphonse Karr?

A sa place, je reviendrais tout simplement à Paris.

* * *

En attendant, nous irons faire notre pèlerinage à Saint-Raphaël.

* * *

En partant, Alphonse Karr a légué à Nice une industrie nouvelle et un commerce. Si le jardinier n'a pas été enrichi, une douzaine de marchands de violettes ont hérité de son idée, dont ils se font des rentes, en expédiant par tous les chemins de fer les bouquets qui portent son nom.

IV

Ce qui vaut peut-être mieux que la promenade des Anglais, du moins pour ceux qui aiment à voir autre chose que des boulevards et des quais, c'est la vieille ville.

Si vous vous engagez dans les petites ruelles qui longent le grand marché aux herbes, il semble que vous pénétrez dans un autre pays plein de caractère, de tournure et de fantaisie.

Ces ruelles grimpent et s'étagent, et tournent en labyrinthes étranges. Les maisons éventrées, aux lignes bizarres et tourmentées, se rapprochent par le haut, et se joignent çà et là par des ponts suspendus, chargés de plantes, ou de balcons vermoulus qui se donnent la main.

Le ciel bleu brille au-dessus des ombres vigoureuses et se montre éclatant par ses larges échancrures.

Des assises de pierres inégales, formant des marches, aident à grimper ces ruelles.

Çà et là des taches de soleil viennent illuminer chaudement le sol où se roulent des enfants demi-nus, tandis que des femmes drapées dans ces haillons colorés, pleins de tournure et chers aux peintres, raccommodent avec de grandes aiguilles des loques invraisemblables.

De temps en temps une hideuse vieille, mais d'un saisissant caractère, un faisceau d'ossements recouverts d'un parchemin bruni, se détache en lumière sur la porte sombre en grattant une aubergine, ou un vieux poisson sec.

Une jeune femme se montre au détour, portant sur la tête un faix énorme, tandis qu'un de ces Italiens comme les dessinait Papety, la poitrine nue, les jambes enveloppées, est couché sur une marche, et regarde le passant d'un air moitié insolent, moitié ennuyé.

A chaque détour, à chaque instant, un aspect nouveau. Les marchés, un adorable fouillis de couleurs et de costumes, des tableaux tout faits qui font rêver à Rembrandt et à Decamps.

* * *

Pénétrez dans les deux ou trois églises qui ouvrent proprement leur portail au milieu des ruelles!... Quelle chaude coloration dans les tentures! quelle étrangeté et quelle poésie dans la décoration!

Comme caractère particulier au pays, vous voyez se dresser et sortir, comme jaillissant de la chaire où se place le prédicateur, un bras noir et menaçant, décharné comme celui d'un fantôme, qui élève au-dessus des têtes la croix où le Christ est cloué tout sanglant.

Puis à côté, au lieu de ces ifs de petits cierges qu'allument chez nous les

INDIGÈNE

— Nous faire ici des boulevards où l'on cuit au soleil, où l'on grelotte à la bise, à la place de nos bonnes petites rues où l'on est à l'abri. Faut-il être bête!

INDIGÈNE.

— Des fleurs sur la tête, avec ça que c'est difficile à porter!

DINER A LONDON-HOUSE APRÈS LES COURSES.

LA PETITE BARONNE. — Chère marquise, n'est-ce pas, ce qu'il y a d'amusant, c'est qu'on va bien sûr nous prendre pour des cocottes!

dévotes, des faisceaux gracieusement enlacés de porte-bouquets, où les femmes qui viennent prier, prosternées sur les dalles, attachent des violettes, des jasmins et des roses.

* * *

Ces petits coins, où semble s'être réfugié tout le caractère, toute la couleur et toute l'harmonie des temps passés, valent cent fois le voyage pour un peintre. Le réaliste n'a qu'à copier, le poëte n'a qu'à recueillir.

Avant que la Belle-Jardinière ait fini d'habiller à la mode toutes les femmes et tous les habitants de ces ruelles, avant que les imitateurs de M. Haussmann aient éventé la vieille ville pour y semer des candélabres et y récolter des boulevards, il serait bon d'y transplanter quelques rapins : on récolterait des peintres.

Pas commode.

STATIONS D'HIVER

MONACO, MONTE-CARLO

I

Aimez-vous les oppositions, les changements brusques de décor, les mises en scène splendides, et ces fêtes de couleur et de lumière qui ne doivent pas leur éclat au carton peint, au gaz électrique et aux paillettes? Vous n'avez qu'une chose à faire.

Par un affreux soir du mois de décembre, au moment où le ciel est d'un gris funèbre, où le gaz jauni par le brouillard et les tristes buées tremblotte, grelottant dans les lanternes humides, quand les gens pataugent éperdus au milieu des boues et des neiges, couvrez-vous le plus chaudement possible, et empressez-vous d'emballer votre personne dans un de ces wagons hospitaliers du chemin de fer de Lyon à la Méditerranée.

Prenez avec vous quelqu'un de ces bons livres ou journaux habiles à conseiller le sommeil; ne vous arrêtez pas en route, et tâchez de ne vous réveiller qu'à Monte-Carlo.

Il vous semble en arrivant que le sifflet de la locomotive est comme le sifflet du machiniste qui vient de faire changer tout à coup le décor, un décor navrant contre un décor sublime, inondé de soleil, d'éclat, de verdure et de fleurs.

Quelle jouissance!

* * *

Peut-être vous reprocherez-vous un instant de constater comment votre satisfaction et votre joie se composent en grande partie de la comparaison entre l'état où vous avez laissé les autres, et celui où vous vous trouvez aujourd'hui; de votre épanouissement au soleil, et de leur anéantissement dans les ténèbres et les tortures de l'hiver; de votre chaleur et de leur froid.

Il y a de cela bien des années. Les temps étaient mauvais, la fusillade éclatait sur les boulevards. Grassot, de burlesque mémoire, fait rencontre rue Montesquieu d'un abonné de son théâtre : — Ma petite vieille, lui dit-il, tu entends, là-bas on égorge nos frères! et nous, vois-moi un peu ça (*il ébauche un cavalier seul*), allons prendre un bock.

C'est grotesquement terrible, mais vrai.

Dans la meilleure nature, dans la vôtre même, cher lecteur, il y a toujours quelque peu de ce Grassot.

La belle affaire, me direz-vous, de n'avoir plus faim quand tout le monde a bien dîné!

C'est quand personne n'a de quoi dîner que vous savourez le mieux la satisfaction d'apaiser votre faim.

C'est quand les autres se noient que vous sentez le mieux l'avantage d'être sur le bord.

On prend assez facilement son parti du malheur d'autrui, d'autant plus qu'il vous est utile en vous fournissant les éléments d'une comparaison entre ce malheur et votre bonheur à vous.

Sans cette comparaison, votre bonheur vous paraîtrait plus terne et vous satisferait moins.

Les glaces, les neiges, la toux, les catarrhes, les pneumonies égorgent vos frères. C'est un malheur; mais vous, vous voyez de la verdure et des fleurs qui s'épanouissent dans un air doux et lumineux. Vous portez des pantalons blancs et des vestons gris, et vous riez aux éclats avec des

— Dire qu'à Paris maintenant mes créanciers grelottent et sont tous enrhumés du cerveau!

messieurs charmants et des dames fort gaies, en essuyant votre front en plein soleil.

Il faut bien un peu de philosophie.

* * *

Celui qui n'a pas vu Monaco et Monte-Carlo depuis quelques années, les reconnaît à peine, Monte-Carlo surtout. Là où ne se voyaient jadis que des rochers abruptes, s'étendent aujourd'hui des gazons encadrés des plus merveilleuses fleurs; des terrasses et des palais, étagés en amphithéâtre au-dessus de la mer toute bleue, où se reflètent les cocotiers, les dattiers, les palmiers de toute sorte; çà et là, des pavillons riches et étranges se dressent au milieu des arbres et arbustes dérobés au pays des tropiques, pendant que des femmes richement parées, et les plus adorables bébés de tous les pays, autour d'un orchestre choisi parmi les meilleurs, se promènent ou se jouent par les allées ombreuses, et sur les terrasses inondées de soleil.

* * *

On est vraiment bien loin des balayeurs de la rue Saint-Honoré, et des pauvres gens mal abrités sous des parapluies, blanchis de neige à moitié fondue, qu'éclaboussent au coin du boulevard Montmartre les roues boueuses des fiacres et des omnibus.

* * *

Il semble que l'on fait sa partie dans un gigantesque opéra, et que quelque

ténor surhumain va paraître pour chanter des harmonies qui correspondent à ces décors d'éblouissante féerie.

On craint que la toile ne se baisse subitement, et qu'on ne se retrouve plongé dans les brumes et les boues qu'on habitait la veille.

* * *

Le rêve de Nestor Roqueplan, ce grand et spirituel *impresario* en décors, en opéras et en féeries, se trouve là réalisé de point en point, et il ne l'a pas vu.

La campagne est à Monte-Carlo telle qu'il la comprenait.

Si j'avais été, nous disait-il, raffineur de sucre, ou fabricant de chocolat, ou parfumeur en gros, si j'avais fait une de ces fortunes au-dessous desquelles on connaît la gêne.

C'est-à-dire un million de rente, et deux mille francs de poche par jour, j'aurais conçu autrement que ne le font les riches le séjour de la campagne.

J'aurais voulu qu'après le dîner mes convives, au lieu de trouver autour de l'habitation la nuit noire, pussent, après une journée brûlante, se promener dans des parterres et dans un parc éclairés au gaz, en marchant sur le sol égal d'un bitume élastique, — fi du sable qui crotte et qui coupe les chaussures! — en écoutant le bruit lointain d'une musique douce, et le murmure des eaux.

J'aurais voulu des flots de gaz sur les massifs, sur les fleurs, sur les pièces d'eau. Puis, au lieu des malpropres et pauvres bordures végétales, des bordures de pierre et de marbre, profilant d'une élégante moulure le contour des plates-bandes et rafraîchies par une eau limpide qui coulât et montât, si cela lui convenait, le long de ce riche encadrement.

*
* *

Eh bien, son programme est suivi de point en point. Seulement, il n'avait point pensé à ce ciel toujours pur qui ne projette jamais ni la neige ni la boue sur le décor, à ce jardin toujours fleuri, toujours vert, ni à cette mer bleue dont le flot chante en caressant doucement le rivage.

Et dire cependant que le rêve réalisé de Roqueplan rencontre parfois des détracteurs!...

II

Trois eures et demie.

C'est le jeune Pierre de I..., qui fume mélancoliquement son londrès en se promenant le long de la terrasse parallèle à la plage.

— Eh bien, cher monsieur, me dit-il, Roqueplan dirait ce qu'il voudrait, cette propreté me déplaît et cette rectitude m'agace. Figurez-vous que ce matin j'ai vu des hommes en livrée balayer des gazons, épousseter les plates-bandes.

Quand je marche, il y a quelqu'un derrière moi pour essuyer la trace de mes pas; si j'éternue, il en est un autre chargé de me dire poliment : Dieu vous bénisse!

Les repas sont servis avec une précision qui m'ôte l'appétit. Les garçons, conduits par M. Adam, un maître d'hôtel qui est le portrait du président M. Buffet, semblent mis en mouvement par un mouvement d'horloge.

Les femmes sont en cire, les hommes en carton, les palmiers en fer-blanc. La musique m'horripile comme celle d'un gigantesque orgue de Barbarie.

C'est-à-dire que si je ne me retenais pas, j'aboierais.

Il n'y a pas jusqu'à cette abominable roulette dont le bruit me donne des attaques de nerfs.

Figurez-vous que, depuis ce matin, cette affreuse petite boule, qui saute comme une épileptique dans sa vasque, semble prendre plaisir à faire précisément le contraire de ce que je lui demande. Je lui dis rouge, elle dit noir; je lui dis pair, elle me répond impair, et cela avec l'entêtement le plus entier et le plus complet.

Les croupiers ont des rires contenus qui m'exaspèrent.

Je n'y tiens plus, je pars demain.

J'ai soif d'un peu de pluie, j'ai besoin de neige et de glace, de voir quelques véritables femmes traverser les flaques du boulevard sur la pointe du pied, en relevant prestement leurs jupes.

J'ai besoin d'entendre la crécelle du marchand de marrons, et d'entendre ce mot magique: A tout coup l'on gagne!

Je pars demain.

III

Dix heures et demie du soir.

— Puisque vous partez demain, seriez-vous assez aimable pour vous charger d'une commission?

— Dans quelque temps, mon ami, avec le plus grand plaisir. Je retarde un peu mon voyage, et je crois cela prudent. Par le dernier train est arrivé le petit baron du club, vous savez, celui qui a des cheveux jaunes et des yeux verts. A Paris, m'a-t-il dit, il pleut des pneumonies et des grippes; les jambes des danseuses sont enrhumées, et les gosiers des ténors s'ankylosent. Un mètre de boue et de neige fondue sur les boulevards. Paris est impossible. Nous avons dîné ensemble. Plein d'esprit, ce petit baron; il nous a fait rire aux larmes avec quelques bonnes histoires qu'il nous rapporte toutes chaudes de ce pays si froid.

Et quel dîner! C'était en bas, dans la grande salle, il n'y avait plus de place à la table d'hôte. Ma parole d'honneur, il y a ici une cuisine qui est une merveille. Un château-yquem 48! tout ce qu'il y a de plus éminent. C'est à s'agenouiller devant son verre.

* * *

A la table à côté, deux jeunes filles italiennes, des brunes adorables, avec leur mère; en face, une dame anglaise, une de ces blondes réussies que l'on se plaît à contempler comme un objet d'art. Nous étions bornés à droite par trois ducs, à gauche par quatre princes, au nord par un lord et deux marquis.

Après le dîner, des cigares exquis!

— Voyez en ce moment comme le ciel est doux, l'air tiède et embaumé! Ces gracieuses silhouettes de femmes qui brillent de temps en temps à travers les palmiers, n'est-ce point féerique?

Voyez cet arc léger de la lune qui se détache finement au-dessus du palais mauresque des Monaco. Écoutez la mer qui nous envoie son murmure comme pour servir d'accompagnement aux mélodies lointaines de l'orchestre.

— Mais c'est de la poésie !

— C'est comme ça. Avec le petit baron, nous sommes entrés dans les salles et avons fait une station à la roulette. Je ne sais pas ce qu'il y avait ce soir, la physionomie du brave garçon, qui faisait tourner la machine, était gracieusement souriante; la bille, en sautant gaiement, comme une petite folle, rendait des sons argentins qui chantaient comme une musique. En une petite heure nous avons eu pour nous quatre numéros pleins avec les voisins, cinq transversales et deux séries de onze rouges. C'était comme une petite fête de famille.

Il n'y a qu'un ennui, ces rouleaux d'or sont lourds en diable et crèvent les poches. Je changerais ça pour des billets.

Mais vous viendrez bien avec nous deux demain. Je vous ferai faire connaissance avec ce château-yquem.

LE TIR AUX PIGEONS

I

A partir de midi, c'est comme une fusillade.

Les côtes de Monte-Carlo et de Monaco seraient-elles attaquées? Sont-ce de hardis forbans qui viennent comme jadis débarquer sur ces rivages enviés, pour cueillir çà et là quelques femmes destinées à leur sérail? En vérité, il y aurait en ce moment une jolie opération à faire en ce sens.

Mais non. Ces côtes maintenant sont sûres, au moins pour les femmes.

Si la guerre est déclarée, c'est tout simplement aux pigeons.

Priez l'un des frères Dennetier, qui ont organisé merveilleusement cette guerre, de vous mener voir le champ de bataille.

Descendez les escaliers qui de la grande terrasse conduisent au bord de la mer. Une vaste esplanade est là conquise à grands frais sur les flots, couverte d'un gazon qui semble un tapis de velours vert.

A droite, plusieurs salles richement décorées, pour recevoir, abriter, et au besoin nourrir les sportsmen et les tireurs.

Derrière, la vaste volière, ou prison contenant dix mille condamnés qui attendent leur sort.

Ces condamnés sont les pigeons, de toute sorte et de toute nuance, belges ou anglais pour la plupart.

Le hasard décidera de leur vie. Ceux que leur mauvaise veine placera dans une des cinq boîtes, au-devant du fusil du comte de Montesquiou, du baron Baracco, du duc de Rivoli ou du prince de Ligne, de M. Damis, et surtout du capitaine Patton, peuvent à coup sûr faire leur testament, nous dit M. Dennetier.

Devant bon nombre d'autres tireurs, il y a quelque chance de s'en tirer. Mais enfin, le hasard est si grand!

Ah! si l'on pouvait choisir son ennemi, diriger le rayon de soleil qui dérange son coup d'œil, ouvrir la boîte qu'il prévoit le moins, conduire le souffle de vent inattendu qui le déconcerte!

Mais rien de tout cela n'est possible. Les pigeons sont de grands philosophes, et quels que soient les récits faits par leurs confrères échappés au carnage, et qui reviennent malgré tout reprendre la place dans l'immense volière, ils n'en passent pas moins leur temps à roucouler tendrement deux à deux, et à se faire mutuellement des serments et des protestations d'amour.

Heureusement, nous dit Dennetier; car la vie leur serait trop triste s'il leur fallait avoir souvent devant les yeux le tableau de leur fin prochaine, dussent leurs derniers moments être entourés de petits pois.

II

Les pigeons, ça se plume.

On vient de tous les pays. C'est un rendez-vous de tout ce qui appartient en Europe, en Amérique même, à l'élégante tribu des sportsmen. Il semble que l'on se promène au milieu de l'Almanach de Gotha.

Hélas! hélas!! pauvre Yorick!!!

Le ténébreux.

THE CAPTAIN
de la chasse à l'éléphant.

Ony voit même des princes royaux.

Il y a des ducs et des lords; les princes pullulent, les marquis foisonnent.

Quant aux comtes et aux barons, ils sont à remuer à la pelle.

Les riches industriels s'empressent de joindre leur note à ce noble concert. Ils sont là sur le même pied. Il y a égalité complète derrière le pigeon et devant le pigeon.

Ils arrivent de partout, d'Angleterre, de Belgique, de Hollande, de Danemark, d'Allemagne, d'Amé-

A son aise.

Si c'est un loup, il n'a qu'à bien se tenir.

Le terrible.

Gracieux.

Appliqué.

M. le comte va tirer son pigeon.

TIREUR AU LONG COURS.
Captain retour de l'Inde.

C'est mon fils!!!

rique, de Russie, d'Autriche, d'Italie, de Rome, de Paris, et même d'Amiens.

Celui qui tue le plus de pigeons en le moins de coups, est couronné et obtient le prix. Il y a des prix de vingt mille francs pour les gagnants, puis des coupes et objets d'art dont la valeur est à peu près égale.

* * *

Plus on est bourgeois, plus on est irréprochable comme tenue. Les

Excellent tireur
de Cannes.

L'OISEAU DE VÉNUS!
Ce serait bien mal de ne pas l'épargner quelquefois.

Si le pigeon ne s'envole pas, gare la boule!

Le pigeon n'a qu'à se méfier.

A un autre!...

simples capitaines anglais tiennent à se montrer parés d'une élégance complète de gentleman; ils sont corrects depuis le premier cheveu jusqu'à la pointe extrême de la bottine; c'est à peine s'ils ôtent leurs gants pour tirer leur

Le prince. Le marquis. Le baronnet.

Le duc. Le baron. Le vicomte.

De l'indépendance dans ses appréciations. Critiques littéraires.

coup de fusil. — Les princes sont en veston court quadrillé, et en chapeau rond; il y a des ducs qui, la main dans les poches, fument tranquillement la pipe, et quelques comtes bons vivants qui abusent de leur incontestable origine pour se costumer sans façon en brigands ou en braconniers. Ils se chaussent de gros souliers de ferme, revêtent des blouses de charretier, mettent des chapeaux démocrates et fument des brûle-gueules communards. Quelques Italiens semblent des ténors et paraissent, en venant tirer leur coup de fusil, sortir d'une boîte pour s'avancer *grazioso* vers la rampe et chanter leur cavatine. D'autres, au contraire, affectent la tournure militaire de leur *re galantuomo*.

Il en est parmi les tireurs qui prennent des airs terribles et féroces, et semblent des chasseurs au tigre, au lion ou à l'éléphant.

Il y a le tireur fatal, celui qui s'avance comme pour commettre un crime.

Le tireur gracieux, qui paraît faire un avant-deux à la pastourelle.

Le tireur naïf, qui tire, pour qu'on sache en son pays qu'il a tiré.

Le tireur convaincu, sérieux et recueilli comme un homme qui accomplit un devoir.

Le tireur nouvellement enrichi, qui tire parce qu'on sait que cela coûte assez cher.

Le tireur de Panurge, qui tire uniquement parce que les autres tirent.

Le tireur prétentieux, qui tire pour faire parade de son galbe, et parce que beaucoup d'autres ne tirent pas.

Le tireur bonhomme, qui tire pour tuer le temps.

Le tireur complaisant, qui tire pour tenir compagnie aux amis.

Le tireur commerçant, qui tire pour se créer des relations.

Le tireur pratique, qui tire pour tirer son épingle du jeu.

*
* *

Les tireurs sont adossés à la terre, abrités sous d'élégantes constructions qui regardent la mer.

En face, cette mer toute azurée, sillonnée de petites barques aux voiles blanches; plus loin, le rocher, le château et la ville de Monaco qui s'étagent en amphithéâtre pittoresque; à l'horizon, quelques côtes qui s'estampent dans une brume bleue et transparente.

*
* *

Le signal est donné par M. Dennetier, l'organisateur, qui fait l'appel des noms suivant leur inscription sur la liste d'entrée.

Les fusils de chaque tireur sont rangés dans des râteliers disposés le long du mur. Des valets de chambre, ou des piqueurs, chargent les fusils, les visitent et les nettoient après chaque coup. Chacun des sportsmen, après avoir entendu son nom, remet son paletot à son valet de chambre en prenant son fusil, et s'avance à l'endroit désigné pour la distance déterminée par le jeu ou la poule alors en question.

Cinq boîtes placées à égale distance du tireur, éloignées du point de tir de vingt-cinq ou trente mètres, reçoivent chacune un pigeon qui y est porté par les garçons de tir. Chaque boîte est en communication avec un appareil placé derrière les tireurs; à chaque coup une boule est placée dans une sorte de roulette et tombe dans une des cinq cales correspondantes aux cinq boîtes à pigeons. Le préposé à l'appareil, au signal donné par le tireur :

— *Are you ready?*

— *Yes.*

— *Pull.*

Fait alors mouvoir un fil dont il ne peut voir par avance la destination, et ce fil fait ouvrir celle des cinq boîtes sur laquelle le sort a fixé son choix.

La boîte ouverte et le couvercle abattu, le pigeon s'envole.

Le chasseur tire.

Et l'oiseau tombe... à moins qu'il ne tombe pas.

Chaque oiseau tombé est mis à l'avoir du tireur par l'employé qui tient la comptabilité et l'écrit sur un tableau.

Les pigeons doivent, pour être réputés bons et figurer à l'avoir du tireur, tomber dans l'enceinte désignée pour le tir.

Sont réputés mauvais ceux qui tombent, morts ou non, en dehors de cette enceinte, et il y en a bon nombre. Aussi, au moment du tir, des barques de toute sorte sillonnent la rade placée entre Monte-Carlo et Monaco. Elles sont montées par des pêcheurs au pigeon. Les pigeons tombés à la mer sont pour eux. Pendant un mois, les pêcheurs de Monaco ne mangent que du pigeon.

* * *

Rendons à César ce qui appartient à César. Parmi les nombreux employés qui s'occupent de ce tir aux pigeons célèbre par le monde entier, il en est un remarquable à tous égards, et qui par son habileté a su conquérir toutes les admirations et toutes les sympathies.

Cet employé est vêtu de brun et possède quatre pattes. Cet employé est

MISS NELLY

Pense que ce pigeon-là n'ira pas loin.

une chienne, et fait la besogne que jadis faisaient deux employés à deux pattes et à casquette d'uniforme. Son nom est Nelly.

Dans une journée il se tire environ huit cents pigeons.

Sur les huit cents, il en est au moins six cents qui, je ne dirai pas mordent la poussière, à Monte-Carlo, il n'y a pas de poussière, mais qui tombent ou tués ou blessés sur le gazon.

Du moment où ils ont été touchés, ils appartiennent à Nelly.

Placée entre les jambes du célèbre Gentil, un vieux matelot qui a fait six fois le tour du monde, et se repose maintenant dans la fonction qui consiste à tenir Nelly par son collier et à lui débarbouiller de temps en temps son museau chargé de plumes, elle suit des yeux le tireur et le pigeon sortant de la boîte.

A la manière dont le chasseur se campe sur son fusil, elle semble deviner le sort de l'oiseau. L'éclair du coup de fusil n'a pas plutôt jailli, qu'on la voit s'élancer ou rester en place. Si l'oiseau est touché, Nelly en un clin d'œil, aussi bien au premier pigeon qu'au six-centième, a parcouru les trente, ou quarante, ou cinquante mètres de distance qui la séparent de l'endroit où il se trouve.

Souvent l'oiseau n'est que blessé, il proteste en voyant arriver un nouvel ennemi, puis cherche à s'envoler et à franchir la barrière. Nelly, avec une merveilleuse adresse, le saisit et le happe parfois en l'air. Plusieurs fois, aux applaudissements du public, elle a rétabli certaines parties et décidé de certaines victoires.

Un sportsmen reconnaissant auquel elle avait fait gagner un prix de vingt mille francs, lui a fait cadeau d'un collier neuf.

*
* *

Nelly rapporte triomphalement le pigeon vaincu au fidèle Gentil, qui met la victime dans un vaste panier dont on vient emporter de temps en temps le contenu.

Mais quand le coup de fusil est parti, et que le pigeon s'envole sain et sauf en décrivant en l'air ses spirales effrayées, Nelly, qui n'a pas bougé, et qui a compris immédiatement le coup, se contente de jeter sur le maladroit tireur un regard où se peint clairement le sentiment du mépris et de la plus entière pitié, puis sur Gentil auquel elle semble ainsi faire part de son observation.

Et pendant que le tireur, humilié, enlève les culots des cartouches et souffle dans les canons de son fusil pour les dégager et se donner une contenance, elle affecte de regarder avec distraction ailleurs, comme pour lui indiquer le peu de cas qu'elle fait de sa personne.

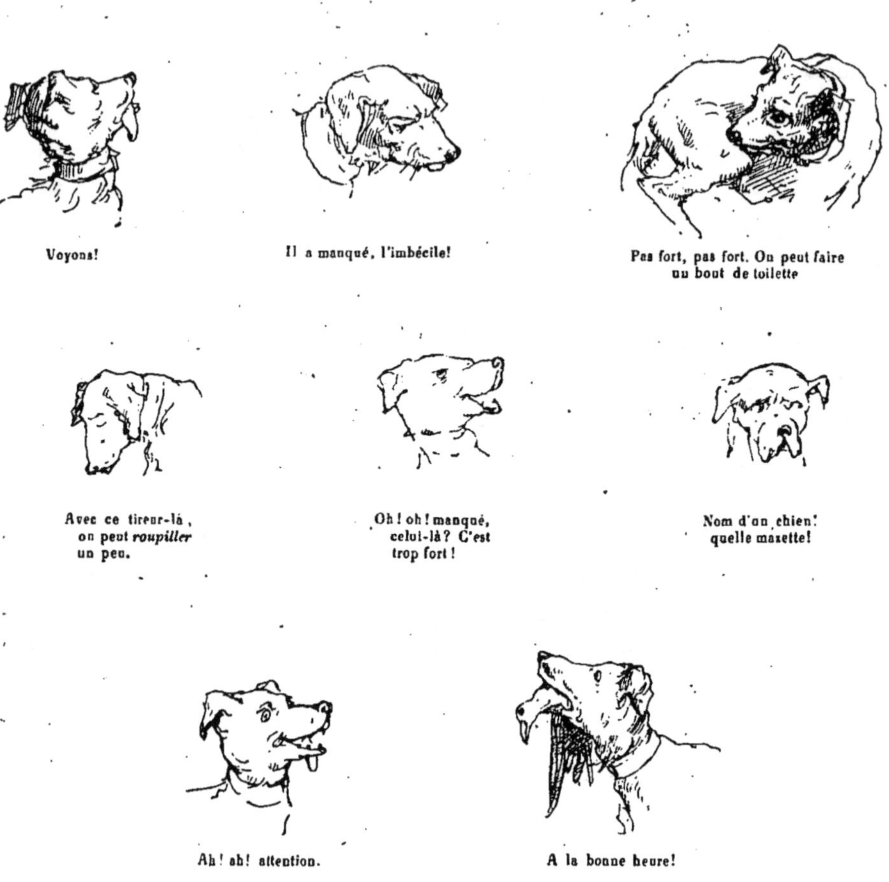

Voyons!

Il a manqué, l'imbécile!

Pas fort, pas fort. On peut faire un bout de toilette

Avec ce tireur-là, on peut *roupiller* un peu.

Oh! oh! manqué, celui-là? C'est trop fort!

Nom d'un chien! quelle mazette!

Ah! ah! attention.

A la bonne heure!

Dans la race canine, Nelly est un chef-d'œuvre. Elle mérite d'être rangée parmi les chiens célèbres.

* * *

Il est des tireurs sur lesquels Nelly n'a que bien rarement l'occasion de déverser son mépris. Ceux-là récoltent, en même temps que son regard approbateur, l'enthousiasme et les compliments de la galerie.

LE TIREUR SÉRIEUX.

LE TIREUR GAI.

LE JOLI TIREUR.

LE TIREUR SANS FAÇON.

LE TIREUR CHIC.

LE MAITRE DES CÉRÉMONIES.

Les femmes les plus élégantes, les chignons et les yeux les plus célèbres, se donnent rendez-vous aux bas côtés des pavillons pour assister aux péripéties de la lutte, applaudir aux vainqueurs, narguer ou consoler les vaincus. Les duchesses, les comtesses et les marquises ne chôment pas, et les princesses lès plus authentiques ne craignent pas de s'y montrer, quoiqu'il s'y rencontre parfois aussi, parmi les plus regardées, certaines princesses de la rampe.

Aussi se fait-il de très-gros et importants paris sur la valeur de tel ou tel fusil, sur la destinée de tel ou tel oiseau, sur la rivalité de tel ou tel tireur.

Nous avons vu des paris de vingt à trente mille francs, de mille livres sterling, faits sur une partie.

Les *bookmakers*, ou parieurs de profession, ou courtiers de paris, ont demandé une place et se sont réservé quelque chose comme une tribune, pour suivre plus facilement le combat. Ce sont généralement des Anglais,

les mêmes qui parient aux courses, soit à Londres, soit à Paris, soit à Nice, partout où il y a de l'argent qui demande à changer de main, partout où il y a des gens bien pourvus de louis, de thalers, de roubles ou de guinées, qui passent leur temps à n'être pas chez eux, et sur lesquels il y a chance de prélever bénéfice.

* * *

Les uns parient pour le fusil, criant à pleins poumons, comme aux courses : *I take five for the gun!*

Les autres pour l'oiseau : *I take five for the bird!*

Après chaque course, on règle la situation de chacun sur les carnets.

Le soir, comme aux courses, soit à Paris, soit à Londres, il y a des centaines de mille francs perdus ou gagnés.

Et chacun s'en retourne satisfait.

Il n'y a que quelques pigeons de moins, et quelques louis de plus.

Le prince Onnesaitki. Le baron Blagmann. Don Raffaëlo de las Pesetas y Maravédis.

EN WAGON

DE NICE A MONTE-CARLO

I

Irma. — L'adorable pays, mon ami, et comme tout ici dépasse ce que j'avais imaginé!

Oscar. — C'est une merveille! et ces tons, ces transparences de l'air, ce bleu suave, ces terrains aux lignes pures et magistrales, c'est à la fois charmant et beau!

M. Dupré. — Oui, madame; mais quand vous aurez vu Monte-Carlo, c'est encore bien autre chose; et le cap Martin, et Menton, et Bordighera, et cette Corniche inondée de lumière et de soleil.

II

MADAME ÉLOA DE SAINT-PHAR. — Nous n'y sommes pas. Bon, voilà le vieux qui va faire encore son boniment de première classe.

M. BASSECOURT. — Faut-il pas qu'il se gêne pour madame?

MADAME ÉLOA DE SAINT-PHAR. — Non! mais j'aime pas qu'on se répète.

M. BASSECOURT. — Ça dépend peut-être du genre de répétitions.

III

M. PERRICHON. — Allons bon! je suis gentil à présent : voici que j'ai oublié mon ombrelle; ces choses-là, c'est fait pour moi!

MADEMOISELLE IRMA. — Mais non, papa, c'est M. Bassecourt qui est assis dessus.

M. BASSECOURT. — Aussi je me disais : Voici des banquettes drôlement rembourrées. Il n'y a pas grand mal du reste : le manche cassé tout simplement, et deux ou trois baleines faussées, le reste intact. Un petit tour demain chez le raccommodeur, et il n'y paraîtra plus.

M. PERRICHON. — Et puis moi aujourd'hui, qu'est-ce que je vais faire? affronter ainsi les rayons du Midi?

M. BASSECOURT. — Laissez-moi donc tranquille avec vos rayons. Vous savez bien que c'est le maire de Nice qui fait courir ce bruit-là pour attirer du monde. Il n'y a pas plus de rayons que sur ma main. Votre ombrelle, c'est une pose.

M. PERRICHON. — Mais pas du tout, c'est pour moi une nécessité. Et puis d'ailleurs j'ai des principes. Si l'on n'a pas de principes pour se guider, on ne sait pas où l'on va. Quand je suis à Paris, je sais ce que j'ai à faire. M. Thiers est certainement un homme de valeur, personne n'en doute. Eh bien, le 1er mai, tous les ans, M. Thiers met un chapeau gris et un pantalon de nankin. Je fais comme lui. A la Toussaint, au 1er novembre il allume son feu; moi aussi, et je m'en trouve bien. Le 31 octobre ou le 2 mai, il gèlerait que je ne m'en douterais même pas, lui non plus.

Voilà ce que c'est que la tradition et les idées nettes. Tout ça, c'est des affaires de conscience.

Je serais à Paris, dans le Nord, le pays du froid, en ce moment je ne bougerais pas sans un parapluie. Je suis dans le Midi, le pays du soleil, je ne peux pas marcher sans ombrelle. Voilà.

M. Dupré. — La méthode est une excellente chose en tout.

Et tenez, moi, par exemple, j'ai trouvé une méthode sûre, infaillible.

M. Perrichon. — Infaillible?

M. Dupré. — Oui, monsieur, infaillible. Mais aussi que de réflexions, que de comparaisons, que d'observations de toute sorte! Dix ans de pointage!

M. Perrichon. — Et cette méthode?

M. Dupré. — Une méthode pour gagner sûrement à la roulette, et au trente et quarante.

M. Perrichon. — Vraiment! Et vous êtes certain de l'excellence de cette méthode?

M. Dupré. — Parfaitement; c'est un calcul, c'est mathématique!

M. Bassecourt. — Mais alors vous devez être bien à votre aise?

M. Dupré. — Pas encore, pas encore. D'ailleurs, je viens seulement d'acquérir l'entière certitude, et puis il m'a fallu le temps de grouper à peu près les fonds nécessaires pour mener l'opération à bien. Car il faut une mise de fonds. Encore deux ou trois billets de mille francs à réunir, et je les aurai certainement ce soir.

M. Perrichon. — C'est bien particulier. Et cependant c'est un fait, on arrive à tout par le calcul. Il y a bien des gens qui prédisent avec ça les comètes et le passage de Vénus. C'est encore plus fort, il me semble.

M. Dupré. — A coup sûr.

M. Perrichon. — Oh! mon Dieu! j'ai envoyé ma femme à Menton parce qu'elle adore les oranges et que décidément on ne peut plus rester à Paris pendant cette saison. Elle est là avec les domestiques. On a beau avoir de l'argent, mon cher monsieur, et quand on vient de donner quatre cent mille francs de dot à ces pigeons qui roucoulent là dans le coin, plus quatre cent mille francs donnés à la sœur aînée, il y a deux ans, il est à croire qu'on en a gardé encore un peu pour soi. Eh bien, on a beau en avoir, il y a encore des moments où on ne serait pas fâché d'avoir davantage. Les déplacements ça coûte encore cher, et quand je ne gagnerais que notre déplacement, plus un peu d'argent de poche, ma foi, cela ne me ferait pas de peine.

M. Dupré. — Rien de plus simple.

M. Perrichon. — Si la personne qui doit vous verser les deux mille francs dont vous parlez...

M. Dupré. — Trois mille, cher monsieur.

M. Perrichon. — Pour un motif ou pour un autre, ne le faisait pas tout de suite, je me ferais un plaisir de vous les remettre afin de participer à cette découverte.

M. Dupré. — Oh! cette personne y tient beaucoup!

M. Perrichon. — Diable!

M. Dupré. — Mais comme elle a déjà pris un intérêt, je saurai, je l'espère, lui faire entendre raison pour le reste, et si vous me remettiez cette petite somme avant ce soir...

M. Perrichon. — Mais en arrivant, le temps de déboucler ma valise, et nous commencerons l'opération demain; je ne suis pas curieux, mais je voudrais voir ça.

M. Bassecourt. — Soyez tranquille, on vous en fera voir... de toutes les couleurs.

Possède une méthode sûre pour gagner, mais il dédaigne de s'en servir, et ne consent point à en faire profiter les autres.

— Il y aura bien encore un joli petit coin pour madame.

IV

Madame Éloa de Saint-Phar *à M. Bassecourt.* — Dites donc, mon petit Bassecourt, il est très-bien ce monsieur; c'est votre ami?

M. Bassecourt. — Je m'en flatte, et vous voyez qu'il est d'un bon numéro.

John street esq. — Number one!

Madame Éloa de Saint-Phar. — C'est un homme sérieux.

M. Bassecourt. — Il a aussi ses moments de gaieté. Et puis il a assez gagné d'argent, le misérable! il peut bien en perdre.

V

M. Perrichon. — Bassecourt, mon très-cher, prêtez-moi donc le *Figaro,* que je voie le nom des tireurs pour ce fameux tir aux pigeons. Vous me devez bien ça, vous qui vous plaisez à massacrer mes ombrelles.

M. Bassecourt. — Vous allez tirer aussi? Eh bien, je crois que ça ne fera pas de peine aux pigeons.

M. Perrichon. — C'est à voir. D'ailleurs, je tuerai si je peux, je n'y tiens guère. Seulement j'aurais du plaisir à trouver mon nom tout au long dans le journal, et en bonne compagnie. C'est que c'est très-bien composé. Voyez-moi ça un peu: M. le duc d'Aoste, M. le duc de Rivoli, M. le prince de Ligne, le prince de Furstemberg, M. le comte de Montesquiou, le marquis Raggi, etc., etc., tous gens fort bien, sans conteste. Quand on se trouve imprimé à côté de ces messieurs,... il n'y a pas à dire...

M. Bassecourt. — Ça vous a un certain œil.

M. Perrichon. — C'est évident. Je crois que vous connaissez le directeur de ces tirs?

M. Bassecourt. — D'abord, moi, je connais tout le monde, et puis, qui ne connaît pas les messieurs Dennetier, des gens parfaitement bien? Et ils ont le bras long. Seulement... il y en a un des deux qui a une jambe un peu courte. Je leur donnerai votre nom, et dès le lendemain vous serez tout vif imprimé dans le *Figaro*.

M. Perrichon. — Vraiment?

M. Bassecourt. — Mais c'est certain.

M. Perrichon. — Alors je vais vous remettre quelques-unes de mes cartes. (*Bas.*) Vous voyez, mon ami.

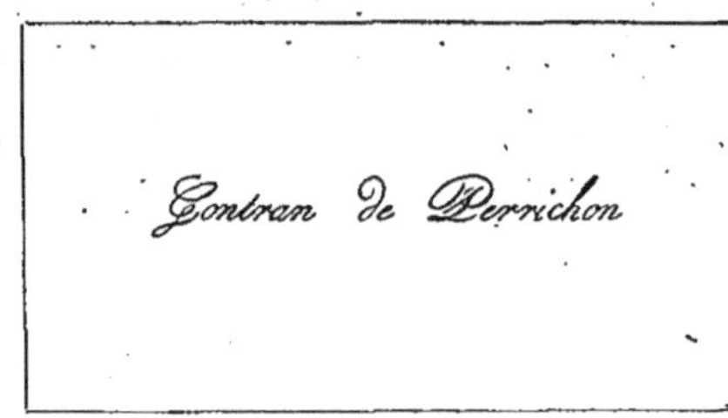

En voyage j'aime mieux ça. A Monaco surtout, qui est ville étrangère, on pose mieux. D'ailleurs j'ai toujours aimé le nom de Gontran. Ça vous a un petit parfum aristocratique, et la *Vie Parisienne* l'a mis à la mode. Perrichon tout court eût été réellement un peu sec.

M. Bassecourt. — Eh bien, franchement, pendant que vous y étiez, j'aurais fait mieux les choses. J'aurais mis tout bonnement, par exemple : Le baron Gontran de Perrichon.

M. Perrichon. — Vous croyez?

M. Bassecourt. — Mais c'est certain, au moins c'était plus carré. Et puis, à la campagne, on ne vous ferait pas la moindre observation. Avec votre décoration de Perse, et celle de l'Éléphant vert de Siam, ça ira très-bien.

M. Perrichon. — Oh! mon Dieu, je n'y avais pas pensé. Et s'il y a des imprimeurs à Monaco... Et ne croyez pas qu'il y ait la moindre vanité de ma part.

M. Bassecourt. — Parbleu! ça se voit du reste.

M. Perrichon. — Mais dans mon commerce, j'ai vu tant de comtes, de marquis et même de ducs, à plus forte raison des barons, qui ne me valaient pas, et qui n'auraient pas été capables de gagner seulement vingt-cinq sous!

Et puis après ça, de notre temps, il n'y a qu'une véritable distinction, celle de l'argent, et j'en ai.

Mais tout ça n'empêche pas, au bout du compte, que, même dans une république, un monsieur qui a un titre produit un tout autre effet que celui qui n'en a pas.

Et à Monaco, ce n'est pas une république.

M. Bassecourt. — Il n'y a pas de danger.

VI

Irma. — Cette succession de vues si pittoresques, c'est délicieux! Quelle série d'enchantements! les yeux sont vraiment fascinés, éblouis.

Oscar. — Voir tout cela à nous deux, chère Irma! quelle ivresse!...

Dire que de tous les gens qui sont avec nous dans cette boîte, il n'en est pas un qui ait seulement jeté les yeux sur cette merveilleuse rade de Villefranche! Ils n'ont rien vu, ni ces constructions si pleines de caractère, accrochées au rocher, qui baigne ses pieds dans la mer toute bleue frangée d'or et d'argent, ni ces bâtiments sombres aux agrès sévères qui semblent flotter à la surface comme des monstres marins, et dans le lointain, les côtes de l'Italie, par devant lesquelles s'étagent les admirables rochers de Monaco et les pentes de la Ligurie.

Irma. — C'est donc pour nous deux, ami, que se déroulent toutes ces splendeurs, que ce soleil brille dans toute cette magnificence! Tant mieux!

Oscar. — Mais le bourdonnement de ces voix, dont je n'entends pas un mot, me trouble comme une note persistante qui n'est pas d'accord dans un concert.

Irma. — Moi, je n'entends, je ne vois que nous, et cette fête qui est devant nos yeux.

Oscar. — Chère âme!

VII

Le comte Ernest de Jolibois, *regardant à sa montre.* — Parole d'honneur, c'est énervant! déjà dix minutes de retard depuis Nice! Autant aller par le roulage! Quand on pense qu'il faut être ainsi cahoté pendant plus de vingt mortelles heures pour venir de Paris, c'est tout simplement crevant.

M. Bassecourt. — Fallait venir en ballon.

Le comte Ernest de Jolibois. — Merci.

M. Bassecourt. — Il y a trente ans, vous auriez mis quinze jours pour venir jusqu'ici.

Le comte Ernest de Jolibois. — Seulement, j'étais alors en nourrice, et cela

m'eût été bien égal. Mais maintenant rouler ainsi si longtemps, ça m'agace, et je suis pressé d'arriver, car moi aussi j'ai trouvé une marche, et, ma foi, je vais l'appliquer sans pudeur.

M. Dupré. — Il y a marche et marche!

Le comte Ernest de Jolibois. — La mienne est la véritable, et je vous dirai franchement la seule, dussé-je vous désappointer, monsieur.

M. Dupré. — C'est ce que nous verrons et ce que l'avenir nous prouvera. Comme il n'est pas probable que ce soit la même que la mienne, et que la mienne est la seule mathématique...

Le comte Ernest de Jolibois. — Du reste, j'ai eu l'honneur d'entendre tout à l'heure Monsieur vous promettre de s'intéresser à votre procédé. Moi, je n'ai pas l'indiscrétion de frapper ainsi à la porte d'une personne qui, je le regrette, jusqu'alors m'était tout à fait inconnue. Mais je demanderai à monsieur de vouloir bien être juge entre nous, et de prononcer un jugement *de visu*.

M. Perrichon. — Comment donc, monsieur! mais je ne saurais me refuser à une demande qui m'honore et que les idées de simple justice recommandent d'elles-mêmes.

Le comte Ernest de Jolibois. — Monsieur, permettez-moi d'avoir l'honneur de vous présenter votre justiciable :

Comte Ernest de Jolibois.

M. Perrichon, *timidement.* — Monsieur le comte, à mon tour je vous présente votre juge :

Baron Gontran de Perrichon. (*Ils se saluent.*)

M. Dupré. — Quant à moi, messieurs, je suis tout simplement M. Dupré, mais j'ai la ferme conviction que ma marche n'en est que meilleure. Du reste, M. le baron jugera.

M. Perrichon, *avec condescendance.* — Mon ami, quel que puisse être mon intérêt, je serai impartial comme l'histoire. Et d'ailleurs, pour égaliser les chances et m'enlever tout désir de partialité, si M. le comte le permet, je prendrai dans sa marche le même intérêt que j'ai pris dans celle de M. Dupré. Après ça, les deux marches peuvent être bonnes également.

M. Bassecourt. — Il me semble voir Salomon.

Le comte Ernest de Jolibois, *saluant.* Monsieur le baron, peut-être aurais-je mauvaise grâce à refuser.

VIII

Madame Éloa de Saint-Phar, *bas.* — Dites donc, mon petit Bassecourt, mais c'est un daim, votre ami.

M. Bassecourt. — Vous croyez?

Madame Éloa de Saint-Phar. — Dame! il aura de la besogne, là-bas, s'il coupe dans tous ces ponts-là. Il y a au moins dans les salons de jeu vingt-cinq bonshommes, taillés sur le même patron, qui ont tous des marches infaillibles; c'est un véritable escalier! Après ça, je ne demande pas mieux que dans le nombre il s'en trouve une douée de qualités sérieuses, moi qui hier encore me suis fait décaver de cent louis.

Nous laisserons le bonhomme juger et payer les frais. Si par hasard il rencontre juste, on s'intéressera dans son jeu. Il faudra me le présenter.

M. Bassecourt. — Je ne sais pas trop si je dois, car enfin...

Madame Éloa de Saint-Phar. — Bassecourt, mon ami, je vous coucherai sur mon testament.

M. Bassecourt. — Oh! alors!...

IX

Le chef de train. — Monte-Carlo! Monte-Carlo!

M. Perrichon. — Nous y voilà.

Le comte Ernest de Jolibois. — Enfin, ce n'est pas malheureux!

Oscar et Irma. — Déjà!

M. Bassecourt. — Quelle poussière! je vous demande un peu si on ne pourrait pas éviter ça! Mais il y a toujours une telle incurie!

John Street Esq. — *All right!*

M. Bassecourt. — Ces Anglais sont-ils bavards! on n'entend qu'eux.

* * *

M. Perrichon, *offrant la main à madame Éloa de Saint-Phar.* — Belle dame, voulez-vous me permettre?...

Madame Éloa de Saint-Phar. — Comment donc, monsieur le baron, mais avec plaisir; vous êtes fort aimable, et je vous en remercie.

M. Bassecourt. — Ces marches sont mal agencées...

Madame Éloa de Saint-Phar. — Mon vieil ami, M. Bassecourt vous a cassé, sans le vouloir, votre ombrelle dont vous ne sauriez vous passer ici. J'en ai deux avec moi par hasard, veuillez en accepter une pour aujourd'hui. Demain vous pourrez en avoir une autre, et vous aurez la bonté de me renvoyer celle-ci chez-moi, hôtel de Paris, n° 45.

M. Perrichon. — Mais, belle dame, je ne sais si je dois accepter.

Madame Éloa de Saint-Phar. — Monsieur le baron, je l'exige.

Un passant. — Tiens, ce bon Dubois! par quel hasard ici? C'est une fatalité, tu arrives au moment où je pars.

Le comte Ernest de Jolibois. — C'est navrant! Bon voyage.

* * *

Un domestique, *à M. Perrichon.* — Faut-il monter les bagages de monsieur le comte?

M. Perrichon. — Oui, mon ami. Mais je ne suis que baron.

LA VICOMTESSE ANNA DE X... A LA BARONNE DE Z...

Chère amie, je suis à Monaco, à Monte-Carlo si vous le préférez, et je dois vous dire que je m'en trouve à merveille. Il n'y a pas comme à Nice ces brusques variations de température qui, si l'on ne se munit de précautions suffisantes, sont un véritable piége où les insouciants se laissent prendre.

Le ciel est ravissant, et les arbres ont toutes leurs feuilles. La mer est d'un bleu doux et calme, et l'on voit voltiger au-dessus des vagues, dont le murmure est comme une caresse, un monde d'oiseaux qui poussent de petits cris joyeux. Le bleu du ciel est coupé par les panaches des palmiers ou des bananiers chargés de leurs fruits, et des feuilles monumentales des aloès s'élance vers le ciel, çà et là, une de ces tiges fières et robustes dont l'aspect rappelle le chandelier à sept branches de l'Ancien Testament.

Mon mari est mieux, il ne tousse plus.

Je suis ravie de l'avoir enlevé à Paris, aux veilles des bals et des soupers, et surtout à son club.

A Nice il avait recommencé quelque chose de cette vie. Il y a là deux cercles au moins aussi élégants que les clubs de Paris, et où l'on joue un jeu qui ne le cède guère à celui que l'on joue sur le boulevard et rue Royale.

Deux ou trois catastrophes survenues parmi ces joueurs, au milieu desquels se glissaient des gens habiles à corriger la fortune, les ont fait quelque peu réfléchir. Comme partout, dans les cercles on jouait sur parole, et l'on se trouvait parfois entraîné à perdre des sommes plus considérables que celles dont on avait la disposition.

Ici, à Monte-Carlo, puisqu'il faut absolument, paraît-il, que ces messieurs se livrent à ce passe-temps imbécile du jeu, on ne peut hasarder exactement que ce que l'on a, et l'on ne peut jouer plus de six mille francs à la fois. C'est ce qu'on appelle le *maximum*.

* * *

A Nice, à ce qu'on me raconte, on a vu des coups de cent mille francs, ce qui ici est totalement impossible. On a beau être riche, une perte de cent mille francs est toujours une perte épouvantable. On a du moins ici cette sécurité de penser qu'on ne saurait perdre plus qu'on n'a dans sa poche au moment où l'on joue.

Mon mari a un canot, et il canote; un fusil, et il tire au pigeon avec tous les grands personnages et les plus merveilleux sportsmen de toute l'Europe, car c'est la grande mode actuellement, et l'on se donne de tous côtés rendez-vous ici pour massacrer ces pauvres petites bêtes.

Il a un album, et il dessine; des couleurs, et il peint. Certes, ce n'est ni du Meissonier, ni du Decamps, ni du Ziem qu'il fait, mais c'est vraiment supportable à regarder. Du reste, il y a là, à Monaco, à Roquebrune, à Menton, dans tous ces environs où l'on va si facilement, soit par terre, soit par eau, les plus merveilleux motifs que l'on puisse imaginer pour un peintre.

Et c'est à peine si on en voit un arriver ici par hasard. Ceux qui vont en Italie n'ont garde de s'arrêter ici, ils se dépêchent d'aller gagner tout de suite le pays des terrains arides et de la fièvre.

Nous avions vu il y a quelques années Monte-Carlo et Monaco; c'est à ne plus les reconnaître.

Les vieux remparts du côté de la mer ont fait place à des jardins merveilleux suspendus par gradins comme les jardins de Babylone, et toujours ouverts au public. Tout pousse sur cette terre privilégiée. Les orangers et les citronniers sont couverts de fleurs ou de fruits toute l'année, et les essences de tous les arbres connus s'étagent harmonieusement les unes par-dessus les autres. Les rues si pittoresques de l'intérieur de la vieille ville ont été conservées comme des objets d'art; celles qui étaient par trop délabrées ont été tout bonnement abattues, et sur leur emplacement on a bâti un hospice, une école et un asile.

Le vieux château des princes de Monaco a été regratté, remis à neuf. L'écusson a été rechampi et redoré du haut en bas. Le gaz escalade le rocher et vient éclairer la ville et le château. A la place des quatre gendarmes dont on a ri si fort jadis, il y a, pour monter la garde aux portes et faire la police dans la ville, une troupe de gaillards bien portants et bien vêtus qui, le soir, jouent gaiement au bouchon à l'aide de bouchons de première qualité.

Des petites maisons, des grandes, des hôtels et des villas de toute sorte sont semés sur la côte, et grimpent jusqu'aux sommets pour regarder plus loin dans la mer. Les routes sont irréprochables, sans un caillou qui vienne offenser la semelle.

Il y a douze mille habitants qui vivent plus tranquilles que ce Baptiste dont on a parlé si souvent. Pas d'impôts à payer, pas de contribution d'aucune sorte, pas de conscription et de service militaire. Ils sont là comme des coqs en pâte. Un véritable pays de Cocagne!

Une série de gens riches, venus de tous les pays du monde, accourent à l'envi leur apporter les modes nouvelles, les mots nouveaux. Des musiciens viennent de partout pour leur faire de la musique, les acteurs et actrices pour leur jouer des pièces.

Eh bien, la nature humaine est ainsi faite, que les citoyens monegasques ne se considèrent pas comme satisfaits. Entre leurs repas, ils n'ont rien à faire, que monter parfois en barque pour pêcher quelques poissons, ou se hausser sur la pointe du pied pour cueillir des citrons et des oranges. Il n'y a qu'à gratter un peu la terre pour y voir pousser ce qu'on veut.

Mais les alouettes persistent à ne pas tomber toutes rôties dans leurs plats, et les poissons de la rade, avant de se glisser dans leurs nasses, négligent préalablement de se faire frire. Les habitants considèrent cela comme un criant abus.

Il leur faudrait sans doute encore moins de besogne et certains avantages de plus. Quelques fortes têtes de l'endroit ne seraient pas satisfaites si chacun n'obtenait un revenu fixe et déterminé.

J'ai entendu parler de vingt-cinq mille francs de rente. C'est le chiffre. Mais il faut le dire, le prince actuellement régnant ne paraît pas vouloir jusqu'alors accéder à ces vœux modestes de son peuple.

Le frère aîné de mon mari a été jadis au collége avec le prince actuel de Monaco, qui s'y rencontrait aussi avec les ducs d'Aumale et de Montpensier. C'était à Henri IV. Il se souvenait de lui avec son uniforme de collégien, uniforme que l'on portait alors à queue de morue, uniforme que la République a renversé pour lui substituer la tunique.

Quelquefois Monaco, qui était un intrépide et bon compagnon, jouait si fort et si bien, que son habit ne résistait pas et éclatait de rire aux épaules et aux coudes.

Mon beau-frère a été reçu d'une façon charmante par son ancien condisciple, qui a pu le reconnaître au son de sa voix, car il est aveugle. Il lui a rappelé ces joyeux souvenirs du temps passé, les pensums exécutés à l'aide de la plume à quatre becs, les versions que le prince faisait pour tirer d'affaire mon beau-frère, alors le cancre le plus endurci que l'on pût rêver, et le nombre de billes qu'il lui avait jadis gagnées à la bloquette et à pair ou non.

*
* *

Les révolutions qui ont bouleversé la situation du duc d'Aumale, de Montpensier, Joinville, etc., ont respecté celle de leur ancien camarade. Il y avait longtemps que les Grimaldi, ducs de Valentinois et princes de Monaco ne s'étaient trouvés à pareille fête. Tout cela parce que les finances prospèrent. L'argent, qui est le nerf de la guerre, est aussi le nerf de la paix.

Or l'argentier, le Jacques Cœur du prince régnant, est M. Blanc. Grâce à ce financier habile, les grands et les petits personnages de l'Europe et du monde entier accourent au moment donné, sous prétexte de beau soleil, d'oranges à cueillir sur l'arbre, de palmiers, d'aloès et de fleurs fraîchement écloses en décembre, pour apporter leur obole à ces douze mille braves gens qui flânent sur cette plage et à l'abri de ce rocher.

Le cliquetis de cette coupe multicolore où saute la bille fatidique résonne comme un clairon pour appeler à la caisse ces contribuables volontaires dont les dons viennent affranchir ceux qui devaient être contribuables à leur place.

Tous les gens opulents du continent, pour lesquels quelques louis ne sont rien, viennent avec empressement les jeter dans l'escarcelle, où l'on puise à

La princesse.

pleine main pour faire la vie douce à tous les habitants de cet endroit, qui devient de plus en plus un petit paradis.

De temps en temps on apprend comment quelqu'un de ceux qui sont venus apporter leurs louis à la caisse de M. Blanc se retire avec deux ou trois cents beaux billets de mille francs qu'il y a bel et bien pêchés. C'est rare, il est vrai, mais cela n'en fait que plus d'effet.

Je dois dire que j'ai vu, tout à l'heure même, un petit jeune homme de vingt-cinq ans environ, sérieux et roide, orné de lunettes d'or malgré son âge si tendre. Il jouait avec un calme merveilleux, et semblait guider le sort. Devant lui les paquets de six billets de mille francs arrivaient à la file, comme à un rendez-vous. Il les prenait froidement, les plaçait avec méthode, puis les alignait proprement les uns par-dessus les autres, et peu à peu il s'élevait entre ses mains comme un monument de ces jolis petits papiers

M Krupp.

blancs et bleus, dont l'aspect avait quelque chose de réellement imposant pour qui sait ce que l'on peut en tirer. Il y en avait déjà, m'a-t-on dit, pour plus de quatre cent mille francs!

Et cependant l'œil de ce jeune homme, voilé, il est vrai, par les verres de ses lunettes d'or, ne semblait s'éclairer d'aucune lueur. Le regard se contentait d'aller simplement de la place où il jetait son enjeu, au monument qui grandissait toujours, et du monument à l'enjeu. Ce jeune homme ne peut manquer d'être un homme fort!

Je vous laisse à penser quelles étaient l'admiration et l'attention de la galerie!!! Quant à moi, je me suis retirée, supputant en moi-même ce que l'on peut faire de bien, ou de mal, avec une pareille somme, gagnée en si peu de temps.

J'ignore si le petit jeune homme aux lunettes d'or a emporté ce qu'il avait gagné, ou s'il l'a reperdu. Mais cela est affaire à lui. Tant pis pour lui si, comme les fortes têtes de la ville, il n'a pas su se dire à propos : La coupe est pleine, les prés ont assez bu. *Sat prata biberunt,* comme dit mon mari, qui par hasard n'a pas oublié ce morceau de latin, et vient de me le traduire pour ma satisfaction personnelle.

* * *

Je n'ai pas besoin d'ajouter ici que les occasions comme celle que je viens de décrire présentent rarement leurs cheveux aux visiteurs, et que le plus souvent la victoire reste aux gros bataillons, c'est-à-dire à la grosse caisse, qui finit presque toujours par avoir raison.

C'est ce qui fait la prospérité de l'endroit. Sans cette loi qui régit infailliblement la matière, les Rabagas de l'endroit n'auraient jamais rêvé plus de douze mille livres de rente par tête, ce qui, m'assure-t-on, est le taux autre part.

J'ai entendu des braves gens, ici même, me parler gravement de l'immoralité du jeu, des dangers qu'il offre, de l'effroi qu'il doit inspirer et des catastrophes qu'il entraîne. Tout cela est parfait, chers amis, mais ce n'est pas ici qu'il faut venir nous le dire.

Depuis que le monde est monde, on a joué. On jouait devant les murs de Troie, comme à Athènes, comme à Rome. De tout temps l'homme a eu besoin d'*alea,* c'est-à-dire d'inconnu. Dès la huitième, le collégien joue aux billes, pour passer peu à peu ses examens d'écarté, de bac et de chemin de fer.

Entrez chez le dernier marchand de vin venu, aux barrières de Paris ou ailleurs, vous verrez des gens attablés et jouant au piquet. Montez dans le premier cercle venu, vous en verrez d'autres taillant ensemble un petit baccarat.

Quatre messieurs à cravate blanche ne se trouvent pas plutôt réunis dans un salon, qu'ils se dépêchent de s'installer à une table de whist.

S'ils ne sont que trois, ils jouent avec un mort.

Et pour ma part, je ne trouve rien de plus triste que ces trois ou quatre messieurs, graves, silencieux, parfois l'air maussade et grinchu, qui passent quatre ou cinq heures le soir à ranger dans leurs mains ou sur la table des morceaux de carton sur lesquels sont représentées les plus sottes et les plus lourdes figures.

Enfin, c'est partout ainsi.

Or, dans tous ou presque tous les endroits où l'on se réunit de cette façon, toujours pour le même but, qui est de gagner sans travail quelques sous ou quelques pièces d'or, il est un certain nombre d'individus qui se sont fait une étude particulière des choses, et ont appris à dompter la fortune à leur profit.

La surveillance, quelle qu'elle soit, des individus, des particuliers ou des États, n'y fait absolument rien.

Ici les choses doivent se passer d'une tout autre manière. Le sort est inflexible, et ne peut ni se conjurer ni se dompter d'aucune façon. Il décide en maître, et les grecs eux-mêmes sont égaux devant tous les autres; si l'on perd, il n'y a personne qui se glisse entre soi et le hasard.

Moi je ne joue jamais, par conséquent j'ai beau jeu à parler ainsi. J'ai beau jeu! Tenez, ne voyez-vous pas que dans la conversation même, nombre d'expressions dont on ne se rend pas compte, s'empruntent à cette éternelle et sotte passion qui survit à toutes les autres, et dont rien n'a pu jamais débarrasser l'humanité?

* * *

Pour ma part, je déclare n'avoir rien à blâmer ici, si ce n'est le principe implacable qui pousse les gens vers le jeu et vers l'inconnu. Ceci une fois admis, il n'y a plus rien à dire.

Les gens sont bien et dûment avertis; s'ils viennent, c'est qu'ils le veulent. Nul entraînement d'autre part que celui de l'attraction du jeu par lui-même. Il faut faire des centaines et même des milliers de lieues si l'on veut avoir le plaisir de voir sauter la roulette. Pour venir ici, il faut tout d'abord être sinon riche, du moins posséder le superflu qui permette de faire préalablement la dépense d'un coûteux déplacement. Quant aux gens de Monaco et de la principauté, un règlement sévère leur épargne l'entraînement que l'exemple rendrait possible. Il leur est défendu même de pénétrer dans les salles de jeu. Il ne leur est permis que de jouir des avantages apportés dans leur pays par les joueurs.

Que m'importe donc à moi de voir passer cet or, cet argent ou ces billets, de cette main qui n'en a guère besoin, dans celle qui n'en a pas besoin davantage?

S'il y a quelque ruine parmi ces riches et ces désœuvrés ne sachant que faire de l'argent qui parfois leur est venu par des sources plus répréhensibles que celles du jeu, en quoi cela doit-il nous toucher profondément le cœur?

Ceux qui vivent laborieusement de leur salaire réclamé par les besoins de leur famille, n'apportent point leur argent ici; ils le voudraient qu'ils ne le pourraient pas. Ils vont tout bonnement, si la fatalité les entraîne, le porter dans les tripots voisins de leur domicile, où ils sont infailliblement dépouillés et volés, en dépit de messieurs les commissaires.

* * *

J'ai rencontré ici un brave homme qui a une belle et bonne figure d'apôtre, avec une superbe barbe grise. Il vient ici tous les ans passer trois mois, pour sa santé, dit-il.

Il a des principes et ne tarit pas sur l'immoralité du jeu et des joueurs; mais il ne manque pas un soir de venir entendre la musique, voir le spectacle. Il se promène douloureusement à travers les salles, récoltant les nouvelles de toute sorte qui viennent affluer de tous les coins du monde, et suivant avec une curiosité chagrine les phases inattendues du sort. Il se plaît à constater l'apparition de quelque toilette ou de quelque beauté nouvelle, et pointe curieusement l'arrivée de quelque célébrité ou de quelque personnage.

Dans le jour, il va tristement lire son journal ou son livre favori sous les palmiers, les citronniers, les cocotiers, humant avec résignation l'air embaumé de parfums, s'étendant philosophiquement au soleil sur une chaise longue, et devisant avec les dames et les messieurs bien parés qui viennent, comme lui, voir la vieille ville se refléter dans les flots bleus.

* * *

Mais, cher monsieur, comment arrangez-vous les choses avec vous-même? Car enfin, la présence d'un sage tel que vous est une justification et tout au moins une excuse.

— Qui sait? la fortune n'est pas toujours aveugle.

— Mais non, nous répond-il, je suis une protestation vivante. Ce soleil et cet air sont indispensables à ma nature souffrante, pour raviver et entretenir cette utile protestation.

Vous avez vu le tableau de Couture, l'*Orgie romaine?* Je suis le monsieur assis à droite et qui s'attriste au spectacle de cette orgie.

— Mais ne croyez-vous pas que le premier devoir de ce monsieur eût été de n'y point venir, comme le vôtre eût été d'aller vous installer tout simplement, pour votre santé, dans quelque petite crique assez lointaine, inconnue, où il n'y ait ni restaurants splendides, ni musique, ni spectacles, ni bals, ni jeux, ni palmiers, ni toilettes, où rien n'eût troublé votre tête-à-tête avec les orangers et les citronniers, où vous auriez pu causer à votre aise avec le flot qui murmure, sans courir le moindre risque d'être dérangé par quelque gommeux ou par quelque princesse?

— Non, car le spectacle de la bêtise humaine a ses robustes et profitables enseignements, et il appartient au sage de les signaler.

— Profitables, oui; car, avouez-le, il est aussi agréable au sage de trouver toute prête à chaque repas une table somptueuse et bien servie avec toutes les recherches possibles, pour un prix tout à fait médiocre, de loger dans des chambres confortables, de coucher dans d'excellents lits où l'on peut philosopher et reposer à son aise, de voir successivement paraître devant ses yeux tout ce qu'il y a d'élégances, de beautés, de prétentions et de notoriétés dans tous les pays de l'Europe, et de pouvoir assister au défilé de toute cette comédie, assis dans une bonne stalle, bien vêtu, bien nourri, les pieds chauds, respirant de bon air bien sain, et les yeux inondés de couleurs harmonieuses et de soleil...

Si vous voulez faire un pari, je gagerais que tout sage que vous soyez, vous ne resteriez pas quinze jours dans votre anse déserte, mangeant comme ceux du pays des tomates, des aubergines et du poisson à l'ail, en tête-à-tête avec votre citronnier.

Avant la quinzaine vous prendriez le chemin de fer, vous retourneriez à Paris, et vous auriez raison.

— Chère madame, m'a-t-il dit en souriant, vous avez vos convictions, laissez-moi les miennes, et allons dîner. On prépare ici le chateaubriand d'une façon tout à fait supérieure, et le parfait au café est de premier ordre. Après le dîner, il y a vaudeville et opérette; puis nous irons dans les salles chercher les nouvelles, et voir si le jeune Allemand, le héros du jour, garde les cent mille francs qu'il a cueillis ce matin.

* * *

Vous voyez que les philosophes ont leurs bons moments.

* * *

Quant à moi, c'est à peine si je hasarde, par-ci, par-là, quelques pièces d'or sur le tapis vert; ai-je gagné, ai-je perdu? J'avoue ne pas le savoir. Si j'ai perdu, j'avoue que je ne le regrette guère; dans ce cas, j'aurais payé tout simplement une partie de mon écot, dans cette représentation à laquelle je suis conviée, et qui est une merveille.

* * *

Je dois vous le dire, j'ai fait une découverte, et j'en ferai part à mon vieil ami le philosophe. Quel est donc le magistrat qui demandait toujours, lorsqu'il était en présence d'un fait quel qu'il fût, dont le mobile et l'origine étaient inconnus : Où est la femme?

En parcourant le pays, en voyant les ouvroirs, les asiles, les maisons de refuge, les hospices, les fabriques, toutes créations bienfaisantes et utiles dont pas une n'existait il y a huit ans, je me suis tout naturellement posé cette question : Où est la femme?

Je n'ai vraiment pas eu besoin de beaucoup de recherches.

Il y a à Monte-Carlo M. Blanc à qui les joueurs apportent beaucoup d'argent; mais il y a aussi à Monte-Carlo madame Marie Blanc qui sait le dépenser.

C'est à elle que l'on doit toutes ces créations prévoyantes qui assurent les soins à donner à l'enfance, et ceux que réclame la vieillesse.

Que faisait-on jadis à Monaco?

Rien autre chose que pêcher quelque poisson, planter de temps en temps des orangers et cueillir le plus souvent des oranges. On était pauvre alors, et les ressources manquaient comme les débouchés de toute sorte. La fée de l'endroit a voulu doter Monaco d'industries inconnues jusqu'alors et de nouveaux instruments de travail.

Elle a frappé le sol de sa baguette d'or, et il en est jailli une usine modèle, pourvue de tous les engins les plus perfectionnés par la science, dirigée par un chimiste de grand mérite.

Sur ce sol enchanté les fleurs poussent et éclosent en toute saison, dégageant un arome et riches d'une essence que leurs similaires n'atteignent nulle part.

Eh bien, grâce à cette riche combinaison du soleil, d'une exposition exceptionnelle et d'une manipulation chimique irréprochable, s'obtiennent des produits de premier ordre. L'eau de Cologne, cette vieille réputation allemande, est vaincue, sans revanche possible, par l'eau de Monaco. Les parfums les plus délicats des fleurs sont concentrés en essences précieuses, ou ils ne subissent aucune transformation.

A côté des parfums, les liqueurs hygiéniques, telles entre autres que la *Gallia,* une liqueur tonique et cordiale qui a sa légende, qui fut créée lors de la dernière guerre par sympathie pour la France, et qui, envoyée gratuitement aux ambulances françaises avec d'autres subsides et secours, valut à la généreuse organisatrice la croix des ambulances et la médaille d'or.

Le pavillon élégant qui se dresse dans le jardin de l'établissement contient des échantillons inconnus jadis à Monaco, et qui créent à l'industrie des débouchés aussi honorables qu'honorés, puisque le pavillon actuel n'est autre que le pavillon qui a figuré avec tous les produits à la grande Exposition de Vienne où ils ont été jugés dignes d'une des premières récompenses qui aient été accordées.

Le pavillon de Monaco est revenu, tel qu'il était à Vienne, s'agrafer au milieu des cactus, des aloès et des palmiers, sur cette délicieuse côte de Monte-Carlo.

Outre les parfums et les liqueurs, ce pavillon contient encore l'exposition des poteries de Monaco, une nouvelle industrie dont a été doté le pays. Poteries colorées, chaudes de ton et d'émail, possédant un caractère bien particulier, et qui, les formes étant progressivement améliorées par l'étude, prendront certainement leur place parmi les individualités de la céramique européenne.

De nombreux ouvriers travaillent dès maintenant à ces fabriques, dont l'avenir présente toute espèce de sécurité.

Et dans toute la principauté il n'y a ni un mendiant ni un indigent.

C'est donc une série de bonnes œuvres que fait naître du sol même la baguette dont nous avons parlé, et je ne crois pas que mon philosophe moraliste puisse sérieusement me contredire lorsqu'il parcourt cette côte, où il puise, quoi qu'il en dise, le plaisir, le bien-être et la santé, où tant d'autres trouvent la prospérité, la sécurité et le travail, s'il pense que tout cela est prélevé sur l'avidité des gens riches ou doués de superflu, venus de tous les pays, et qui ne se donnent la peine de venir si loin que dans l'espoir de gagner des sommes dont ils n'ont nul besoin.

Sans compter qu'il est encore un certain nombre d'entre eux qui s'en retournent les poches gonflées d'or et le portefeuille garni outre mesure.

* * *

Enfin, chère amie, voilà mes impressions. Moi, je n'ai pas de prétention à la philosophie, et, comme l'homme aux épinards, je serais désolée d'en avoir, car je ne peux pas la souffrir. Je trouve cela charmant, et je regarde. Je trouve cela amusant, et je m'amuse. Je trouve qu'un esprit sage et un cœur affectueux ont su tirer de ce milieu, créé pour l'avidité et le plaisir des uns, le bien-être et le travail pour les autres. Je trouve cela et je le dis.

Viens au plus vite me voir ici, et tu me diras toi-même si j'ai raison.

C. DE X...

LA SALLE DE JEU

Il est onze heures moins un quart, des voitures à quatre chevaux gravissent au galop la côte de Monte-Carlo et s'arrêtent devant l'escalier monumental. Des fantaisistes en descendent, éteignent leurs pipes, montent l'escalier, et s'éparpillent dans les couloirs.

Cinq minutes après, des messieurs, correctement vêtus de noir, à l'attitude posée, au regard diplomatique, se promènent gravement dans la salle d'entrée, qui semble en ce moment une salle de pas perdus, ou la galerie des tombeaux à Versailles. Ce sont les mêmes.

Il est onze heures, M. Mathieu est à son poste.

M. Mathieu est une figure importante à Monte-Carlo : c'est le commissaire dont les décisions sont sans appel, qui, gardien inflexible, est préposé comme jadis l'ange exterminateur aux portes de ce paradis terrestre, rêvé par les déclassés à la recherche de la fortune, et dans lequel ils ont l'espoir de cueillir et faire ample moisson de ce fruit de l'arbre de la science du bien et du mal qui fleurit et qui mûrit sous forme de billet ou de rouleau de mille francs.

Il est grave, il est sérieux dans sa mission.

C'est un saint Pierre qui ne laisse approcher que certains ou certaines qu'il juge dignes d'entrer. Il tient magistralement les clefs du paradis.

Toi, tu es *dignus intrare*. Va, mon garçon, sois heureux si tu peux. Tu es libre d'emporter d'ici cinq cent mille francs en billets, ta charge en or, si la fortune a soulevé pour toi son petit bandeau.

Toi, tu n'entreras pas, *vade retro;* tu es percepteur, ou tu es précepteur, peu importe comment est placée l'*r* qui te condamne. Tu n'as pas plus le droit de risquer la fortune de l'État, que de perdre la couronne intacte de moralité et de mépris des richesses que tu dois à ton élève.

Vade retro!

* * *

— Vous, madame, votre jeu de prunelles est discret et modéré, votre toilette ne descend pas au-dessous des bornes permises, ne franchit point les barrières de l'excentricité ; allez, madame, et péchez tant que vous pourrez.

* * *

— Vous, madame, n'espérez point franchir ces limites, je ne vous dirai point pourquoi, vous le savez. Allez, et ne péchez plus.

— Vous, je connais votre visage, votre voix et votre tournure; vous êtes sujet de la principauté, c'est écrit, vous n'entrerez pas.

Voi chi non entrate, lasciate ogni speranza.

Vous qui ne pouvez entrer, renoncez à toute espérance.

Et les refusés s'en vont désespérés.

M. Mathieu, le saint Pierre de l'endroit, n'est pas de ceux qui se laissent fléchir.

L'ouverture.

Les salles de jeu sont greffées en croix l'une sur l'autre : dans la première salle, deux tables de roulette ; au milieu, un divan circulaire, surmonté par un groupe de fleurs.

— Nous pouvons entrer, il est onze heures.

Dans la seconde salle, trois tables, deux de trente et quarante, une de roulette.

Tout autour des salles, éclairées par de grandes et monumentales fenêtres, des divans sont disposés pour recevoir les joueurs ou les promeneurs ayant besoin de repos.

Il est onze heures; chaque escouade, composée du chef de partie et de sept croupiers, marche méthodiquement en rang vers la table qui lui est désignée.

En tête l'étendard.

C'est une sacoche bourrée d'or et de billets de banque portée par un domestique en livrée et en culotte courte.

Chaque table de roulette reçoit une mise de quatre-vingt mille francs.

Chaque table de trente et quarante une mise de cent vingt mille.

Les comptes et les sommes sont vérifiés sous les yeux des employés et croupiers.

Derrière la marche des employés, les joueurs ont penétré dans la salle, et se groupent suivant leur fantaisie autour des différentes tables.

Allons, messieurs, faites votre jeu, dit le chef de jeu; et la partie commence.

Ce n'est d'abord qu'une simple escarmouche.

Quelques pièces d'or s'allongent sur les cases ou chiffres différents qui émaillent le tapis vert.

— Rien ne va plus, dit le croupier.

Et d'une main robuste il fait tourner la vasque dans laquelle se trouve la bille fatidique.

Elle s'élance, court furieusement avec un tapage de crécelle comme un serpent à sonnettes renfermé dans sa cage, bondit, franchissant les cases numérotées, et finit par en choisir une où elle s'arrête définitivement avec un bruit sec comme la détente d'un revolver.

— Vingt-huit rouge, pair et passe.

En un clin d'œil, les croupiers armés de leurs râteaux ont ramassé ce que les joueurs ont placé sur les noirs, impairs et les manque, et les heureux qui ont mis sur les rouges, pair et passe, ont palpé leur bénéfice.

Celui qui par hasard a été assez avisé pour placer un louis sur le n° 28, touche immédiatement trente-cinq louis que le râteau du croupier pousse dédaigneusement devant lui.

Le joueur heureux ne manque pas d'exprimer immédiatement le regret de ne pas avoir mis sur le n° 28 dix louis, comme il en avait l'intention, ce qui lui eût permis de toucher à peu près le maximum.

Décidément, le bonheur complet n'est as de ce monde.

UN GRAND COUP.

Série de onze à la rouge avec le maximum de douze mille. Excusez!

— Voilà un petit chéri à sa maman qui se fera un vrai plaisir d'avancer un tout petit rouleau de cinquante à la petite dadame, pour mettre sur la rouge.

— Petit père, si tu passes encore une fois, une robe de chez Worth, c'est entendu.

— Messieurs, faites votre jeu, reprend immédiatement le croupier.

Et la chose continue.

Ce sont des alternatives variées, des hauts et des bas sans cesse modifiés.

Hommes et femmes ont chacun une petite carte sur laquelle ils portent avec attention les différents caprices du sort, afin d'en tirer des pronostics certains dans un moment donné.

C'est l'instant propice pour donner des conseils à sa voisine, — si elle est jolie, — ou si elle vous plaît, ce qui revient au même.

Si vous voulez vous faire bien venir, et si votre habitude de la physionomie vous donne des indications suffisantes, vous pourrez appuyer à propos vos conseils d'un prêt de quelques louis.

Il y a des joueurs de toute espèce, de même qu'il y a des tireurs aux pigeons de tout genre. Ils procèdent à peu près de la même façon, quoique pourtant

les rôles soient tout à fait renversés, les tireurs étant devenus des pigeons à leur tour.

Il y a le joueur terrible,
Le froid,
Le vigoureux,
L'enjoué,
Le mélancolique,
Le fatal,
L'endormi,
Le méthodique,
Le nerveux,
Le désespéré.

Celui qui pique son carton pendant une demi-heure, et joue la martingale.

Celui qui pour lasser la veine met sur la gauche son porte-crayon qui était

L'important.

Le bon enfant.

Le terrible.

sur la droite, et aligne symétriquement son or qu'il tenait sur deux piles depuis le commencement de la partie.

Celui qui joue debout, parce qu'il perd lorsqu'il est assis.

Le désolé.

Le fatal.

L'illuminé.

Le sérieux.

Celui qui joue assis, parce qu'il perd étant debout.

Celui qui ne joue que lorsque dans la matinée il a pu toucher le dos d'un bossu.

Celui qui ne met sur la rouge que lorsqu'il est à côté d'une brune.

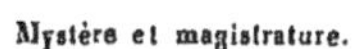

Mystère et magistrature.

L'enjoué.

Le général.

Celui qui ne met sur la noire que lorsqu'il est placé près d'une blonde.

M. du Colombier.

Un joueur qui a de l'*estomac* est celui qui ne s'arrête pas à un petit bénéfice, et pousse résolûment sa veine jusqu'au moment où elle fléchit.

L'INGÉNUE.

Sa tante l'a conduite ici. Un heureux qui fait sauter la banque ne regarde pas à la dot. D'ailleurs il n'y en a pas.

JOUEUSE MODESTE.

Ne hasarde jamais que sa mise. Une mise décente est de rigueur.

NE JOUE PAS.

Gagne tout de même.

Les joueurs qui ont de l'estomac sont redoutables à un certain point, mais profitables aussi à la banque, en ce sens que leur exemple, annoncé partout, amène des imitateurs moins heureux, et d'ailleurs il est d'observation que leur bénéfice n'est le plus souvent que de l'argent avancé qui revient tôt ou tard et presque toujours à la masse.

* * *

Il y a une catégorie de joueuses qui ont toujours perdu, et éprouvent sans cesse le besoin de contracter un prêt de cinq louis.

Quelques-unes se font un réel plaisir de se placer près de vous au moment de la veine et de prendre sans façon dans votre bénéfice pour faire leur mise et se constituer une petite masse.

LA DAME A LA PLUME BLANCHE.
Surtout ne parlez pas à madame, vous dérangeriez ses calculs.

* * *

Il est des joueuses et même des joueurs qui profitent de votre peu d'empressement pour ramasser si vous avez gagné, et ramassent pour leur compte en déclarant que *c'est leur pièce!*

Dans ce cas, il ne faut pas être trop nerveux, et si vous craignez le bruit et l'esclandre, faire le sacrifice de la pièce, sauf à indiquer le personnage masculin et féminin au chef de la partie.

Quelques personnes sacrifient volontiers quelques pièces de cinq francs au désir de ne pas avoir une discussion. C'est sur cette observation que ce genre de spéculation appuie sa façon d'opérer.

Je n'ai pas besoin de vous dire que si vous avez gagné une centaine de mille francs et même moins, il faut prendre la précaution de ne pas les placer dans les poches de derrière de votre paletot.

Il y a çà et là quelques messieurs bien mis qui sont exercés dans l'art d'examiner les poches et qui ne manqueraient pas d'interroger les vôtres avec fruit.

Vous pouvez lire sur tous les murs cet avis salutaire :

Prenez garde aux pick-pockets.

Méfiez-vous avec la prudence du serpent. Ce sont des grecs en rupture de ban, et qui, ne pouvant faire sauter la coupe, sont ici réduits à faire sauter les poches.

Un petit chien célèbre est celui d'un des chefs croupiers, qui conduit son maître tous les jours à deux heures au Casino, et vient le rechercher deux heures après, à quatre heures moins cinq minutes.

* * *

Le métier de Messieurs les croupiers n'est pas, à ce qu'il paraît, chose très-facile. Il faut voir vite et juste, compter vivement et payer de même.

Un croupier a besoin d'être remplacé tous les quarts d'heure, et pendant ce temps même, un domestique apporte toutes les cinq minutes un verre d'une certaine limonade particulière dont l'influence est indispensable.

De onze heures du matin à onze heures du soir, sauf l'intervalle du dîner, où chacun, joueur et croupier, peut se livrer à ses réflexions et prendre quelques forces, la fortune fait tourner sa roue et retourner ses cartes.

A onze heures, rien ne va plus, et le dernier train pour Nice emmène la dernière fournée de voyageurs et de voyageuses, pigeons plumés à vif, ou truffés de louis d'or.

Quelques enragés ou convaincus parmi ces voyageurs, non contents d'une pareille journée de travail, s'en vont la continuer à Nice, au cercle Masséna ou à celui de la Méditerranée. Ils y restent jusqu'à six heures du matin.

On peut dire que ceux-là sont des braves!

On dit : Heureux au jeu, malheureux en amour. Excusez!

Le pavillon de la Réserve (Nice).

A UNE TABLE DU RESTAURANT

(HOTEL DE PARIS)

La baronne de Vaugirard. — Tu ne sais pas, ma chère? le petit Oscar a fait une fin, il est marié.

Ida de Mémorentcy. — Pas possible!...

La baronne de Vaugirard. — Rien de plus vrai. Éloa l'a rencontré en chemin de fer en venant ici, il n'a pas fait seulement semblant de la voir. Après ça, ça se comprend, faut laisser au moins le temps que la lune de miel rancisse un peu. A ce qu'il paraît, il a épousé une petite grue, blonde, pas trop laide, il n'y a pas huit jours; le papa beau-père était dans les voitures, il y a fait un sac! je ne vous dis que ça. C'est de la veine pour ce petit crevé d'Oscar.

Ida de Mémorentcy. — Et ça s'appelle?

La baronne de Vaugirard. — M. Perrichon. Je l'ai rencontré l'an dernier en Suisse, à la mer de Glace; il m'a reconnue ce matin dans la salle, et m'a demandé si j'avais des nouvelles de mon mari?

Ida de Mémorentcy. — Tu les fais bonnes...

La baronne de Vaugirard. — Je lui avais raconté jadis qu'il était diplomate, chargé d'une mission aux îles Sandwich. J'ai répondu que malheureusement il y était encore, et que je voyageais pour soigner ma santé et mon chagrin. Il m'a demandé la permission de me présenter ses hommages. J'ai accordé.

Ida de Mémorentcy. — Peste! tu fais bien les choses.

La baronne de Vaugirard. — Voilà comme je suis dans le monde.

Ida de Mémorentcy. — Tu me présenteras?

La baronne de Vaugirard. — Il faudra voir.

Ida de Mémorentcy. — Tiens, mais, au fait, Perrichon, qui est-ce qui m'en parlait donc ce matin? Il y a déjà ici quelqu'un à peu près de ce nom-là.

Mais, oui; tiens, je me rappelle maintenant : précisément, celui-là s'appelle le baron Gontran de Perrichon. C'est un homme très-chic, à ce qu'on dit.

Hier il était du déjeuner à Nice au pavillon de la Réserve. Ç'a été charmant, m'a dit la grande Mariquita. C'était le baron qui invitait; il y avait là un prince russe, un comte autrichien, deux comtes et un vicomte de Paris, deux peintres et trois journalistes, plus cette peste de Bassecourt, qui trouve toujours moyen de se fourrer partout où on s'amuse. C'était une galerie. Outre Mariquita, il y avait la petite Juliette et nos amies de la promenade des Anglais.

Il paraît qu'on a ri à ameuter la côte. C'était pourtant pas un déjeuner, tout simplement un hors-d'œuvre, des côtelettes, un poisson, vins, café, cigares et liqueurs.

Mais quel entrain! Aux liqueurs, le baron Gontran a mis le chapeau d'Anita, et a fait avec elle un avant-deux sur la table.

La grande Céphise était tout à fait partie et d'une gaieté folle. Tu sais que la mode là-bas, au pavillon, est de jeter à la mer par la fenêtre tout ce qui tombe sous la main. Elle s'est mise à lancer quelques bouteilles, puis des verres, puis des serviettes, puis une chaise, puis enfin des persiennes qu'elle a décrochées, et enfin elle voulait précipiter à la suite un jeune tilleul qui regardait tranquillement la scène les pieds enfoncés dans sa caisse, et le garçon qui pointait les départs. On a eu toutes les peines du monde à l'arrêter dans ces derniers exploits. Et on riait, on riait, c'était à en mourir!

Au pavillon à côté, il y avait ce gentil petit Russe, et ce blond, le fils de cette grosse comtesse qui a fait le vœu de suivre toutes les courses; ils étaient là avec deux vieux lords anglais à nez rouge et favoris blancs, plus leur mère, leur tante et des demoiselles qui sont leurs cousines, à ce qu'on dit, et qui semblent avoir avalé des cannes.

De temps en temps, quand il jaillissait du pavillon gai une *fusée d'éclats de rire* ou une bordée de hourras, on les voyait montrer aux fenêtres leur tête éplorée, leurs yeux en boule de loto, indiquant par leur pantomime le désespoir qu'ils avaient d'être forcés de s'avaler tristement la langue, pendant que les autres se dilataient si joyeusement le péritoine, comme disait le gros Alfred.

Pauvres petits! il paraît que de les voir ainsi c'était navrant, et on n'en riait que de plus belle. A la fin, les dames et les messieurs du pavillon triste ont été si indignés, qu'ils ont fermé les fenêtres. . . . .

Eh bien, je parierais que la grosse comtesse eût donné quelque chose pour voir un brin dans le pavillon en face!

Pendant ce temps, sous les nôtres, des nautoniers industrieux, et qui semblaient habitués à ce genre de sport, étaient dans leurs barques et s'occupaient tranquillement à pêcher des bouteilles et des serviettes.

A la fin pourtant il a fallu se séparer; les voitures attendaient. Le déjeuner avait duré tout au plus quatre petites heures.

— J'ai vu l'addition, elle était curieuse, et même la voilà :

PAVILLON

N° 1

Nice, 16 *janvier*

18 couverts.	18 francs
Côtelettes.	60 —
Hors-d'œuvre.	17 —
Poisson.	40 —
Vins.	80 —
Café et liqueurs. . . .	30 —
Cigares.	40 —
Objets à la mer. . . .	117 fr. 50
Total. . . .	419 fr. 50

Les cinquante centimes m'ont fait rêver.

Mais l'article « *objets à la mer* » est prévu dans le devis, et je penche à croire qu'ils gagnent au moins autant là-dessus que sur les côtelettes.

Le garçon avait aussi additionné la date, mais sans doute par mégarde; le baron s'est montré véritable gentilhomme et n'a pas réclamé.

M. Bassecourt, *arrivant.* — Qu'est-ce qui vous a dit ça, chère belle?

Ida de Mémorentcy. — Tiens, tiens, voilà ce délicieux Bassecourt.

La baronne de Vaugirard. — Ah! bien, oui, délicieux Bassecourt! il est gentil! Ainsi, c'est comme ça que vous vous conduisez, homme sans principes? Comment, il y a des petites fêtes de famille, et vous ne nous faites pas inviter?

M. Bassecourt. — Mille excuses, chère belle! je ne savais où vous trouver. Ce sera pour la prochaine fois.

Ida de Mémorentcy. — Nous l'espérons bien.

La baronne de Vaugirard. — Ah çà, dites donc, mon gros, qu'est-ce que c'est que ce baron Gontran, qu'on dit si aimable?

M. Bassecourt. — Mais, ma chère, vous ne connaissez que ça, vous l'avez vu l'an dernier en Suisse. C'est le baron Gontran de Perrichon.

La baronne de Vaugirard. — J'ai vu là-bas, en effet, M. Perrichon tout court, même qu'il est ici pour le moment.

M. Bassecourt. — Eh bien, c'est le même, toujours aussi court qu'avant. Seulement, depuis ce temps-là, il s'est payé de l'avancement.

La baronne de Vaugirard. — Parfait, parfait! Ainsi il s'est fait baron. Eh bien, je comprends ça, c'est plus distingué! Je l'appellerai baron tant qu'il voudra.

Ida de Mémorentcy. — C'est vrai, ça pose, et ça ne fait de mal à personne; ainsi nous serons de la première petite fête, c'est entendu?

La baronne de Vaugirard. — Et sa femme, la mère Perrichon?

M. Bassecourt. — Il l'a déposée à Menton par ordre du médecin. Il ne faut pas qu'elle en bouge. Il a ses deux filles mariées, maintenant il est libre et prend quelques vacances. Il les a bien gagnées, le pauvre bonhomme. Je le promène un peu dans le monde, il en a le moyen.

Ida de Mémorentcy. — Et vraiment, c'est le petit Oscar qui a épousé sa dernière fille?

M. Bassecourt. — Parfaitement : elle avait une si jolie dot!

Ida de Mémorentcy — Et il est maintenant enterré là?

M. Perrichon. — Oh! enterré! pas tant que ça! un simple plongeon; laissez-lui six semaines de lune de miel, et puis on se reverra, et alors c'est un gaillard à faire sauter gaiement les écus du beau-père. Un gentil garçon et plein d'entrain, je ne dis pas. Seulement, comme peintre, il n'a pas plus de talent que ma pantoufle, et maintenant qu'il se sent de l'argent plein ses poches et celles du beau-père, il n'y a pas de danger qu'il se donne assez de mal pour en acquérir.

La baronne de Vaugirard. — Cher Bassecourt, bon et indulgent! Allons, asseyez-vous là, méchante gale, et veuillez prendre un verre de champagne avec nous.

M. Bassecourt. — Merci, je la connais celle-là, pour que le garçon m'apporte l'addition. Celle-là, il ne faut pas me la faire.

La baronne de Vaugirard. — T'es bête! quand je vous dis que, avant le dîner, avec dix louis qu'a mis dans mon jeu le baron, puisque baron il y a, j'ai fait une petite rafle de quatre-vingts louis.

M. Bassecourt. — Voyez-vous comme tout se découvre! Mais, sans plaisanterie, je ne puis rien accepter. Je suis invité par ces messieurs là-bas à gauche.

Au revoir, chères belles, et à bientôt...

Ida de Mémorentcy. — N'oubliez pas toujours, cher ami, que vous dînez chez nous, à Nice. Sept heures et demie, heure militaire.

M. Bassecourt. — Je n'oublie jamais ces choses-là.

La baronne de Vaugirard. — Quelle mauvaise drogue, ce Bassecourt!

Ida de Mémorentcy. — Et dire qu'il faut le ménager!

La baronne de Vaugirard. — Parbleu!

TABLE A GAUCHE.

Ernest de Gardefeu. — Heureux gaillard, ce Bassecourt! En connaît-il, de ces femmes charmantes!

M. Bassecourt. — Celles-là, charmantes! merci. Vieux débris de la vieille garde et bêtes comme leurs pieds. Si vous voyiez ça sans maquillage et sans pastel... oh la la!

AUTRE TABLE

LE PRINCE EN OFF. — Ma foi, mon cher, ce pays-là m'a charmé tout d'abord. Mais les visiteurs commencent à me gâter le pays. J'y vois trop de Français qui ne savent pas ce qu'ils veulent, trop d'Espagnols qui ne veulent pas ce

qu'ils font, des Allemands trop prétentieux et trop abrutis, des Italiens trop filandreux.

LE MARQUIS EN A. — Des Russes trop maniérés.

LORD EN TON. — Des Anglais trop empesés.

LE COMTE EN SKI. — Des Américains trop sans-gêne.

JOHN YANKEE. — Des Slaves trop gênés.

LE PRINCE EN OFF. — Heureusement, il y a des Françaises qui sont l'excuse des Français, des Américaines qui font pardonner aux Yankees, des Espagnoles qui font oublier les Espagnols, des Anglaises qui servent de passe-port aux Anglais, et des Allemandes qui font passer par-dessus les Allemands.

LORD EN TON. — Heureusement aussi, il y a ici des pigeons qui souffrent qu'on les tue, des femmes qui permettent qu'on les aime.

LE MARQUIS EN A. — Une roulette qui tourne toujours, et pour tous, comme une petite folle.

LE COMTE EN SKI. — Des cuisiniers qui ne craignent pas le feu.

JOHN YANKEE. — Des vins qui craignent l'eau et qui se laissent boire.

Messieurs, buvons à la santé des races, à la paix générale!

A la santé de l'heureux organisateur de cette Exposition universelle!

AUTRE TABLE

LUI. — Chère petite femme, est-il rien de plus adorable que d'avoir ainsi la solitude à deux au milieu de la foule? Encore une aile de cet excellent perdreau...

Elle. — Quel bonheur d'avoir mis mes cinq louis sur le n° 11! Mais si j'avais pu deviner que le 32 sortait ensuite...

Lui. — On ne peut deviner tout. Qui m'aurait dit il y a trois mois que tu serais maintenant ma vie tout entière!

Elle. — Faut-il mettre ma robe mauve à cuirasse ou ma robe bleue?

Lui. — Celle que madame voudra, pourvu qu'elle ne la garde pas trop longtemps.

AUTRE TABLE

Monsieur. — Ce potage était froid, et voici encore une bouteille qui sent le bouchon.

Madame. — C'est insupportable, tu ne trouves jamais rien à ton goût.

Monsieur. — C'est qu'aussi le service est détestable. Les garçons sont négligents et d'une lenteur...

Mais fais donc attention, voici encore une tache sur ta robe.

Madame. — C'est toi qui en es cause, tu es là depuis une heure à grommeler. Est-ce ma faute, à moi, si tu t'es obstiné sur cette rouge quand il fallait prendre la noire?

Monsieur. — Avec cela que ce n'est pas toi qui avais indiqué la série?

Madame. — Allons donc, il suffit toujours que je dise quelque chose pour que tu fasses exactement le contraire.

Monsieur. — Tu ferais bien mieux de manger cet affreux ragoût, puisque tu prétends l'aimer, que d'être là à épiloguer sans cesse.

Madame. — Comme si c'était moi qui m'acharne à crier contre tout! Certes, ce ne serait pas moi qui aurais si sottement aventuré et perdu ces cinquante malheureux louis, dont j'aurais pu faire un tout autre et meilleur usage.

Monsieur. — Tu n'es qu'une sotte, et je te prie de ne pas m'échauffer les oreilles et de me laisser en repos.

Madame. — Grossier personnage!

Le garçon. — Quel dessert?

Monsieur. — Je n'en veux pas, apportez l'addition et fichez-moi la paix.

A la salle de spectacle; fin de la soirée.

Au cap Martin.

MENTON

I

En quelques coups de piston, la machine conduit le voyageur de Monte-Carlo à Roquebrune, et de Roquebrune à Menton.

Menton est le pays des citronniers et des malades.

Une légende prétend qu'Adam et Ève, chassés du paradis terrestre, errant par toute la terre pour trouver un équivalent à ce paradis perdu, passèrent à Menton un beau jour, et furent tellement frappés de l'aspect séduisant de ce coin de terre, qu'ils s'y fixèrent pendant quelques centaines d'années. Ils y plantèrent la pomme d'or qu'ils avaient cueillie dans le céleste jardin. La pomme d'or se plut comme eux dans ce charmant pays, et y prospéra jusqu'à nos jours. Ève, malade à la suite de sa faute, retrouva sur ces bords heureux la jeunesse et la santé.

Depuis ce temps, les citrons et les malades sont la fortune de Menton.

* * *

A Menton, on ne s'amuse pas, et généralement on n'est pas là pour s'amuser.

Il y a deux villes à Menton : la vieille ville, où l'on se porte bien, et la ville nouvelle, où l'on se porte assez mal et où l'on vient pour bien se porter.

La plage qui s'étend au bord de la mer bleue, souriante et dorée, n'est pas une plage de luxe comme celle de Monaco, ou même de Nice; la nature a fait ce qu'elle a voulu, les habitants n'ont rien voulu faire de plus.

Vous voulez du soleil, en voilà; un air doux et embaumé, le voici. Pour le reste, allez vous promener. Faites ce que vous voudrez, cela ne nous importe guère.

Si vous retrouvez à peu près la santé, tant mieux. Vous reviendrez l'année prochaine, et vous amènerez avec vous de nouveaux venus, taillables comme vous et contribuables à merci.

Dans le cas où votre santé ne se rétablirait pas, tant pis; cela nous est fort indifférent; il en reviendra assez d'autres sans vous.

Les Mentonais sont féroces; les troupeaux de malades qui accourent tous les ans pour respirer l'air tiède pendant l'hiver, sont comme des brebis qui viennent se faire tondre pour la plus grande satisfaction des indigènes.

A Menton on ne trouve rien qu'à prix d'or, et il faut se contenter de ce qu'il y a, les habitants ne se donnant pas la peine suffisante pour faire venir quoi que ce soit en dehors des choses dont eux-mêmes font usage. Il faut donc à peu près tout apporter avec soi. On trouve le reste à Menton.

Et c'est très-cher.

* * *

Malgré tout, une légion de Saint-Barthélemy de tout âge et de tout sexe vient chaque année se faire écorcher consciencieusement dans les hôtels et les villas qui bordent la plage. De dix heures à quatre heures, les rachitiques, les fiévreux, les phthisiques se promènent, se traînent ou se font traîner au soleil le long de cette plage qui commence à droite, aux magnifiques puits d'Italie qui décorent le cap Martin, jusqu'aux rochers qui, vers la gauche, encadrent la ville et terminent la France montant la garde avec les bersagliers aux portés de l'Italie.

A vrai dire, ce tableau est douloureux; toutes ces infirmités, venues de tous les pays et toussant dans toutes les langues, attristent péniblement le regard.

Les plus augustes bronchites et les plus nobles catarrhes se promènent en vain sur ces rives; ils n'y amènent à leur suite ni entrain ni gaieté.

On éprouve en passant en revue cette série d'hôtels et de villas, l'impression analogue à celle que l'on ressent en visitant une vaste maison Dubois, ou un gigantesque et élégant Hôtel-Dieu.

Et l'on est pris tout de suite du désir de visiter la ville où l'on se porte bien; c'est la vieille ville.

*
* *

Celle-là est campée sur la hauteur, accrochée vigoureusement par ses griffes de pierre à un rocher tourmenté, crevassé de ruelles contournées qui escaladent capricieusement le roc, semé d'escaliers à marches étranges, de voûtes sombres, de ponts suspendus, de toits à l'italienne et de contre-forts à la mauresque. Les Mentonais n'ont pas, comme les Niçois et les Monegasques, donné dans le godant du palmier, qui est un produit factice, une réclame pour le soleil et un miroir à alouettes pour attirer les malades.

Donc pas de palmiers, mais tout simplement çà et là des pins d'Italie aux gigantesques parasols qui poussent tout naturellement et sans se faire prier.

En plusieurs endroits de la vieille ville sont placées en étagère deux ou trois églises ou chapelles. Puis des fontaines au caractère italien, où quelques vieilles, et des jeunes filles genre Hébert, viennent remplir les vases de cuivre, ou de terre brunie, qu'elles portent ensuite allégrement sur leur tête, et si adroitement, malgré les marches nombreuses de la route, que jamais il ne tombe ni un vase ni même une goutte de l'eau qu'ils contiennent.

*
* *

Le type commence à se montrer franchement italien : de grands yeux noirs, des cheveux aile de corbeau, et le teint à l'avenant. Chose étrange, les enfants et les jeunes filles portent, le plus souvent, ce qu'on appelle une mentonnière.

Je ne suppose pas que le désir de faire un rapprochement entre ce mot et ce petit ornement qui n'a rien de séduisant, soit pour quelque chose dans la fréquence de son usage. Je crains même d'être obligé de conclure que si le climat si vanté de Menton est salutaire pour certaines affections, il n'en est pas de même pour certaines autres.

II

En ce pays où l'on vient de partout chercher la santé, les médecins naturellement trouvent leur paradis terrestre; aussi en pousse-t-il sur le sol avec autant de vigueur et de succès que les citronniers.

Il s'en transplante de partout. Il y a des docteurs russes, des docteurs anglais, des allemands, des italiens, des français, et même des docteurs noirs.

Mais le lion, l'éminent, le *swell* parmi tous ces docteurs, c'est un docteur anglais, le docteur Bennett.

Le docteur Bennett est la curiosité de l'endroit, comme son jardin est la curiosité du pays.

Le docteur Bennett est un type.

C'est un homme de soixante ans environ, vert encore et vigoureux, une tête puissante de dogue couronnée d'épais cheveux blancs, une barbe blanche, rasée à la moustache, pour laisser voir une bouche fine et bonne, quoique légèrement railleuse; des yeux à la fois doux et perçants, le nez large, capricieux et taillé vigoureusement comme celui de Balzac, complètent la physionomie du docteur.

* * *

Le docteur Bennett est un savant et un botaniste de premier ordre. Il est à Londres le médecin de la reine, et par suite de toute la noblesse et de toute la gentry des Trois-Royaumes. Ce qui ne l'a pas empêché, il y a une vingtaine d'années, de venir échouer sur cette rive de Menton, épuisé par une implacable maladie, dont sa science et ses amis les autres docteurs n'avaient pu triompher, et qui ne lui laissait plus qu'un vague espoir.

Il était phthisique, et phthisique au second degré. Il voyait la mort arriver fatalement pour lui, et venait tristement sur ce bord abrité pour prolonger quelque peu cette vie qui l'abandonnait.

* * *

Tout à coup, sous l'influence de cette température douce et sans brusques transitions, de cet air balsamique et vivifiant, il comprit que tout n'était pas perdu, et qu'il s'opérait en lui comme une sorte de renouveau.

Il étudia sur lui-même les progrès de ce mieux, et sut les régulariser et les conduire. La première année lui apporta une saisissante amélioration, et il put revenir passer la saison à Londres, qu'il avait cru quitter pour la dernière fois.

Plusieurs années de suite, il vint retrouver au moment de l'automne et de l'hiver ce petit coin privilégié où il avait retrouvé ce qu'il n'espérait plus, l'espoir.

Maintenant il est parfaitement guéri, il court, il va, il vient, il jardine, et grimpe sur les rocs escarpés comme les chèvres ou comme les douaniers.

De la phthisie passée il n'est pas plus question que des neiges d'antan.

LE DOCTEUR BENNETT.

Mais il a voulu faire participer les autres à ce bienfait qu'il avait reçu, et maintenant, tous les ans, à sa suite, accourt une armée de malades qui viennent sous ses ordres conquérir comme lui la santé qui leur fait défaut.

Il a étudié le pays, formulé la règle de conduite et d'hygiène à suivre, et on l'écoute comme un oracle.

Au lieu de calfeutrer les malades au coin de leur feu, il s'applique à leur faire graduellement prendre de l'exercice, respirer l'air au moment où il est saturé de soleil, de sel maritime et du parfum des fleurs.

Il faut que les malades marchent sur la grève, canotent sur la mer, herborisent dans les champs, afin que peu à peu les forces et l'équilibre reparaissent.

Et chaque jour on voit se produire les plus satisfaisants effets, par suite de l'emploi de cette méthode.

Et le bon docteur se réjouit, en se frottant les mains, de constater le progrès obtenu. Et après avoir soigné ses malades, il va soigner son jardin et ses chères plantes.

Le jardin du docteur Bennett est en Italie.

A cinq minutes à peu près de Menton, un torrent descendu de la montagne a creusé dans le roc un petit ravin, où se rencontrent fort peu d'eau et beaucoup de pierres; c'est la frontière de la France et de l'Italie.

Au delà du pont qui franchit le ravin, on suit la route quelques pas, on tourne à gauche du côté de la montagne qui semble toute pelée, et après avoir grimpé pendant cinq autres minutes, on se trouve au détour du chemin devant une porte rustique.

Sur une large pierre du mur sont gravés ces mots hospitaliers :

SALVETE AMICI
J. H. BENNETT, 1865

Cela nous rappelle une autre devise lue sur une vieille résidence des montagnes des Cévennes :

Porta patens esto
Nulli claudaris honesto.

On frappe, le jardinier vient vous ouvrir : c'est le docteur.

Mais c'est à peine si vous le voyez, tant le regard est ébloui. Le bon docteur, avec sa barbe blanche, c'est saint Pierre qui vient de vous ouvrir la porte d'une sorte de paradis terrestre. Les fleurs les plus éclatantes et les plus précieuses, les palmiers, les bananniers au feuillage colossal, les plantes grasses qui rampent sur le sol ou s'élancent en raquettes, les plantes grimpantes qui escaladent les arbres, les berceaux et les tonnelles se mêlent avec des tons d'une suavité et d'un éclat merveilleux.

Les terrasses à la façon italienne s'étagent en gradins adossés à la montagne, et recueillent tous les rayons du plein midi, tandis qu'elles ont leurs pieds baignés par l'eau bienfaisante qui coule des sources.

C'est une débauche de fleurs de toutes les espèces, de toutes les couleurs, et de plantes et d'arbres de tous les feuillages.

Une serre qui vient compléter la fête reçoit une foule de ces plantes adorables et de ces fleurs éblouissantes qui ne poussent qu'à Ceylan.

Tout cela est une merveille.

Cet autre jardinier philosophe et grand écrivain, Alphonse Karr, vient de temps en temps de Saint-Raphaël visiter le docteur qu'il tient en haute estime, lui et son prestigieux jardin. Ils causent fleurs pour se reposer de la politique.

Mais on n'a pas besoin d'être un illustre malade ou un célèbre bien portant pour être parfaitement accueilli. Vous admirez, vous vous réjouissez à la vue de toutes ces splendeurs conquises sur une nature jadis rebelle.

Et le docteur, ravi, s'essuie le front en vous montrant son trésor.

— Voici mon plus charmant malade, vous dit-il; ce roc était nu, il ne vivait pas, il était mort. Voyez maintenant comme il est radieux et comme il vit!

Que ne puis-je faire ainsi pour tous les autres qui, comme lui jadis, semblent maintenant sans force et sans vie!

Excellent docteur!

COURSES.

LE COMTE RAOUL DE BOISVERT AU MARQUIS HERCULE DE VANDENESSE

15 février 1875.

Enfin, mon très-cher, nous avons eu des courses hier à Nice.

Quand je dis Nice, c'est près d'une petite station du chemin de fer de Nice à Cannes, que l'on a disposé l'hippodrome.

Cet hippodrome est borné à l'ouest par le pont du Var, dit le pont des Vicomtes.

Jadis, avant l'annexion du comté de Nice à la France, tout homme âgé de vingt à trente ans s'improvisait tout au moins vicomte en passant ce pont. Les hommes d'un âge plus mûr se sacraient comtes ou marquis, suivant leur bon plaisir.

Malgré l'annexion, le nom est resté au pont. Mais on ne se distribue généralement plus les titres et décorations qu'à Monaco ou à Menton.

A l'est et au nord, l'hippodrome est borné par le chemin de fer. A l'horizon s'étend l'encadrement merveilleux des Alpes qui s'étagent en gradins, et dont les sommets couverts de neige se détachent sur le ciel d'un bleu fin.

C'est charmant.

Tu comprends bien qu'une occasion comme celle des courses n'est pas à dédaigner. Tout ce qui à Cannes peut mettre un pied devant l'autre, est venu pour les voir. Cannes, entre nous, est une ville assommante. On s'y avale la langue à dix francs l'heure.

Toutes ces petites villas ridicules, bâties comme des pièces de dessert, des gâteaux montés, ou des joujous de carton, sont pleines de gens respectables et guindés, parmi lesquels figurent les vénérables membres de ma famille, qui soignent religieusement leurs catarrhes, et se couchent sur le coup de neuf heures et demie.

Il n'y a pas au milieu de tout cela le plus petit mot pour rire. C'est amusant comme le faubourg Saint-Germain de Paris.

Aussi, quand on peut trouver un prétexte pour aller rendre visite à ce faubourg Saint-Honoré qui s'appelle Nice, à ce boulevard des Italiens qui s'appelle Monte-Carlo, on est véritablement en liesse.

* * *

Les courses de Nice sont un terrain neutre, sur lequel tout le monde se rencontre.

A la bonne heure, ici l'on est à Paris ou peu s'en faut.

On a des cartes à la boutonnière, comme à Longchamps. Voici l'enceinte du pesage, les grandes dames obligées, et les cocottes réglementaires; c'est complet.

Les *impresari* de la chose sont les frères Dennetier. On les retrouve partout. Nous les avons vus au tir aux pigeons de Monte-Carlo, les voici à Nice, demain à Cannes, après-demain autre part. Ces gens-là ont réalisé le problème d'être partout chez eux.

Les chevaux sont fraîchement arrivés en chemin de fer, avec leurs grooms, leurs jockeys, leurs entraîneurs et leurs propriétaires.

Voici les bookmakers anglais et français, inséparables de toute réunion où l'on parie.

Voici toutes les petites dames, compagnes obligées de toutes les réunions où l'on rit et où l'on soupe.

DENNETIER AND BROTHER.

— Dans dix ans, il ne se tuera pas un pigeon en France, il ne sautera pas un cheval sans notre permission.

LA BOUQUETIÈRE.

GOD SAVE THE KING OF BOOKMAKERS.

— Qui veut Monaco? Monaco, je donne!

LES ENTRAINEURS.

N'entraînent que les chevaux.

Quelques belles madames authentiques ont déballé pour les spectateurs à lorgnette leurs robes nouvellement débarquées; et les élégantes des crus environnants font éclater au soleil leurs cuirasses constellées de jais et de perles.

Il y a des Anglais, des Américains, des Russes, parmi lesquels des officiers de l'escadre mouillée à Villefranche. Il y a des chevaliers de tous les ordres, et même d'industrie, et des toilettes signées de tous les grands faiseurs du quartier de l'Opéra.

* * *

Cela fait plaisir. Il semble que l'on soit aux courses à Paris ou près Paris. Je viens de voir le petit de Marsay, la duchesse de Maufrigneuse, le jeune comte de Rastignac qui vient d'épouser la petite-fille du fameux parfumeur César Birotteau.

Cette petite a pris son rôle au sérieux, elle est déjà impertinente comme

Sir John Porter from Doubleale and miss Porter.

une duchesse. Elle agite et fait tinter ses six millions de dot, comme une mule agite ses grelots.

Il y a plusieurs princesses russes incontestables, quelques marquises italiennes et espagnoles, et jusqu'à un pacha à plusieurs queues, très-courtisé par les dames. Une nuée de petites Américaines, toutes plus jolies et plus frétillantes les unes que les autres, revêtues de ces toilettes impossibles, éditées par les couturières du grand quartier, et que les marchands yankees, de pétrole ou de bœuf salé, peuvent seuls payer rubis sur l'ongle.

Envoyés de Paris.

Envoi de Paris

John Shelling and C° de Bradford.
— Very well!
— Hip! hip! hourrah!

Les grands journaux de Paris ont envoyé leurs spécialistes, qui pointent les performances des coureurs, notent le poids des jockeys, calculent les chances des courses, prennent la description des toilettes féminines, et relèvent les noms des notoriétés.

Je vais tâcher de me mettre en rapport avec quelqu'un d'entre eux. Être cité comme un type d'élégance dans quelque journal bien posé, cela ne nuit pas auprès des femmes.

Une circonstance à noter : il y a là certaines jeunes et blondes Yankees possédant à leur actif une quantité déraisonnable de doublons et de dollars. On ne sait pas ce qui peut arriver, mes préjugés ne passent pas l'Atlantique. Si quelqu'une de ces demoiselles désirait être comtesse Raoul de Boisvert, on ne prendrait que juste le temps de la réflexion.

* * *

Les chevaux ont couru comme ils ont voulu. J'ai gagné quelques louis sur un cheval monté par le vertueux Cassidy, qui ne monte jamais mieux que lorsqu'il est jusqu'au cou dans les vignes. Ce jour-là, il y était par-dessus la tête, il est donc arrivé bon premier.

Les courses finies, joyeux départ pour Nice, dîner avec tous les amis au club de la Méditerranée, puis départ avec ces dames pour Monte-Carlo.

— Après ça, quand on a fait ses deux cents lieues en voiture, on peut bien courir cinq minutes à pied.

* * *

Arrivée à huit heures et demie. Une tournée dans le salon de jeu. Le petit prince blond que tu sais, qui s'était fait décaver la veille au cercle Masséna, a gagné ses petits douze mille francs à la roulette. Il nous a emmenés tous souper à l'hôtel de Paris.

ENCEINTE DU PESAGE. — La fine fleur des pois.

Nous n'avons naturellement pu revenir à Cannes que vers les quatre heures du matin.

* * *

Ma chère tante n'y a vu que du feu. Au déjeuner, à onze heures, elle a prétendu que j'avais le visage fatigué et les yeux battus. Je lui ai dit qu'en effet j'avais un peu veillé pour les études de ma brochure sur le

Entraînante.

Parlementarisme dans ses rapports avec la liberté Ma tante m'a engagé à me ménager davantage.

Je le lui ai promis.

A Monte-Carlo, j'ai rencontré l'ancien carrossier de ton père, l'excellent

La loi et les prophètes. M. Cassidy. Isaac Abraham de Bordeaux.

Perrichon. Il était en coquetterie avec Fanchette et la grande Céphise, et il se faisait appeler M. le baron.

ENTRAINEURS (VENUS DE PARIS.)
N'entraînent que les femmes.

La petite Benoiton était là aussi, très-entourée, et jouant avec aplomb le

LA FINE FLEUR DES BOOKMAKERS.

I take three poneys to one.

maximum au trente-et-quarante. Elle gagnait, et la princesse la regardait d'un air furieux, de même que la vieille à la plume blanche.

Entraînée.

Ces Benoiton, dit-on, sont fort riches actuellement. Madame a hérité d'un oncle un intérêt dans un lac de pétrole en Amérique, et le père Benoîton

Traîné.

a fait une opération de première qualité sur le Mobilier espagnol. Aussi, c'est une cour auprès de la petite, qui, il faut le dire, se met comme un ange, et possède une dot des plus présentables.

On assure que c'est ce petit galopin de prince qui tient la corde, du moins on le prend à un contre cinq. Après lui, le comte Rodolphe et le marquis Gontran sont pris à égalité.

*
* *

Dans huit jours, courses à Cannes. Tous les mêmes gens y seront, les mêmes chevaux, les mêmes jockeys, les mêmes grandes et petites dames. Après le même souper, la même promenade, et la même veille pour ma fameuse brochure.

Tâche donc de faire une pointe ici, et de quitter comme moi ce Paris en ce moment ennuyeux comme la pluie, qui y tombe sans cesse.

Ici pas de pluie, du soleil, et presque tous ceux que nous connaissons. Nous sommes chez nous. Tu seras chez toi chez ton

RAOUL.

LES GENS DU CRU.
Le bibliothécaire.

MADAME MARIE DE M... A MADAME JEANNE C...

Nice, 15 janvier.

Combien je te trouve heureuse, ma pauvre amie, lorsque je pense que le ciel dont tu te plaignais t'a refusé des enfants!

Dieu soit béni! Si tu n'as pas connu les joies de la maternité, tu ne connaîtras pas non plus ces épouvantables angoisses qui torturent le cœur d'une mère.

Oh! cette vie, que l'on a conquise pied à pied, minute par minute, avec tous les soins, toutes les tendresses, la voir tout à coup menacée dans le sein de cette enfant qui est plus que votre vie et vos entrailles à vous!

Voir cet être adoré, sur lequel on a reporté tout ce qu'on a d'espoir en ce monde, dévoré lentement par un monstre caché qui ne veut pas changer de proie!

Assister à des douleurs et à des souffrances contre lesquelles on est impuissante! Sentir son cœur partagé sans cesse entre l'espérance et le désespoir, entre la résignation et la révolte! Il semble que cela dépasse les forces humaines, et cependant il faut ne pas se laisser vaincre.

Lorsque ces affreux médecins de Paris ont parlé de Nice, du soleil et du ciel du Midi, j'ai compris ce que jusqu'alors je n'avais pu comprendre, et j'ai senti comme la lame aiguë d'un poignard s'enfoncer dans ma poitrine.

Pauvre enfant, dix-huit ans! Belle, charmante, adorée, la vie heureuse jusqu'ici, la vie heureuse entrevue dans l'avenir, la plus heureuse de toutes si je puis encore contribuer à la lui faire.

Mon Dieu! comment avez-vous pu permettre à ce froid mortel d'être venu la saisir à ce moment que j'ignore, et que j'eusse voulu racheter de tout mon être!

Nous sommes arrivés péniblement ici; le voyage a été douloureux et les souffrances aiguës, mais ma Louise était soutenue par la curiosité de ce pays jusqu'alors inconnu.

Nous habitons, sur la route qui conduit au chemin de fer et non loin de la promenade des Anglais, une petite maison calme, et devant laquelle se chauffent au soleil des orangers couverts de fruits et des palmiers.

Le ciel si bleu, les arbres si verts, comparés au ciel gris de Paris, aux branches décharnées des arbres du boulevard, tout cela a intéressé ma Louise, et a fait pendant quelques jours quelque trêve à son mal.

Mais le cœur d'une mère ne saurait se tromper, l'ennemi est toujours là, je le sens.

L'apparence du mieux a cessé bien vite.

Chaque jour je suis obligée d'abréger la petite promenade que nous faisons ensemble à partir d'une heure, sur ce boulevard bordé de palmiers, qui longe le bord de la mer.

Les forces diminuent chaque jour, les oppressions augmentent.

Lorsqu'elle me parle de sa voix haletante et entrecoupée par cette toux qui me déchire jusqu'au fond de la poitrine, je me sens défaillir et la sueur de l'angoisse m'inonde le visage.

Le spectacle de la gaieté de ceux que je rencontre m'irrite et me paraît une insulte. Je ne vois que gens en goguettes ou en partie, riant aux éclats, courant sans cesse aux restaurants, aux cercles, et des cercles au chemin de fer, suivant les jeux, les fêtes, les bals et les courses.

Eh bien, j'éprouve comme un sentiment de reconnaissance à ceux que je vois, eux aussi, transis, pâles et souffreteux, s'asseoir pensifs au soleil sur les bancs placés devant la mer. Il semble que leur mal m'apporte un soulagement.

Hier, ma pauvre enfant venait d'avoir une défaillance, et reprenait douloureusement ses sens, assise sur un de ces bancs de la plage, lorsqu'une calèche attelée de chevaux magnifiques est venue frôler le trottoir près de nous.

Deux femmes, deux filles, jeunes, belles, étincelantes de fraîcheur, la santé peinte sur le visage, vêtues avec toutes les recherches du luxe, le corsage entr'ouvert, les bras à demi nus, étaient nonchalantes et étendues sur la soie des coussins. En passant près de nous, emportées par le galop de leurs chevaux, elles nous ont jeté, insouciantes, comme un rire odieux et moqueur, répondant à quelque folie.

J'eusse voulu éteindre par un sanglot le rire dans leur gorge.

Mon Dieu! êtes-vous juste? Que vont faire ces créatures de leur santé, de leur jeunesse, de leur beauté? Mais non, c'est moi qui suis injuste, je le sens, je souffre tant!

Le docteur vient de passer, il a échangé quelques paroles avec ma pauvre Louise.

Je n'ose pas lui parler. En s'éloignant, je le suivais des yeux, il hochait la tête. Ce hochement m'a fait froid.

J'ai la gorge serrée, ma poitrine me paraît gonflée de sanglots et de larmes, mais je ne peux, je ne veux pas pleurer. Il ne faut pas que mon enfant me voie les yeux rouges. Je voudrais prier, je ne le peux pas.

Adieu, chère; prie Dieu pour elle, pour nous, pour moi!

Marie de M...

LE CARNAVAL A NICE.

Le bœuf gras est décidément mort à Paris. Le carnaval n'existe plus, et sauf quelques rares *voyous* déguisés en femmes qui promènent leur personne avinée le long des boulevards, et quelques abominables gamins qui soufflent dans des cornets en terre dits *cornets à bouquin*, il n'existe plus trace, dans le jour du moins, des joyeusetés qui égayaient nos pères et qui ont réjoui notre enfance. Le règne des pierrettes, des titis et des débardeurs ne commence que le soir, et se passe à huis clos pendant la nuit, pour finir le matin au petit jour.

Si l'on veut trouver encore le carnaval en France, il faut venir à Nice.

Mais c'est là que réellement le carnaval est en honneur; il semble que ce soit la préoccupation de toute l'année, à voir le luxe étrange et les combinaisons variées qui s'y déploient.

Les fêtes durent trois jours, du dimanche gras au mercredi des cendres.

Huit jours avant le dimanche impatiemment attendu, un peuple affairé d'ouvriers dresse des mâts, bâtit des estrades, élève des belvédères. Ce ne sont que madriers, planches et joyeux coups de marteau sur la longue promenade qui s'appelle le Cours, et qui s'étend depuis la côte où s'étagent les ruines du château, jusqu'au Paillon.

On répand avec profusion du sable fin pour faciliter la marche des piétons et assourdir le bruit des roues pour les voitures. Sur tout ce cours et sur la place de la préfecture, autour de laquelle s'élèvent des gradins et des tribunes, c'est là que le préfet et les autorités de la ville doivent présider à la fête, et que les jurés choisis dans le personnel influent de l'endroit se tiennent pour décerner les prix réservés aux cavalcades les plus réussies et aux chars dont la richesse, l'excentricité ou le goût produiront le meilleur effet sur le cours.

* * *

Aussi c'est une émulation générale dans toute la ville, et souvent d'une année sur l'autre il se prépare et se combine dans le plus profond secret les déguisements et mises en scène destinés à la gloire du carnaval qui va venir. Il y a des groupes choisis dans les différentes industries de la ville qui se forment et s'entretiennent l'année durant pour réunir dans ce but leur argent, leur ingéniosité, leurs efforts, et la rivalité produit des résultats parfois très-étranges et très-réussis.

C'est le matin du dimanche attendu avec tant d'impatience, les banderoles joyeuses de toutes couleurs se sont élancées en haut de tous les mâts, les gradins se couvrent de monde, les fenêtres louées à grands frais sur tout le parcours, et tendues d'étoffes et de tapisseries aux tons les plus éclatants, se garnissent de têtes émerillonnées par le plaisir.

Car on est venu de partout, même de Monaco, où la roulette, un instant délaissée, s'évertue à rouler dans sa vasque au milieu d'un noyau bien restreint de fidèles.

Les hôtels regorgent depuis deux jours, et les habitants des campagnes ne trouvent parfois d'autre lit que celui du Paillon.

* * *

Enfin il est midi. Le préfet prononce le laissez aller, trois coups de canon partent, l'orchestre placé devant l'hôtel de la préfecture entame les plus éclatantes fanfares de son répertoire, et la fête commence.

Depuis plusieurs jours les boutiques sont remplies de masques bleus en délicats fils de fer, qui valent de un franc à un franc cinquante. Cette armure est indispensable à celui ou celle qui s'aventure au sein de la bagarre, et dans ce cours où la place pour les piétons est réservée entre la file des voitures et sur les bas côtés, car chacun, soit dans les voitures, soit dans les fenêtres et sur les estrades, a fait provision de ces petits bonbons de plâtre appelés *confetti,* dont on se lapide mutuellement et sans pitié d'un bout jusqu'à l'autre de la promenade.

* * *

Partout, dans toutes les boutiques, sur toutes les portes des magasins, on vend par sacs et par pannerées ces petites boules blanches, qui, lancées soit à la main, soit avec de petites pelles en fer-blanc, couvrent les habits d'un voile de plâtre et cinglent le visage comme un ouragan de grêle.

Aussi tous les visages sont couverts de ces petits masques à travers lesquels on voit suffisamment l'agresseur, et qui permettent de recevoir seulement sur les oreilles et sur le cou les bordées de l'assaillant.

Au bout de cinq minutes, au milieu des rires, des cris joyeux, des folies de toutes sortes, auxquelles se mêlent parfois les personnages les plus graves, les uns et les autres sont blancs comme des plâtriers ou des fariniers, et le sol est couvert d'une couche blanche comme s'il se fût abattu sur le cours un ouragan de grêle ou de neige.

De quelques fenêtres et de quelques voitures on reçoit çà et là des bordées de bouquets de violettes, mais, il faut le dire, ce charmant projectile est rare sur la place, et s'adresse principalement à vous si vous êtes jolie femme, ce qui n'est pas à la portée de tout le monde

* * *

Pendant ce temps, les cavalcades et les voitures de toute sorte défilent sur le Corso, et viennent parader devant les tribunes, aux applaudissements ou aux rires ironiques des spectateurs.

Ce sont généralement des cavalcades historiques, étudiées d'après les époques, à manteaux, à feutres et à panaches, Henri II, Henri III, Louis XIII ou Louis XIV; ou bien des cavalcades fantaisistes dont l'idée est puisée dans les farces italiennes de Polichinelle et de Pantalon. Il y a là des recherches de costume et de fantaisie qui donnent au Cours un aspect des plus caractéristiques comme couleur et comme physionomie.

Puis viennent les chars et les carrosses, où beaucoup d'or se relève en bosse, où les seigneurs vénitiens et les dames vénitiennes se prélassent dans leurs costumes à ramages récoltés dans les tableaux de Georgione et de Véronèse.

Les chars mythologiques où tous les dieux de l'Olympe s'étagent comme dans *Orphée aux enfers* du divin Offenbach

* * *

Chaque année un patriotique souvenir frète un char à la *Ségurane*. La Ségurane était une robuste fille taillée à la façon de Jeanne d'Arc, dont l'histoire ne raconte pas du reste qu'elle possédât toutes les qualités. Lors d'un siége que soutint Nice, au seizième siècle, contre Barberousse, elle s'était mise à la tête des assiégés, et, la hache à la main, elle repoussait les assiégeants.

D'un coup vigoureux elle abattit le porte-enseigne turc, et, secouant le drapeau conquis comme un trophée de victoire, elle décida la retraite des ennemis.

Le siége terminé, on lui dressa une statue, et depuis ce temps, chaque année, on lui vote un arc de triomphe et un char.

* * *

Cette année, le char de la Ségurane avait un succès réel. Mais l'attention était surtout portée sur un char étrange et fantastique, imaginé par une douzaine de jeunes gens des vieux quartiers de la ville.

Le char, dont les roues se cachaient sous les tentures, représentait une vieille tour ruinée, délabrée, aux pierres dévorées de mousses et de lierres. Par les vieux arceaux, de temps à autre quelques gigantesques chauves-souris sortaient, et secouant tristement leurs ailes, s'élançaient jusqu'au haut de la tour, où elles s'engouffraient et disparaissaient pour reparaître quelques instants après.

Une des chauves-souris, la plus énorme de toutes, les ailes étendues, était debout sur la pierre qui formait le siége et guidait les chevaux, qui semblaient les chevaux montés par Faust et Méphistophélès au rendez-vous du sabbat.

Parfois, tout en haut de la tour, une figure échevelée, pâle, vêtue d'une sorte de suaire blanc, dressait vers le ciel des bras suppliants. Mais de son aile une hideuse chauve-souris la touchait, et la victime disparaissait dans la vieille tour.

* * *

Cette mise en scène à la Radcliffe est le plus grand succès, comme sortant de toutes les traditions et habitudes connues; elle eut un prix, ce qui était justice, mais non pas le premier, par suite de considérations d'un certain ordre auxquelles les visiteurs sont naturellement étrangers. Mais l'opinion générale se prononçait évidemment en faveur des chauves-souris.

* * *

Les polichinelles, montés sur des ânes ou des petits chevaux pie, les voitures bourrées d'arlequins et de pierrettes, les dominos blancs ou gris, les suivent ou précèdent les chars à grand spectacle, lançant à tour de bras et à plein gosier les confetti, les bouquets et les lazzi de toute sorte.

Toutes les voitures de Nice et des environs sont là qui prennent la file. Les fiacres eux-mêmes et les voitures de place se sont mis de la fête, entourant leurs caisses et leurs roues de draperies de feuillage et de fleurs. Les cochers sont vêtus en scaramouches ou en pierrots. Chacun, piéton, cavalier ou voiture, porte devant lui ou à côté de lui un sac ou une caisse remplis de ces confetti que l'on fait voltiger à tour de bras.

Le voyageur morose ou chagrin ne doit pas venir se promener en curieux au milieu de tous ces gens momentanément atteints de folie; il lui faudra bientôt s'enfuir, pourchassé par un orage de confetti et une trombe de quolibets.

Ce qu'il y a de mieux à faire, c'est de se mettre de la partie, ce qui arrive le plus souvent. A partir du moment où deux ou trois bordées viennent cingler votre masque, vos oreilles et votre cou, résonnent comme une grêle sur votre chapeau, et constellent votre paletot d'une foule de petites étoiles blanches, l'esprit du carnaval s'empare de vous, et l'on vous voit, quel que soit votre ordinaire gravité, vous précipiter gaiement sur un magasin de confetti, en saisir un sac, un boisseau, et vous lancer joyeusement et vigoureusement dans la bagarre.

Tout le monde ainsi s'en mêle; ceux qui ne veulent pas se prêter à ces folies n'ont qu'une chose à faire : rester chez eux.

Cette fièvre de folie dure trois jours. Le mardi gras, à dix heures du soir, on brûle solennellement un grand bonhomme placé sur le Cours en face de l'hôtel de la préfecture; c'est le carnaval. Ses cendres sont jetées au vent, quelques fusées éclatent comme un dernier adieu dans le bleu sombre du ciel. Et la fête est finie...

Le lendemain, il n'y a plus qu'à enlever par tombereaux la neige improvisée dont le combat de confetti a couvert le cours dans toute sa longueur sur une épaisseur de trois ou quatre centimètres.

On retourne chez soi, et MM. les Niçois commencent à méditer un nouveau char pour l'année suivante.

Il faut avoir vu le carnaval de Nice. Quelques voyageurs prétendent que celui de Rome s'amoindrit chaque année, et tend à disparaître comme celui de Paris.

Mais surtout il faut pour le bien voir prendre part vigoureusement à la bataille. La courbature qui suit nécessairement cette gymnastique étrange et salutaire dure trois ou quatre jours tout au plus. Mais le spectacle vaut la courbature.

CANNES.

Le séjour de Cannes doit être délicieux.

— Oui, parlons-en, nous répond notre voisin de droite en allumant un magnifique cigare du Grand Hôtel.

Nice, Monaco, Monte-Carlo, sont trois résidences destinées aux gens qui s'amusent. Cannes est spécialement destinée aux gens qui s'ennuient. Si

> L'ennui naquit un jour de l'uniformité,

c'est à Cannes qu'il a reçu le jour.

Le ciel est toujours beau, la mer toujours bleue, les maisons toutes pareilles, les villas taillées et bâties sur le même modèle

Les Anglais et les Anglaises que l'on rencontre à chaque pas sur la plage, se ressemblent tous.

Ils ont un air filandreux qui fait peine, et les dames et les jeunes filles laissent traîner des jupons qui pleurent sur elles.

De vieux messieurs et de vieilles dames armés d'ombrelles et d'abat-jour se font traîner mélancoliquement sur la plage dans des petites voitures attelées d'un commissionnaire ou d'un domestique, et le silence n'est rompu çà et là que par quelques tristes quintes de toux.

Cela me fait l'effet d'une succursale de la maison de santé du docteur Dubois.

— En effet, le tableau manque de gaieté; mais alors...

— Pourquoi y êtes-vous? n'est-ce pas? Eh bien, et la famille, cher Monsieur?

Je suis de ceux qui croient au capital, à la propriété, à la famille. Cette trilogie est représentée pour moi, dans la bonne ville de Cannes, par un vieil oncle auquel je dois des égards, et qui passe le reste de son temps devant une fenêtre, en vue de l'île Sainte-Marguerite, et assis sur un rond vert, couleur de l'espérance.

Je fais acte de présence au déjeuner, je pars immédiatement après pour

Nice ou Monaco, et je reviens le soir, à moins que ce ne soit le matin à l'heure de la côtelette. On se doit aux siens, surtout lorsqu'on en attend un jour une centaine de mille francs de rente. Et je tiens, du reste, à ce que le déjeuner soit confortable.

J'ai justement un ami qui a deux vieilles tantes; mon cher oncle jabote toute la journée avec elles sur le bord de la mer, dans sa petite voiture attelée d'un vieux domestique gris pommelé. Le soir ils font un whist avec un mort, en causant de leurs rhumatismes, et à dix heures on porte tout cela dans son lit. Il y en a jusqu'au lendemain au déjeuner.

De cette façon tout le monde est heureux, et moi aussi.

Ah! s'il n'y avait pas un chemin de fer, Nice et Monte-Carlo au bout, la vie ne serait pas acceptable, et ce serait à devenir chèvre...

On a bien essayé de quelques distractions pour les visiteurs et les touristes : il y a un tir aux pigeons à l'instar de celui de Monte-Carlo et des courses comme à Nice, mais il vient peu de tireurs à l'un et peu de chevaux à l'autre. A côté du tir de Monte-Carlo, celui de Cannes semble une baraque de foire, et les pigeons eux-mêmes en semblent tout tristes.

Chacun chez soi, chacun pour soi, cela paraît être tout à fait la devise de Cannes.

Les choses y sont d'un sérieux et d'un guindé qui donne le spleen.

Les Anglais ont planté là une série de constructions en brique qui ont l'air de bâiller au soleil; c'est d'un propre et d'un soigné qui énervent, avec une végétation de parade et de décor. On éprouve le même agacement nerveux que l'on ressent lorsqu'on se promène trop longtemps dans une serre.

Ces châteaux de carton-pierre avec des embrasures, des meurtrières et

De Tom Brown Partry Cook and Brother.

jusqu'à des canons de bois qui montent la garde dans les créneaux, — je dois avouer que j'en ai vu un en bronze, — tout cela c'est de l'Opéra-Comique ou du Gymnase.

Dans chacune de ces boîtes vit une famille roide, compassée, ennuyeuse

De John Smith Coutelier and Son.

et ennuyée. Les gens qui sont là se réunissent de temps à autre par petits groupes bien distincts et bien séparés, qui dégagent comme un parfum de renfermé.

Les jeunes gens qui, par suite des obligations de famille, se trouvent pris dans ces traquenards, n'ont qu'une pensée, retourner à Paris, dussent-ils patauger dans toutes les neiges et les glaces fondues, ou courir sur les routes et les chemins de fer pour se reposer de la trop bonne société, en regardant passer un peu de celle qui est moins bonne.

Quand on pense qu'il n'existe à Cannes ni un casino, ni un cercle qui mérite tant soit peu ce nom, et que si l'on veut tailler un petit bac entre jeunes gens, il faut s'enfermer dans une chambre d'hôtel!

*
* *

Pendant que les papas et les oncles lisent leur journal, que les mamans et les demoiselles font de la tapisserie, ne faut-il pas que les jeunes gens étudient un brin çà et là le monde à travers lequel il faut apprendre à se conduire?

C'est pour cela que tant que nous pouvons nous sommes toujours sur les routes et nous nous ruinons en chemin de fer.

*
* *

Le ciel est beau, la mer est admirable, rien de plus vrai, surtout pour ceux qui sont ornés de catarrhes et de bronchites. Mais au bout de huit jours, moi qui n'ai point encore de catarrhes, je connais tout cela sur le bout du doigt, la mer, le ciel, les palmiers, les orangers; et il y a déjà quatre jours que j'ai commencé à regretter la pluie qui tombe gaiement sur l'asphalte de mon ami le boulevard.

*
* *

Ceux de nos amis qui sont si bien attachés par la patte, pour cause de mère intolérante ou de père grincheux, se vengent de Nice et de Monte-Carlo qu'ils ne peuvent aller voir, en y disant pis que pendre.

Ils ont pour complices les marchands et les hôteliers de Cannes. Car ces gens-là sont exaspérés par les affaires de boutique, de concurrence et de rivalité.

*
* *

Il s'ensuit que pour ces villes postiches qui vivent de l'étranger, la ville, ou boutique voisine capable d'attirer le chaland est une spoliatrice et une envieuse.

Ainsi, suivant l'opinion de Cannes et de Menton, Nice est une ville abominable, une ville de perdition, où il ne se trouve que des gens de peu et des femmes tarées, où l'air est pernicieux pour les bien portants et décisif contre les malades.

Suivant l'opinion de Nice, Cannes et Menton sont des hôpitaux mal tenus, où il ne vient que des personnages empaillés ou bien près de l'être, où les gens se partagent en coteries jalouses et étroites, où les malades respirent un ennui mortel, où, par suite, les gens bien portants ne peuvent manquer de tomber malades.

Pour Cannes, Menton n'est qu'une affreuse clinique, où l'on envoie les condamnés.

Pour Menton, Cannes est quelque chose comme le charnier des Innocents.

Toutes les deux se réunissent dans la même opinion sur Monte-Carlo.

Monte-Carlo, naturellement, il n'en faut point parler; autant entrer dans la fournaise et dans le septième cercle de l'enfer.

Quant à moi, je ne me laisse pas influencer, et j'y vais à peu près tous les jours pour m'y rencontrer avec tous ceux qui viennent se reposer de Nice et de Menton, — et comme tous ces gens-là, je m'en trouve bien.

Mais, tout bien considéré, de toutes les villes, celle que je préfère à tous égards, quoiqu'on se soit permis d'en dire bien du mal, eh bien, c'est Paris.

LES ÉTAPES SUR LA COTE

MENTON, NICE, CANNES, ANTIBES, SAINT-RAPHAEL, HYÈRES

Depuis Bordighera, où M. Garnier, le savant et illustre auteur de notre nouvel Opéra, a planté son hospitalière et charmante villa au milieu d'un bouquet de palmiers, jusqu'à Hyères et Toulon, chaque étape est marquée sur la côte d'une illustration ou d'une célébrité.

Ainsi que nous l'avons raconté, le docteur Bennett, un des flambeaux de la science anglaise, a fondé la réputation de Menton, et sa maison comme sa personne, comme son jardin, comme ses collections de plantes rares, y sont une curiosité.

Les Rothschild, si célèbres par toute l'Europe pour leurs collections si complètes d'écus, de schellings, de francs, de roubles et de thalers, s'y promènent tranquillement sur la plage.

A Cannes et au Cannet, on trouve notre fin et spirituel Sardou qui s'y trouve en famille, cultivant à la fois ses enfants et ses vaudevilles.

A Monte-Carlo et à Nice, c'est le boulevard des Italiens prolongé, ou plutôt encore le commencement du boulevard des Italiens; l'Italie est si près!

On ne peut faire un pas sur la promenade sans se cogner le nez contre un nom connu. Tous y passent, depuis les princes et les ducs locataires d'un nom illustre, jusqu'à ceux qui l'ont eux-mêmes illustré dans les sciences, les lettres ou les arts, Anglais, Italiens, Russes, Français et même Allemands.

***

Nous avons trouvé Gudin, le doyen peut-être des artistes français, vivant avec sa femme et ses trois charmantes jeunes filles dans une des villas possédées par M. Gambard, l'un des plus célèbres marchands de tableaux de l'Europe.

La *villa des palmiers*, où habite ce M. Gambard, l'arbitre des artistes anglais, belges et français, dans leurs relations avec les amateurs de peinture, est une merveille, surtout comme position et comme aspect. Du haut d'une terrasse monumentale, la vue s'étend au loin sur Nice, Cannes, et la mer splendidement encadrée par les côtes de la Ligurie.

Dans le jardin, des serres merveilleuses, où s'étagent dans un ordre parfait tous les chefs-d'œuvre de la botanique. En plein air se dressent des cactus monumentaux, d'énormes plantes grasses se tordent sur le sol, et les grands palmiers déploient leurs palmes étendues.

Quatre palmiers occupent le milieu du jardin immense. Au pied de chacun de ces palmiers, est étendue une statue de marbre blanc, nymphes et demi-dieux faisant leur sieste.

Est-ce l'œil qui n'est pas habitué à ce genre d'ornementation? je l'ignore. Mais chacun de ces palmiers, dont le tronc est sec et sans feuilles, nous fait l'effet d'un gigantesque plumeau consacré au service de l'époussetage pour chacune des statues, et nous regrettons un rideau de verdure sur lequel se détacheraient cette blancheur et cette délicatesse des marbres, comme à Trianon ou à Versailles.

* * *

Le succès de ces côtes méridionales de France est assuré maintenant, et chacune de ces criques et de ces anses qui décorent la côte finira par trouver son Christophe Colomb et son ère de richesse et de prospérité.

S'il est des gens qui recherchent au dehors Paris, son mouvement, sa fièvre et sa population particulière qui lui donne son rayonnement, ne quittant Paris qu'à condition de le retrouver ailleurs, il en est aussi d'autres qui ne s'en éloignent que pour s'en séparer. Tel fut Alphonse Karr.

Jadis il avait laissé Paris pour Étretat et Sainte-Adresse, alors que les chemins de fer n'avaient commencé qu'à peine leur travail d'exportation humaine. Les bords de la Manche découverts par lui se peuplèrent graduellement à mesure que les locomotives devenaient plus fréquentes, et sillonnaient de plus en plus la route.

Un beau jour il y eut tant de monde sur ces côtes normandes, qu'Alphonse Karr éprouva le besoin de quitter encore une fois le boulevard de Paris qui venait le poursuivre aux bords de la Manche, et comprit qu'il lui fallait trouver autre chose plus en dehors de la portée des gens de Paris.

Il découvrit la Méditerranée.

Nice était une vieille ville inconnue des gens qui fréquentent le bois, les Champs-Élysées et les boulevards. Il eut l'imprudence d'avertir Paris, à coups de superbes bouquets de violettes, que Nice existait, et qu'elle se mirait dans les flots bleus d'une mer plus douce et moins tapageuse que la Manche.

Paris ne se fit pas prier, et il ne fallut pas longtemps pour que les habitués du Bois, des Champs-Élysées et des boulevards vinssent le retrouver à Nice.

C'était trop.

Aussi a-t-il quitté Nice comme il avait quitté Sainte-Adresse. Et maintenant il est à Saint-Raphaël.

C'est une anse adorable, non loin de Cannes et tout près de Fréjus. Au nord-est, la côte bordée d'écueils se développe en ligne droite vers une falaise couverte de chênes verts. Deux rochers fauves, semblables à des lions couchés, ferment la rade et brisent les vagues qui par les temps de mistral viennent de la pleine mer.

On les nomme le *lion de terre* et le *lion de mer*.

C'est près de là, à l'écho de ces rochers, que le philosophe et sympathique écrivain Alphonse Karr a placé maintenant son nid. Deux maisons basses, entourées de verdure et de fleurs, sont bâties dans un pli de terrain placé entre la mer et le chemin de fer qui conduit au golfe Juan.

La flotte d'Alphonse Karr est amarrée à vingt pas de sa maison, de l'autre

ALPHONSE KARR.

côté de la route. Elle se compose de deux barques peintes en blanc, d'une construction élégante et fine. Ces deux barques portent le nom de sa fille et de sa petite-fille, un charmant bébé de trois ans qui tyrannise de tout son cœur le grand-père, lequel est en adoration constante devant son délicieux petit tyran.

* * *

Alphonse Karr est un marin de premier ordre, et son gendre un élève marin qui lui fait le plus grand honneur. Dans une barque conduite par un

tel équipage, l'un à la barre, et l'autre à la voile ou à l'aviron, la sécurité est complète.

* * *

Une vareuse, un chapeau de paille, un pantalon de toile en plein janvier, tel est le costume de l'auteur des *Guêpes* et de *Sous les tilleuls*. Il vit là dans cette double petite maison pleine de précieux souvenirs des contemporains les plus célèbres, avec sa fille, une femme d'élite, le mari de sa fille et la petite fillette, calme, tranquille, pêchant son poisson, donnant la provende à une douzaine de paons magnifiques qui s'étalent en riche espalier sur le mur de son jardin, soignant ses chères plantes, lâchant ses guêpes, et jugeant en philosophe, avec cette haute et spirituelle raison qu'on lui connaît, les tristesses du présent, les angoisses du passé et les incertitudes de l'avenir.

Voilà la résidence charmante baignée par la mer bleue, tout ensoleillée, encadrée dans la verdure et dans les fleurs, que le maître du lieu a nommée *Maison close!*

Les importuns et les oisifs n'y entrent pas. On n'y reçoit que les amis.

On est fier et heureux quand on a pu s'y faire admettre.

ANTIBES

15 février 1875.

Non loin de Saint-Raphaël est Antibes, où le chemin de fer nous dépose en sifflant sur la route, qui est une merveille. Le fort d'Antibes, qui s'élève sur les rochers rouges et ferrugineux dont la plage est semée dans ces parages, est d'un dessin plein de tournure et de caractère. On côtoie la mer qui se brise mollement sur votre gauche, et l'on suit tout doucement la route bordée d'arbres verts, de cactus et d'oliviers qui conduit à la *villa Soleil.* Avant d'arriver à cette gigantesque construction dans laquelle on avait rêvé une compagnie de littérateurs et d'artistes, et qui contient de temps en temps tout au plus deux ou trois marchands de savon anglais, on trouve sur la droite une délicieuse habitation sur laquelle sont inscrits ces mots : *Villa des chênes verts.*

*
* *

C'est là qu'habite Adolphe d'Ennery, le père des *Deux Orphelines,* l'intelligent auteur de tous ces drames qui ont fait arroser la scène parisienne des larmes les plus populaires.

Devant cette villa des chênes verts et la terrasse qui l'entoure, on voit se dévoiler toute la perspective du golfe Juan, et se dresser à l'horizon les contre-forts des Alpes qui s'abaissent par des pentes harmonieuses et douces pour aller gagner la Méditerranée.

Quel charmant accueil! Cette maison n'est pas maison close, et les vingt et un chiens qui l'habitent avec le maître et la maîtresse de la maison, ont les mœurs et la voix hospitalières auxquels ils ont été dressés dès leur berceau. Parmi cette meute, il est des molosses énormes, puissants comme des ours, et des simulacres de carlins gros comme des rats. Heureusement le silence est à l'ordre du jour, sans cela il serait impossible de s'entendre.

La maison est peuplée de bibelots précieux, de chinoiseries et de tapisseries merveilleuses.

Les chênes verts, qui sont l'orgueil de d'Ennery et dont il conçoit plus d'amour-propre que de ses meilleures créations, sont centenaires, et couvrent de leurs troncs noueux et de leurs branches tourmentées par le vent, toute la déclivité du terrain depuis la maison jusqu'au jardin potager, qui s'étend au loin dans la plaine.

En bas, une serre magnifique, où de grands bananiers étalent leurs larges feuilles, ainsi que les cocotiers, les palmiers à raquettes, et les opulentes fleurs et plantes des tropiques. A l'autre bout une bibliothèque richement garnie, puis les jeux rêvés pour consoler de la pluie, plus même une grande table de roulette aménagée comme celles de Monte-Carlo, sur laquelle la petite boule saute pour cinq sous avec le même empressement et le même feu qu'elle met autre part à sauter pour six mille francs.

Jules Verne a fait là, de collaboration avec son ami d'Ennery, le *Tour du monde en quatre-vingts jours,* et pendant que nous visitions ce petit Éden cueilli feuille à feuille et sou à sou dans le champ de la littérature dramatique, il pioche quelques scènes des enfants du *Capitaine Grant,* la pièce que l'heureuse réunion de ces deux écrivains doit donner pour l'hiver qui va venir, et dont la monnaie permettra sans doute à Jules Verne de s'acquérir un pareil Éden à son compte.

La littérature, du moins cette littérature-là, n'égorge pas comme jadis ses enfants. Et les auteurs dramatiques ne meurent plus sur la paille que si tel est leur bon plaisir, depuis que, grâce aux chemins de fer qui ont tout transformé et transformeront tout encore davantage, un succès dramatique quelconque amène, de toutes les gares des chemins de fer de France et de l'étranger, de quoi remplir toutes les places pendant des centaines de représentations.

Orphée aux Enfers, la *Mère Angot,* les *Deux Orphelines* et le *Tour du monde,* ont rapporté davantage aux auteurs que jadis le *Cid* à Corneille, le *Mariage de Figaro* à Beaumarchais, et *Don Juan* à Molière et à Mozart réunis.

Les temps sont changés de ce côté; tant mieux. Et quand un homme d'esprit parvient à gagner un million avec sa plume, on ne s'étonne pas beaucoup plus maintenant que lorsqu'un parfumeur ramasse deux millions en éditant une nouvelle pommade.

La place des Palmiers.

HYÈRES

Hyères est une petite ville qui, moins encore que Cannes et Menton, pousse les esprits à une folle gaieté.

C'est une résidence sérieuse, où l'on ne vient pas pour s'amuser.

Le voyageur n'est pas plutôt arrivé, qu'il déploie aussitôt son ombrelle. On vient là pour le soleil, et le soleil de ce cru a la réputation de guérir tous les maux, à la condition sans doute qu'on ne le laissera pas forcer la dose. Il faut donc apparemment mitiger son action et quelque peu s'en garantir.

C'est à Hyères, du reste, que sur la côte le jeu de l'ombrelle commence. A Toulon, dont il n'est distant que de deux ou trois lieues, le soleil n'est pas le même, et il n'est plus question d'ombrelle.

Les promenades d'Hyères sont mélancoliques. La place des palmiers, qui est la place principale de l'endroit et possède sept palmiers, dattiers gigantesques qui sont la gloire et l'enseigne du pays, est ornée de bancs de pierre. Le menton appuyé sur leurs cannes, quelques vieilles gens s'y sont assis, le regard douloureusement triste. On descend quelques marches, et le long d'un mur abrité de toutes parts, une série de malades, à l'aspect morne et désolé, s'étend sur des bancs, des chaises, échangeant péniblement quelques mots avec les voisins. Une autruche, rachitique et chauve, erre çà et là d'un air ennuyé, pendant que dans le fond du jardin, quelques petits cris d'enfants, qui jouent avec leurs nourrices et leurs bonnes, rappellent seuls la vie de gaieté et d'avenir.

Une voiture passe de temps en temps, et à travers les vitres fermées on aperçoit comme une apparition quelque figure pâle et blonde qui va faire sur la route des Salines la promenade prescrite par le docteur.

A cinq heures, plus personne dans les rues que les docteurs qui vont de villa en villa, d'hôtel en hôtel, quelques femmes de chambre qui courent chez le pharmacien, et quelques visiteurs venus de Cannes ou de Toulon qui cherchent la diligence de Toulon ou le chemin de fer.

Un casino, établi par esprit d'imitation, n'a pas réussi, on en fait tout simplement un hôtel; pas de distractions, si ce n'est de temps en temps un petit whist mélancolique ou une timide bouillotte.

Parfois une réception au chalet. C'est l'habitation importante de la ville. Le chalet est situé sur une hauteur, et M. Godillot, qui l'habite, est ravi de temps à autre d'y donner quelque bal ou quelque fête musicale, pour réunir ceux des visiteurs qui ne sont pas trop malades, et se donner à lui-même la distraction que comporte l'endroit.

Les gens de la ville, quoique pourvus de l'avidité, apanage des indigènes des villes à stations d'hiver, paraissent doux et bienveillants. Beaucoup, parmi les plus âgés, s'appliquent à tousser, pour donner ainsi de la confiance à leurs hôtes et leur faire entrevoir une longue vie.

Le pays est charmant, du reste : belle vue, beau soleil, température plus égale que celle de Nice et de Cannes. Les gens malades s'en trouvent bien. Quant à ceux qui jouissent de la santé, ce qu'ils ont de plus amusant à faire au bout de huit jours, c'est de partir.

AMÉLIE-LES-BAINS

Où l'on retrouve le soleil.

YÈRES est la première station réputée station d'hiver que l'on trouve sur sa route en venant de Paris. C'est la dernière que l'on rencontre en venant de Menton.

A partir d'Hyères, la famille Benoitonn ou Benoitonoff, retour de Monte-Carlo, ne croit plus aux violences du soleil et referme soigneusement son ombrelle.

Toulon les laisse froids, Marseille ne les réchauffe pas davantage. Quelles que soient les excentricités du thermomètre, toute la famille grelotte, et l'on double les manteaux sur le quai de Toulon, comme à Marseille sur la Cannebière.

* * *

Heureusement il y a le chemin de fer de Marseille à Cette, un bon petit chemin de fer dont la locomotive est bien chauffée, d'excellents wagons abondamment pourvus de bonnes boules d'eau bien bouillante pour triompher des onglées possibles.

A Cette, nouveau chemin de fer, celui-là du Midi, un nom de favorable augure, wagons délicieux encore et boules remplies d'une eau tout aussi chaude.

On traverse à toute vapeur Narbonne, Béziers. On arrive enfin à Perpignan.

Ici l'on commence à respirer; on se trouve d'abord en présence d'un fort d'architecture orientale et moresque. Bon présage! le soleil va donc encore faire des siennes!

Ici les chemins de fer s'arrêtent, montons en diligence.

Otons nos cache-nez, débarrassons-nous de nos paletots, entr'ouvrons nos ombrelles.

Le voilà, c'est bien lui, le vrai. Garons précieusement notre teint, et de nos foulards essuyons la sueur qui doit perler sur notre front, si elle sait réellement vivre.

Nous sommes à Amélie-les-Bains.

*
* *

Voici le Canigou, une montagne dont les Pyrénées sont fières, et qui se dresse éclatante de blancheur et de soleil, s'enlevant en clair sur le ciel bleu.

Depuis Perpignan, la route est merveilleuse, et ce géant drapé dans son vêtement de neige semble à la fois si près, qu'on va le toucher, et si loin, que malgré le galop des chevaux, on ne s'en rapproche pas.

— Eh! il fait un temps très-doux dans votre pays!

— Comment, un temps doux! mais, cher monsieur, dit notre voisin de banquette, c'est-à-dire que nous ne savons pas ce que c'est que le froid. Un temps doux! Ah! bien, oui. Mais chacun vous dira qu'ici, pendant tout l'hiver, nous sommes dans une cuvette. Il y a du feu dessus, du feu dessous, un véritable four de campagne.

C'est-à-dire que l'eau est chaude. On y cuirait des œufs, tout le monde le sait.

Il y a des gens ici qui viennent de Menton et de Monaco. Ils y gelaient, les pauvres diables, ils y avaient attrapé le coup de la mort!

Ici ils se sont remis à vivre au bout de vingt-cinq minutes qu'ils étaient arrivés, pas plus.

Tenez, mon bon, j'y ai été aussi par curiosité, à votre pays de Cannes, et à Nice, et à Monte-Carlo. Je mettais trois paletots, et du diable si je pouvais me réchauffer! Ici je porte de l'alpaga en plein janvier, et quand il n'y a pas de dames, je me mets en bras de chemise.

Là-bas, ils plantent de pauvres palmiers, pour monter le coup, comme on dit à Paris, aux malheureux voyageurs. Les pauvres petits palmiers, s'ils pouvaient se plaindre, ils en diraient long! Nous n'avons pas besoin de ça comme réclame, nous n'avons pas besoin de tyranniser les palmiers, nous autres.

Humez-moi cet air-là, c'est comme du velours sur la poitrine.

Ah! monsieur, si là-bas ils connaissaient ce petit paradis, il n'y aurait pas un chat dans leurs baraques!

Vous avez peut être goûté leur vin? De la piquette, monsieur; il faut se tenir à la table pour le boire.

Goûtez le nôtre, voilà tout ce que j'ai à vous dire. Du soleil en gouttes! monsieur, du vrai soleil. Qui n'a pas bu le frontignan et le rancio, ne sait pas ce que c'est qu'un vin chaud et généreux, c'est-à-dire qu'il faut le dépouiller pour le boire.

Venez chez moi, monsieur, et je vous en ferai juger.

— Je ne sais pas vraiment si je dois accepter...

— Ah! monsieur, vous le pouvez parfaitement. D'abord, je tiens un hôtel.

— Alors c'est différent.

— Et je reçois beaucoup de monde; excellente table. Des gens qui viennent malades, grâce au bon air, au bon vin, à la bonne nourriture, s'en retournent forts comme des Turcs; c'est l'affaire de deux mois.

Et il faut revenir l'année prochaine.

Nous avons ici des demoiselles débarquées il y a quinze jours, monsieur, qui ne pouvaient pas mettre un pied devant l'autre. Maintenant, à la soirée de l'hôtel, car nous donnons des soirées, ces demoiselles-là dansent toute la nuit, et il y en a deux qui vont se marier le mois prochain. Trouvez donc des choses comme ça, là-bas à Nice.

Il y a des gens qui viennent ici, malades de la gorge et qui n'ont pas de voix plus qu'un poulet; en un rien de temps, la voix revient que c'est un charme. C'est dans l'air, voyez-vous, c'est le pays qui veut ça.

Vous avez entendu M. Thiers, qui est de là-bas, de Marseille, je crois. Eh bien, allez écouter M. Arago, qui est de notre bon Perpignan même. Voyez un peu la différence : un sifflet près d'un trombone!

Eh bien, voilà les deux pays! Je n'ajoute rien.

— Merci, monsieur...

Amélie-les-Bains est couché dans un fond, entouré de tous côtés de montagnes qui interceptent les courants d'air froid et concentrent les rayons du soleil. La terre semble échauffée par la présence de vingt-deux sources thermales, tout autant, qui débitent au public de l'eau dont la chaleur varie de quarante à soixante-dix degrés.

L'aspect est sérieux, il semble que l'on soit au fond d'une baignoire.

C'est une station d'hiver, c'est vrai, et l'on y développe les indispensables ombrelles en se promenant sur la route. Mais une folle joie n'y règne pas, il y a trop de gens enrhumés.

Les pantalons rouges, qui abondent, à cause des établissements militaires, donnent seuls une note de gaieté. Seulement, les lieutenants et sous-lieutenants fournissant étoffes à valseurs n'existent guère que pour mémoire. Les gros majors, les colonels et les vieux capitaines qui représentent l'armée, sont rhumatisants, traînent tous plus ou moins la jambe, et les sommités sont représentées par le maréchal Baraguay-d'Hilliers, un brave à trois poils, mais qui a quatre-vingts ans, un poignet de moins, et ne valse plus.

Je l'ai su par mon hôtelier, mon compagnon de route, chez lequel j'ai été naturellement me loger. M. le baron Gontran de Perrichon est passé l'autre jour ici, m'a-t-il dit, avec sa dame, une dame qui avait du blanc sur le visage, du noir aux sourcils et sous les yeux. Il y est resté deux jours. Il s'est pro-

mené dans les environs, a vu le haut-fourneau et la gorge du Mondony; il a assisté à une représentation aux Thermes-Pougade, et les chanteurs lui ont paru enroués. Il a pris un bain, madame a bu un verre d'eau de la grande source, et l'a trouvée mauvaise.

Ils sont partis le lendemain matin.

Nous priant d'envoyer cette dépêche :

« *A Madame la baronne Emma de Perrichon, à Menton.*

« Papa part pour Pau.

« GONTRAN. »

Le soir, à l'hôtel, on a joué *En wagon* de Verconsin, et *les Sonnettes* de Meilhac et Halévy. On riait beaucoup.

* * *

Le lendemain, au moment du départ, le vent était glacial; le nez du conducteur brillait d'un rouge vif, et aussi celui du maître de l'hôtel.

Le terrain était dur et craquait sous les pieds.

— Mais c'est de la glace, fis-je en ramassant un cristal qui brillait dans une ornière.

— Ne dites pas une chose pareille !

— Ce n'est pas possible, monsieur, nous ne connaissons pas cela; mon grand-père, qui est là et qui a quatre-vingt-dix-huit ans, vous dira qu'il n'en a jamais vu.

PAU

LA CHASSE AU RENARD. — LE JEU DU POLO

Hôtel Gassion.

I

PAU, jolie petite ville peuplée de vingt-cinq mille habitants, préfecture, cour et tribunal de première instance, lycée, école normale, bibliothèque, etc., etc., etc.

Voilà ce que dit la géographie dans son langage sobre et dépourvu d'astragales. Mais il est un détail important, par elle passé sous silence avec un sans-façon qui trouve, il est vrai, son excuse dans le pur sentiment du patriotisme, détail sur lequel cependant notre conscience nous fait un devoir d'insister.

Pau n'est point une ville française. Pau appartient évidemment et clairement à l'Angleterre.

* * *

C'est à Pau qu'il faut venir, par un beau soleil d'hiver, vers les deux heures de l'après-midi, pour voir sur cette belle place royale, d'où l'on découvre au loin la chaîne neigeuse des Pyrénées, se déployer sous les ombrelles du Royaume-Uni la collection la plus complète d'éclatantes misses aux cheveux

blonds, de bébés blancs et roses, de ladies gracieusement ou grotesquement empanachées, de vieux lords ankylosés et goutteux, de robustes boys et de gentlemen de tout poil et de toutes provenances britanniques.

C'est un monde touffu, encadré de chevaux anglais, de calèches anglaises, de cochers et grooms anglais, au milieu desquels il reste peu ou point de place au soleil pour le pauvre Français : conquis par les femmes, dominé par les hommes, et dédaigné le plus souvent par les naturels de l'endroit, comme une superfétation sans intérêt et sans valeur.

Les jeudis et les dimanches, la musique militaire qui souffle dans son cuivre pour la plus grande satisfaction des promeneurs, se livre fréquemment au *God save the queen*, au *Rule Britannia*, laissant dans un silence complet la *Parisienne* et la *Marseillaise*, — ce dont, pour notre part, du reste, nous en lui faisons nul reproche.

Pau appartient à l'Angleterre.

* * *

Nos amis les Anglais, qui jadis ont occupé la Guienne et la Gascogne, ont conservé une invincible attraction pour ce pays de soleil, de pittoresque, qui s'en rapproche vers le côté occidental des Pyrénées, et ils y ont résolûment conservé Pau comme leur dernier boulevard.

Ils y ont transplanté leurs mœurs, leurs coutumes et leurs plaisirs; car ils y sont les maîtres sans conteste, par la force des banknotes, des pounds et des shillings, cette artillerie plus invincible que celle des krupps, des armstrongs ou des reffyes.

Par suite, sur les principales promenades se sont élevés des hôtels construits avec toutes les attentions et recherches du comfort usitées chez les Anglais et Américains, disposés au gré de leurs façons d'être et de leurs manies. Ce ne sont partout que *Family hôtels, Boarding houses*, etc., etc.; *Boarding schools, Cottages* et *English houses.*

Les Anglais sont chez eux à Pau.

Aussi, la chasse au renard, telle qu'on la cultive en Angleterre, est-elle consciencieusement pratiquée par la colonie anglaise, au grand ébahissement de messieurs les Français et autres étrangers.

Pau est la seule ville de France assez anglaise pour se donner le luxe d'équipages de *fox-hounds,* et les landes qui l'environnent sont les seuls parages du continent où courent à bride abattue, sous prétexte de renard, à travers les ravins et les halliers, des escadrons de jeunes femmes, de jeunes filles et de gentlemen à favoris blonds ou gris et vêtus d'habits rouges.

Tous les deux jours, vers les onze heures, il y a chasse. Compère le renard, attrapé ou panneauté on ne sait où, est emballé dans un sac de forte toile et chargé sur un tilbury attelé d'un vigoureux trotteur anglais.

A une ou deux et même trois lieues de la ville, est donné le rendez-vous.

C'est le tilbury contenant le héros du jour qui ouvre la marche. A quelque distance suivent les valets de chiens et piqueurs conduisant une meute de trente ou quarante *fox-hounds* blancs, tachetés de noir ou de jaune, dont les

MILORD ET MILADY.

MISS DIANA VERNON DE L'OHIO.

Folle de la chasse au renard. Ne s'est jamais cassé que deux jambes et un bras, mais tout est remis. Le cœur est intact.

Gentlemen-riders.

queues se dressent joyeusement et piquent le paysage aux tons roux de vivantes et chaudes touches blanches.

Derrière, trotte et piaffe une cavalcade nombreuse, jeunes filles, jeunes femmes minces et élégantes, cavaliers de tout âge et de tout poil, dont les habits rouges éclatent sur le fond comme des fanfares. Tout cela, au nombre de cent à deux cents personnes, suivant le temps ou les jours, suit gravement le convoi du condamné. Derrière la cavalcade, des jeunes premières, des ténors et des rôles plus marqués,

Gentlemen-riders.

marchent et roulent à la file toutes les voitures de la ville et de la campagne, calèches armoriées, breaks, tilburys, coupés, pataches et véhicules de toute sorte, bondés outre mesure des timorés qui préfèrent les routes aux fondrières; plus les curieux à pied, et les paysans des environs que la curiosité enlève à leur travail.

* * *

On est arrivé au lieu du rendez-vous.

Le sac où s'impatiente le compère renard est débouclé. Il sort effaré, ahuri de sa prison de toile, et s'élance dans la plaine. Il semble un instant indécis, mais il a tout de suite vu la situation, calculé le danger, pris son parti. Son museau aigu interroge l'air un instant, et il s'élance comme une flèche en courant contre le vent.

On lui laisse cinq ou six cents mètres d'avance, pendant lesquels les piqueurs retiennent les chiens impatients, puis tout à coup le gentleman qui dirige la chasse prononce le laissez aller :

All right!

Les chiens s'élancent sur la trace du fugitif, les chevaux bondissent. En un clin d'œil, toute cette foule de cavaliers et de cavalières semble fuir comme un vol d'oiseaux effrayés.

Les robes claquent au vent, les cheveux blonds ou bruns se déploient joyeusement comme des panaches, les chevaux dévorent l'espace, se plongeant dans les plis de terrain, gravissant les monticules, sautant les barrières ou les buissons.

Hourrah! hourrah! les vivants vont vite!

L'œil les suit s'éparpillant dans la plaine, décrivant des circuits bizarres et imprévus, paraissant et disparaissant tour à tour, suivant les fantaisies de ce malheureux qui cherche à se dérober à la folle poursuite.

Bientôt la chasse ne se révèle plus que par quelques points rouges et mouvants qui tachent la plaine à l'horizon; et quelques bruits vagues que le vent apporte.

Les calèches et voitures, bourrées de vieilles dames, de messieurs respectables et de bébés roses, puis les cavaliers sans enthousiasme, ont tourné bride; tout cela retourne tranquillement à la ville.

Parfois, mais rarement, un caprice de la bête ramène la chasse, qui traverse follement de nouveau la route, et rompt la promenade du retour, à la grande joie et au bousculement général de l'assistance.

En une heure, une heure et demie au plus, le renard est forcé et pris par les chiens. Le premier arrivant parmi les chasseurs descend, et arrache aux chiens la queue du renard qu'il coupe et attache à sa selle comme trophée de victoire.

Cette victoire remportée, on compte les blessés dans le camp des vain-

Pas assez d'assiette.

queurs. Généralement on en est quitte pour quelques bonnes contusions, nombre d'habits déchirés et bien des jupes en lambeaux.

Parfois quelques bras démis, quelques côtes enfoncées, deux ou trois jambes éclopées. On nous raconte que dernièrement, un des héros et conducteurs de ces chasses à succès, un jeune Américain des plus charmants et des plus millionnaires, s'est brisé la tête contre une barrière dans l'une de ces chasses.

Rien de tout cela n'arrête les enthousiastes.

* * *

Vu un brave évêque anglican, sérieux et digne, flanqué de ses deux filles, courir sur la piste du renard avec l'air grave et convaincu de l'homme qui accomplit une mission.

Les deux jeunes filles, deux merveilles de fraîcheur et de beauté, galopaient follement, leurs blonds cheveux dénoués et flottant au gré de la brise et des sauts de leur monture, leurs longues jupes bleues effrangées par les

branches et les ronces, lançant comme une fusée en passant leurs rires joyeux.

En un clin d'œil elles ont disparu derrière le talus; on entend encore le son argentin de leur voix, et l'on n'aperçoit plus que la silhouette méthodique du révérend avec ses oreilles rouges qui se détachent sous ses favoris blancs.

* * *

Il est très-rare que le pauvre renard puisse échapper au sort qui lui est réservé, à partir du moment où il est bouclé dans son sac.

Cependant, cela n'est pas sans exemple, et l'on a conservé le souvenir de plusieurs fins matois qui ont su trouver, au moment opportun, leur salut, soit dans la vitesse de leurs jambes qui les ont menés jusqu'aux grands bois, soit dans quelque bonne petite cachette à la faveur de laquelle ils ont pu disparaître utilement.

* * *

Le soir, à l'hôtel Gassion, à ce charmant Casino bâti pour les Anglais par le bon père Lafourcade, toutes les jolies jeunes filles que l'on a vues furieusement galoper le matin, ne pensent plus ni au renard, ni aux fatigues de la chasse, ni aux chutes sur les broussailles et les ajoncs.

Elles dansent avec le même entrain qu'elles ont mis à courir le renard. Il

y a bien quelques bleus çà et là, épars sur les blancheurs satinées, assurent quelques femmes de chambre indiscrètes, mais cela ne se voit pas, et n'empêche pas de danser le lancier. *All right!*

* * *

Le lendemain de la chasse au renard, c'est le jour du jeu de Polo. Autre passe-temps anglais, celui-là.

Mêmes calèches, mêmes chevaux anglais, même affluence, mêmes bébés blonds et roses, mêmes vieilles ladys à longues dents dépassant outrageusement les lèvres, mêmes ravissantes et blondes jeunes filles destinées à devenir plus tard, si l'on en croit les précédents, d'anguleuses et desséchées matrones.

* * *

D'où vient cette étrange anomalie et ce dénoûment si triste? Je ne me charge point d'expliquer, je constate. Quel travail étrange se fait donc dans ces natures si séduisantes au départ, si attristantes au retour?

Bornons-nous à espérer que ce travail ne se fera point pour la génération qui resplendit actuellement.

Et courons derrière elles au Polo.

Le *Polo* est une sorte de jeu qui ressemble au *cricket*. Le jeu consiste en ceci :

Se réunir et se partager en deux camps. Une boule de bois est placée à égale distance des deux camps, et le parti qui a pu pousser la balle dans son camp est celui qui est vainqueur.

Ici seulement les joueurs, au lieu d'être à pied, sont montés sur des

GENTLEMAN.
Large-one.

chevaux, et les maillets dont se servent les piétons sont remplacés pour les cavaliers par de longues lances terminées par des sortes de crosses ou de râteaux qui sont destinés à pousser la boule ou à la ramener.

Tout au bout du parc, dans la plaine, est placé le champ entouré de petites et légères barrières, sur lequel s'agite la partie.

C'est un vaste parallélogramme, de deux cents mètres de long sur cinquante de large, voisin du Galve, descendant de la montagne, et qui court encore tout frémissant dans la plaine, encadré merveilleusement par ces riches dentelures des Pyrénées toutes bordées de soleil et de neiges.

Les joueurs sont le plus souvent une dizaine ou une douzaine, qui se partagent en deux camps, reconnaissables aux couleurs rouge et bleue de leurs drapeaux et de leur écharpe.

Les chevaux qu'ils montent ne sont pas des chevaux de prix; ce sont des chevaux béarnais, assez médiocres de forme, mais pleins d'ardeur et de feu, obéissant avec une docilité merveilleuse à la volonté du cavalier, et qui semblent prendre plaisir et intérêt à suivre les allées et les retours de la boule disputée.

Tout autour des barrières est la foule des curieux, des voyageurs et des touristes, ainsi que les voitures sur lesquelles se dressent ceux qui ne veulent ou ne peuvent descendre.

JOUEUR DE POLO.

La musique militaire fait retentir le champ de tous les airs anglais qu'elle peut trouver dans son répertoire.

Et après avoir fait ranger chaque parti à égale distance de la ligne du

Attention!

milieu, le maître et juge du camp, un grand Anglais de bonne façon, prononce le laissez aller et jette la boule sur la ligne qui partage l'hippodrome en deux parties égales.

Aussitôt le tourbillon des cavaliers s'élance, se précipitant de façon à

prendre la boule à revers et à la ramener chacun dans son camp respectif.

La boule atteinte par la crosse du premier arrivé bondit sur le terrain, est repoussée par un des adversaires, rechassée par l'un, reconduite par l'autre. C'est une mêlée à la façon des tableaux de Bourguignon. Les chevaux, se mettant de la partie, se passionnent et se mordent entre eux, les lances se croisent ou se brisent, la boule s'élance, retombe, s'arrête ou saute avec frénésie.

Parfois les chevaux, dont les jambes se heurtent contre les lances et crosses, tombent à la renverse, entraînant sous eux ou à côté d'eux leurs cavaliers culbutés. Parfois il y a quelque cheval que l'on doit abattre pour une jambe

cassée, quelque cavalier que l'on doit emporter pour un bras démis. Qu'importe! les bleus ou les rouges ont vaincu, aux applaudissements de la galerie qui se passionne et parie tout autour.

Le vainqueur, celui qui a ramené la boule entre les deux mâts qui constatent la victoire, porte souvent sur le visage ou sur la tête les traces écrites du combat; il y en a pour huit ou dix jours, après il n'y paraît plus.

Lorsque trois ou quatre parties ont été chaudement et bruyamment disputées, après les paris indispensables qui se font sur les probabilités de la lutte, les gentlemen quittent leurs vêtements de combat, reprennent leur habit de cheval et retournent à Pau sur leurs pur-sang que tenaient en main leurs jockeys.

UN NATUREL DU PAYS.

PLACE HENRI IV.

Doit être loué pour ne pas se faire habiller à la *Belle Jardinière*.

THE ADMIRAL.

M. LE VICAIRE DE WAKEFIELD ET MADAME.

à l'irréprochable tenue, ou dans leur calèche, si la lutte les a quelque peu écloppés ou fourbus.

Puis ils reviennent au club ou au casino Gassion, pour vider quelques fioles de champagne en l'honneur des vainqueurs et aux frais des vaincus.

* * *

Jusqu'ici on ne nous a pas raconté qu'aucun Français ait été admis à l'honneur de figurer dans ces luttes du *Polo*. De même qu'il est bien rare d'y voir quelqu'un d'entre eux courir le renard dans la plaine en compagnie des jolies misses aux blonds cheveux.

Il s'agit d'être présenté, et messieurs les Anglais sont difficiles pour les présentations. Mais au moins ils sont bons princes, et s'ils s'amusent pour leur compte, ils se laissent voir avec plaisir. On vient de tous côtés du pays et jusque de Bordeaux pour leur faire visite.

A Pau, ils sont chez eux.

II

— Pau, la ville des Anglais, est aussi, il faut le dire, la ville du bon Henri.

La ville est pleine de sa mémoire, depuis le berceau qui figure au château historique de Pau, sous la forme d'une écaille gigantesque de tortue suspendue par un cordage d'or à quatre bâtons en croix, jusqu'à la statue de marbre par Raggi, qui, dressée sur la place principale, tourne le dos aux Pyrénées.

Tous les jours de musique militaire, jour de rendez-vous général, une incarnation vivante de Henri IV se promène, au milieu de la foule, drapée dans un grand manteau béarnais.

C'est le même nez bourbonien, la même puissante encolure, la même barbe grisonnante, le même sourire vert-galant, le même chapeau à grandes ailes et à panache blanc. Un tableau vivant.

Celui qui joue le rôle du brave Crillon, et ne le quitte pas d'une semelle, est, nous dit-on, un Espagnol, tout petit, quoique grand d'Espagne, et dont le dos s'arrondit avec majesté comme la croupe voisine des Pyrénées.

Les autres jours de la semaine, tous deux se promènent par la ville, devisant avec *moult joyeuseté* sur les choses du temps passé et sur les incertitudes du présent.

Anglais et Français les saluent en passant à titre de souvenir.

*
* *

Les hôtels et les maisons de plaisance à louer pullulent dans la bonne ville de Pau; les deux hôtels les plus importants sont d'abord l'hôtel Gassion, splendide construction à tourelles, qui rappelle l'architecture du vieux château, et contient le casino, où se donnent les fêtes et bals combinés par les étrangers en séjour dans la ville.

Puis l'hôtel de France, célèbre par la veste blanche de son propriétaire, qu'il arbore à la porte par tous les temps quels qu'ils soient, afin de faire ainsi une réclame vivante pour la douceur du climat.

Encore un hommage au souvenir de Henri IV.

Ralliez-vous à mon panache blanc, dit-il aux touristes.

Pour le père Gardère, la veste blanche est un panache.

*
* *

Son rival de l'hôtel Gassion, le père Lafourcade, n'a pas sacrifié comme son confrère à la fantasmagorie de la veste blanche, il se rattrape sur son casino et son ascenseur. Il possède le seul ascenseur de toutes les Pyrénées hautes et basses.

GROS BONNETS.

LE PÈRE GARDÈRE (VIEILLE FRANCE), HOTEL DE FRANCE.

Une veste blanche le 15 janvier! A Pau il fait si chaud!! c'est-à-dire qu'on en est incommodé!!!
Qu'on se le dise.

MONUMENT ÉLEVÉ A M. LAFOURCADE

PRÉSIDENT DE L'HOTEL GASSION (NOUVELLE FRANCE).

Pas de veste blanche, mais un casino modèle, et le seul et véritable ascenseur du département!
Qu'on se le répète!!!

Ah! si l'on en établissait un pour gravir le pic du Midi dont on voit les dents aiguës se dresser au loin devant la terrasse Henri IV!

Les Pyrénées vues du casino Gassion.

A la magnifique table d'hôte qui s'étend dans presque toute la longueur du château, on parle à peu près toutes les langues, sauf le français.

Sur quatre-vingts à cent personnes assises côte à côte à manger la barbue sauce aux câpres ou sauce genevoise, nous nous sommes trouvés jusqu'à deux individus de cette nation, et nous avons pu remarquer qu'il s'attachait à notre personne comme une sorte d'intérêt et de curiosité.

Le maître de l'hôtel en paraissait tout surpris, et semblait se faire un plaisir de voir enfin dans ses murs un modeste échantillon de ses compatriotes.

Au fond, cependant, je crois que ces messieurs préfèrent les Anglais, les Américains, les Espagnols, les Mexicains, les Péruviens, les Brésiliens, les Hollandais, etc., dont leurs hôtels regorgent. Ces clients venus de loin apportent certainement ce qu'il leur faut pour rendre la clientèle plus profitable et meilleure.

Et puis, il faut le dire, quel joli bouquet de jeunes filles ou jeunes femmes brésiliennes, péruviennes, américaines et anglaises! Et cela ne gâte rien, même pour un maître d'hôtel.

* * *

Chose étrange, et qui donne à réfléchir, toutes ces jolies bouches de dix-huit ans dans lesquelles s'agitent ces petits baragouins étranges auxquels la plupart d'entre nous autres ne comprennent rien, se plient à merveille à la nécessité de parler français quand il le faut pour se mettre à notre niveau, et le parlent avec une netteté, une pureté merveilleuses, auxquelles l'accent étranger semble prêter un charme de plus.

Presque toutes ces jeunes filles parlent ainsi quatre ou cinq langues et les entendent on ne peut mieux. Pour nous, qui tout au plus parlons à peu près convenablement notre langue à nous, lorsqu'elles se moquent de nous dans la leur, c'est à peine si nous pouvons nous en apercevoir.

Quant à leurs pères et à leurs frères, ils savent tout de nous, notre histoire, nos mœurs, notre géographie, notre langue, et la plupart du temps nous ne savons rien d'eux.

Il s'agirait pourtant de conclure.

* * *

De temps à autre il se donne au casino quelque grand bal de souscription dans la colonie anglaise; trois ou quatre cents personnes se réunissent pour faire face aux frais de la fête, et quelques rares invitations sont lancées dans la ville.

LES AUTORITÉS.

A la place Henri IV.

UN JOLI ENVOI DU BRÉSIL.

LES AUTORITÉS.

Jeudi et dimanche, promenade sur la place Henri IV.

Les Français sont triés avec soin, les Françaises encore plus, pour être admis dans ce monde qui se recrute lui-même parmi ce qu'il y a de mieux.

J'ai vu le baron Gontran de Perrichon furieux de n'avoir pu réussir à obtenir une invitation pour le bal de mercredi dernier, quand le jeune

LE PLUS GRAND MARCHEUR DU MONDE.
Sir Henry Russell Killow-Mètre.

Guide-Joanne.

Benoiton avait été admis par suite d'une parenté avec les O'Benoittonn de Philadelphie.

A ce qu'il paraît, une indiscrétion avait été faite au sujet de la dame voyageant avec lui de compagnie.

M. Oscar de Gardefeu, arrivé le matin, avait déclaré la reconnaître comme ayant jadis figuré aux *Bouffes* dans *Orphée aux enfers.*

Il n'en avait pas fallu davantage au vertueux père Lafourcade pour prier le baron de céder dès le lendemain son appartement à une noble famille du Kentucky.

Le petit Gardefeu avait été indiscret, et la chose avait transpiré près de messieurs les commissaires.

Aussi, le baron de Perrichon s'en est vengé tout le jour au café Champagne en ne tarissant pas sur la morgue des Anglais et le ridicule de leurs prétentions.

On danse à ce bal la polka, le quadrille, la valse, et surtout les lanciers, jusqu'à quatre heures du matin. Pendant ce temps, les messieurs rebelles à la danse se livrent à quelques vigoureuses parties de baccarat et à de fortes ingurgitations de moët et de cliquot.

On nous raconte que, par suite, certains doivent être rapportés chez eux par leur valet de chambre : nous ne pouvons l'affirmer. En tout cas, le lendemain, après la chasse au renard, il n'y paraît plus.

La petite Nelly a fatigué aujourd'hui deux chevaux et trois valseurs, et ça ne l'empêchera pas de faire bientôt une rude mère de famille.

Quelques jolies toilettes çà et là, mais trop de fleurs dans les cheveux, trop de plumes sur les chignons. De ravissantes têtes de jeunes filles et de jeunes femmes, mais trop souvent, hélas! des couleurs qui aboient et hurlent les unes contre les autres, des fautes de nuance et d'harmonie. Décidément, parmi les Anglaises, il y a bien peu de coloristes.

En revanche, quelques Péruviennes et des Brésiliennes merveilleusement réussies comme beauté, comme arrangement et comme toilette.

Des Russes irréprochables.

Pour tout dire, de nombreuses caisses de robes sont arrivées de Londres et de Paris le matin.

* * *

Du reste, les fêtes et soirées se succèdent dans la ville, et le baron de Perrichon trouvera facilement sa revanche. La ville de Pau est hospitalière.

GENTLEMAN ÉLEVEUR EN HERBE.

— Si j'avais un seul cheval, je le ferais courir; mais je n'en ai pas encore. J'attendrai.

AUX COURSES DE PAU.

LE PLUS GROS ÉLEVEUR DU DÉPARTEMENT.

(Il est vrai qu'il est le seul.)

— Halte-là! Caporal, venez reconnaître Trouilh!

Les maisons ouvertes ne lui manquent pas. Et, bien heureusement pour lui, la petite Éloa de Saint-Phar a trouvé que la boîte n'était pas drôle et sentait le renfermé; elle est partie par le train de midi avec le petit Gardefeu. Bon voyage!

Le parc, qui s'étend sur la rampe à la suite du vieux château, et jusqu'à la plaine de Bilhère, où se joue tous les deux jours la partie de polo, est planté d'arbres admirables, et la route qui longe la terrasse présente à chaque instant et à chaque détour le plus merveilleux coup d'œil : sur toute la plaine le torrent du Gave et les pics neigeux des Pyrénées. Toute la matinée la route est sillonnée de calèches devant lesquelles galopent les

M. Jonathan and miss Jonathan.

cavaliers, les amazones, puis de piétons qui les regardent. Quand il y a course, on va jusqu'à l'hippodrome, placé sur la route à six kilomètres de la ville.

A cet hippodrome charmant, rien ne manque, rien, excepté les chevaux. Il y en a tout au plus cinq ou six qui ont poussé sur le sol, et qui se disputent quelques maigres prix. Il faudrait pouvoir donner à ces prix un peu plus de corps pour que les chevaux véritables et les jockeys habiles prissent le chemin de fer, et trouvassent avantageux de les venir disputer aux coursiers de l'endroit.

Quand la ville de Tarbes, celle de Pau, celle de Bayonne, celle de Fontarabie s'entendront au lieu de s'accabler d'invectives, tout ce personnel des courses, chevaux, jockeys, propriétaires, entraîneurs, bookmakers, journalistes, dames, demoiselles et le reste, prendra ses billets pour le Midi.

C'est du moins ce que disent les frères Dennetier, car les voici. Partout où il se tire un pigeon, partout où l'on habille de soie quelque galopin pour faire courir ou sauter deux chevaux maigres dans une enceinte de piquets et de cordes, ils sont là pour organiser, combiner, entraîner la mode et le public, faire fructifier l'opération, puis déterminer une sorte de moisson d'écus et un mouvement dont on n'avait pas l'idée avant eux...

Pour ce rôle d'anges du sport, les chemins de fer leur prêtent des ailes, et c'est là un prêt des plus avantageux pour les prêteurs.

Sans les chemins de fer, il est vrai, les frères Dennetier ne sauraient exister; mais aussi, sans les frères Dennetier, le public bénévole pourrait-il s'intéresser à savoir si M. de B... massacre trois pigeons de plus que M. de C..., ou si *Atropos* est arrivé premier de deux longueurs sur *Watferfish?*

Grâce à eux, le chemin de fer vend ses billets, les marchandes de modes fabriquent leurs robes et leurs chapeaux, les hôteliers débitent leurs biftecks et leurs vins, les parieurs gagnent ou perdent leur argent, et tout un monde, qui fût resté assis, se déplace, dépense et s'agite.

Les frères Dennetier sont partout; ils ne sont jamais chez eux, ou bien plutôt ils sont chez eux partout.

Ce sont eux qui semblent avoir organisé industriellement et pratiquement la vie de sport hors de chez soi.

Les chemins de fer et les hôteliers leur doivent une statue.

Mais jusqu'alors on peut encore avoir la courtoisie de dire, comme jadis : Après vous, messieurs les Anglais! Ce sont eux qui dominent encore en maîtres pour la question du sport dans toute la région hivernale de Pau, et le jeu du polo comme la chasse au renard tiennent la corde.

* * *

En résumé, Pau, la ville de Henri IV et des Anglais, est bien une ville de soleil, de distraction et de *far niente*. On y est conduit, le plus naturellement du monde, à ouvrir son ombrelle sur la grande place et sur la promenade; on y a chaud devant des montagnes couvertes de neige, et l'on n'est pas forcé d'observer le jeu du paletot comme à Nice.

Notez qu'outre les Anglais, les jolies Anglaises et les hôteliers, il est encore à Pau des hommes remarquables de tous points; entre autres, un peintre

espagnol, ami de Fortuny, M. Parera, qui est le Cham de toutes les Espagnes et de la Navarre; un notaire, qui est un fin et spirituel artiste; un banquier, qui est homme de goût, un avocat qui est historien, et M. Bassy, un libraire, qui est musicien et poëte. Ajoutez à cette nomenclature un certain nombre de Français charmants et des plus hospitaliers. Et si vous en doutez, allez visiter notamment une des plus ravissantes villas de l'endroit, la villa *Marie-Thérèse*, qu'habitait jadis le maréchal Bosquet, qu'habite maintenant le plus aimable des sous-lieutenants, plus riche et plus avenant encore que le fameux sous-lieutenant de la *Dame blanche*.

Quelle adorable vue! quel charmant accueil!

Prière de lui remettre ma carte.

— Si madame veut accepter une place dans mon tilbury?

FONTARABIE

Février 1875.

FONTARABIE, qui regarde la France de l'autre côté de la Bidassoa, est une vieille et fruste relique espagnole.

Pour y arriver, il faut d'abord gagner Hendaye, la dernière petite bourgade, disons petite ville pour ne pas humilier les habitants, qui se rencontre sur la côte française de l'Océan.

L'eau-de-vie d'*Hendaye,* si j'ai bonne mémoire, avait jadis un grand succès. C'était une sorte de liqueur au milieu de laquelle flottaient de petites pellicules d'or.

Dans le *Chiffonnier,* de Félix Pyat, Frédérick-Lemaître, voyant une de ces bouteilles sur l'étagère d'un buffet d'une salle à manger où il était appelé par son rôle, s'écriait : Il ne leur manquait plus que cela, ils boivent donc de l'or, ces riches ! ! !

Il paraît que depuis ce temps-là, les habitants d'Hendaye ont renoncé à cette spécialité; on n'en voit plus.

* * *

Hendaye a quelques centaines d'habitants, quelques douzaines de hussards, un grand hôtel, grand comme la main, un jeu de paume basque et le voisinage de l'île des Faisans; une petite île de la dimension d'un mouchoir de poche, et que le nom de Louis XIV a rendue célèbre.

La Bidassoa qui entoure cette petite île s'étend en longueur et en profondeur en face d'Hendaye, et la sépare de l'Espagne et de Fontarabie, dont on voit se dresser de l'autre côté de l'eau les constructions pittoresques accrochées à un roc fantastique.

En cinq minutes, une escouade de vigoureux marins, quittant un instant leur partie de balle, transportent les voyageurs de l'autre côté du rivage.

Nous voici le pied en Espagne; de temps en temps dans la montagne une détonation révèle la présence d'un fusil, d'un canon ou d'une escopette.

Les habitants ne s'en émeuvent point; ils sont faits à ce bruit, comme les chiens à courir nu-tête. Une longue jetée en planches vous conduit aux portes de la ville.

Deux sentinelles, quelque peu fantaisistes, représentent le gouvernement régulier et bâillent en mesure au soleil sous la vieille voûte, en s'appuyant sur leurs fusils.

Vous entrez dans cette petite ville, et vous trouvez une véritable merveille.

Il semble que l'on fasse en arrière un pas de trois cents années. Nous sommes en plein pays de soleil au milieu d'une architecture semi-moresque, semi-castillane.

Sur ces vieilles maisons, qui ont vu Charles-Quint, se détachent les enseignes richement coloriées se glissant entre les vieux arceaux, les vieilles sculptures, les étranges et truculentes armoiries largement fouillées dans la pierre.

Sur les balcons ventrus, composés de fers curieusement entrelacés et tarabiscotés à la mode du temps de Philippe II, mi-parti au soleil, mi-parti à l'ombre projetée par les avances pittoresques des toitures, s'étendent des tapis, ou des tentures, ou des loques rouges, vertes, jaunes, à travers lesquels on voit briller, çà et là, l'éclair d'un regard de manola.

Les grands Basques, surmontés de leur petit béret, vous inspectent avec

El Señor Augusto.

une indolente curiosité, et les femmes et les jeunes filles vous sourient en passant.

L'église, une vieille église dont la tournure rappelle celles de Burgos, se dresse au sommet du rocher dont elle termine magnifiquement la silhouette.

Le portail, merveilleux de sculpture, est barricadé, à demi caché par des pierres grossièrement liées avec du mortier, et percé de meurtrières qui attendent l'assaillant.

Entrez. Un prêtre, dans la vieille chaire de bois noirci, ébranle les vieilles voûtes des éclats de sa voix, et une foule de vieillards et de jeunes filles sont à genoux et se frappent dévotement la poitrine.

* * *

Au dehors, sous les arceaux d'une vieille et bizarre maison, des petits soldats alertes, vêtus tant bien que mal de pantalons rouges et de vieilles capotes de mobiles, la tête couverte d'une espèce de petit képi sans visière, jouent impétueusement à la balle, et l'on entend de temps à autre leurs

MANUELITA.

Ne demanderait pas mieux que d'aller voir comment se portent les chapeaux à Paris.

joyeux rires, mêlés à celui des jeunes filles qui suivent le jeu, pendant que

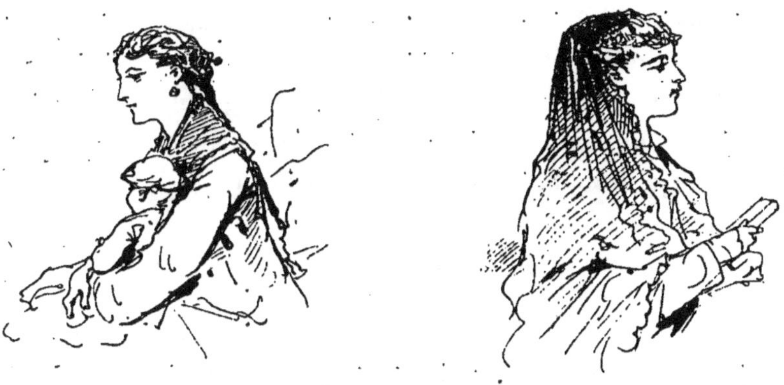

dans la montagne un coup de fusil résonne, et rappelle que l'ennemi n'est pas loin.

*
* *

Vu un admirable hôtel presque en face de l'église, du style le plus fouillé et le plus touffu de l'Espagne moyen âge. On l'intitule la maison de Charles-

Quint : *Casa mayor*. Le grand empereur, suivant la tradition, y a logé.

Les murs seuls sont restés debout, les plafonds sont effondrés, les cloisons en ruine. Mais les vieilles armoiries flamboient intactes sur le portail, et les arabesques et moulures sont miraculeusement conservées.

La comtesse de Torre-Alta, nous a-t-on dit, est propriétaire de ce précieux et artistique bibelot qu'elle n'a probablement jamais vu et qu'elle laissera sans doute disparaître dans une ruine complète, si quelqu'un de ses héritiers venant un jour taquiner la roulette de M. Dupressoir, ne s'aperçoit qu'il possède un de ces joyaux qui sont l'honneur d'une ville.

* * *

En effet, cette pauvre petite ville, toute ravissante qu'elle est de physionomie, de tournure, de caractère et de souvenirs opulents, sue la misère par tous les pores.

M. Dupressoir en était, il y a quelque temps, l'arbitre et la providence. On l'appelait *el padre Dupressorio*.

Son action, au moment où nous parlons, est arrêtée et comme suspendue. La maison de conversation fermée à Bade, est venue établir ses tables au pied de cette séduisante relique du moyen âge.

Au bas de la fortification, près de la porte principale, s'élèvent les élégantes constructions où naguère encore se trémoussait la roulette, à la grande joie de tous les visiteurs de Biarritz, Pau, Bayonne, Saint-Jean-de-Luz, Arcachon et Bordeaux.

La détresse des habitants de Fontarabie, qui n'ont ni industrie ni commerce, avait fait place à l'aisance et au bien-être.

Les joueurs malheureux s'en vont, mais les joueurs heureux ne comptent pas, et laissent facilement l'or glisser entre leurs doigts.

* * *

Les habitants et les habitantes étaient donc dans la joie, et l'on commençait à être assez riche à Fontarabie pour penser à donner de temps en temps dans la rue un petit coup de balai.

Maintenant, il n'en est plus question.

Tout à coup, le gouverneur de la province et le commandant de la place ont été pris d'inquiétude.

Voyant tous les jours débarquer quelques centaines de joueurs attirés par la roulette et la dame de trèfle, ils se sont dit que ces joueurs pourraient bien un jour s'emparer de la ville, si tel était leur bon plaisir. . .

D'autant plus que les remparts sont délabrés et démolis en maints endroits, et qu'avec un piquet de vingt-cinq hommes bien déterminés, la chose serait des plus faciles.

Ils savaient que maintes et maintes fois des officiers carlistes étaient venus hasarder quelques louis à la roulette.

De plus, il était avéré que, deux ou trois fois, des partisans occupant les environs s'étaient à l'improviste présentés au casino, avec la prétention de faire sauter la banque sans avoir au préalable mis sur table la moindre mise.

Il avait fallu embarquer précipitamment la caisse, les croupiers, les joueurs et les joueuses, pour transporter tout cela à Hendaye.

Les autorités décrétèrent donc un beau jour que la maison et le casino devaient être fermés, les lustres éteints, les fanfares étouffées... Tout cela rentra dans le silence, et les gens du pays dans la misère.

Les habitants de Fontarabie en pleurent encore.

Et ceux d'Hendaye en versent toujours des larmes par ruisseaux.

*
* *

Tout n'est pas perdu, loin de là, et on l'espère, c'est tout provisoirement que l'on a dit : Rien ne va plus!

Une députation de Fontarabie, alcade en tête, est allée officiellement à Madrid demander au roi la réouverture de la maison, et l'a obtenue.

M. Dupressoir continue d'être le père du peuple de Fontarabie, *el padre Dupressorio* (*in partibus*).

Il ne reste plus qu'à renvoyer les carlistes. Rien que cela.

Mais ces gens-là persistent à rester assis dans la montagne, à fumer des cigarettes et à tirer çà et là quelques coups de fusil. . . . .

*
* *

Quoique le commandant de la place ne craigne pas qu'ils viennent griller leur cigarette dans les murs à moitié démolis de Fontarabie, sous prétexte d'aller faire tourner la roulette du papa Dupressoir, S. E. M. le gouverneur de Saint-Sébastien n'en continue pas moins à mettre l'interdit sur ladite roulette.

On a beau déployer l'éloquence, rien n'y fait.

Il n'entend rien, pas même le français.

Et sa vigilance ne connaît pas de bornes.

*
* *

Il y a quelques semaines, un Anglais et une Anglaise qui s'étaient installés sans façon à dessiner une des masures curieuses de la grande rue, ont été appréhendés au corps et conduits par-devant le commandant de place.

Le commandant a chaussé ses lunettes, feuilleté les albums en fronçant vigoureusement les broussailles de ses sourcils, et finalement les a mis sous clef.

Il se croyait en présence d'émissaires carlistes chargés de prendre des mesures et de dresser des plans, en vue d'une attaque prochaine.

C'est à grand'peine qu'il a consenti à laisser la liberté aux deux enfants d'Albion qui ont repassé en grommelant la Bidassoa pour se plaindre à leur consul à Bayonne; mais il a gardé les pièces incriminées.

On se demande dans le pays si la réclamation des précieux albums ne se fera point par la voie diplomatique.

*
* *

On m'a naturellement engagé, pour éviter toute surprise, à me faire conduire près de ce zélé défenseur de Fontarabie.

Décidément le type de l'illustre et valeureux don Quichotte de la Manche ne fut point inventé à plaisir.

Le commandant nous a reçus avec cette dignité froide, sévère et convaincue dont le héros de Cervantes avait le secret.

Il m'a regardé avec une attention grave et soutenue, puis après avoir écouté ma demande en hochant la tête et sans en comprendre un mot, il s'est tourné vers mon introducteur. Celui-ci ayant expliqué en espagnol comment j'étais un simple Parisien voyageant par curiosité sans nulle intention de prendre ou faire prendre la ville de Fontarabie, mais la trouvant admirable, curieuse, pittoresque en tout point, et désirant en conserver quelques croquis comme souvenir, il a réfléchi quelques instants en me

LE GOUVERNEUR DE FONTARABIE.

Autorizo al Sor. de Bertall
Nación estrangera, para dibujar
una casa de la calle de Pampamut
sin que en otro punto signifique que
tenga á la vista las fortificaciones

El J. C. G. Comand.te militar
Fernando Gomera

Fuenterrabía 22 de Febrero de 1879

COMANDANCIA MILITAR
DE LA PLAZA
DE
FUENTERRABIA

CROQUIS DE LA CALLE DE PAMPINOT.

Avec la permission des autorités.

regardant attentivement de nouveau. Puis, prenant résolûment sur la vieille table un papier, il m'écrivit l'autorisation de dessiner quelques maisons dans une certaine rue, mais à la condition de ne point m'approcher des murailles et avec la défense expresse d'en représenter quoi que ce soit sur mon album.

Et il me tendit le papier, que je pris respectueusement.

Le chevalier se leva, et soulevant avec courtoisie sa vieille casquette qui me paraissait être l'armet de Mambrin, il nous reconduisit jusqu'à l'entrée du vieil escalier vermoulu menant à la salle où nous avions été reçus.

Je regardais derrière lui si je ne voyais pas le bon écuyer Sancho Pança, il n'y était pas. A sa place, un petit écuyer en pantalon rouge écrivait quelques chiffres sur une série de morceaux de papier.

Dans un coin, derrière une barrière de bas à claire-voie qui traçait dans la pénombre une délimitation entre la salle de réception et la cuisine, une femme âgée, d'une vigoureuse encolure et sur les lèvres de laquelle s'estompait une petite moustache grisonnante, nous inspectait d'un œil curieux, tout en grattant des aubergines et dépouillant un quartier de chevreau.

Le long cou du chevalier sortait roide et majestueux d'une vieille veste grise, taillée sur le patron de ces justaucorps de buffle sur lesquels s'attachent les armures; le pantalon qui flottait sur ses jambes osseuses paraissait attendre les cuissards et les jambières de tradition.

Il n'y avait que les vieilles pantoufles en tapisserie qui ramenassent quelque peu au sentiment de la réalité moderne.

En sortant, deux personnages noirs nous ont croisés dans l'escalier; ce devaient être le barbier et le curé.

Et, sur le seuil, une belle fille aux yeux et aux cheveux noirs nous a souri en passant. C'était sans doute la nièce du chevalier.

C'était comme un chapitre vécu du livre de Cervantes. Nous avons été le compléter en profitant de la permission donnée et dessiner la vieille rue qu'il a dû voir à peu près telle que nous la voyons aujourd'hui.

* * *

Quelle curieuse mise en scène on pourra faire de tout cela lorsque la poudre aura cessé de se brûler dans les montagnes environnantes, et que le calme renaîtra par toutes les provinces du Nord!

Avec quelques restaurations intelligentes et quelques coups de balai donnés avec art, on retrouvera le type le plus complet et le plus intéressant de la vieille Espagne.

Sur la grande place, quoi de plus facile que de figurer aux jours de fête un tournoi comme au temps de la chevalerie?

Sur la gauche du casino, parmi d'autres constructions projetées, ne pourrait-on pas aussi élever un cirque, destiné aux combats de taureaux, et pour lequel on engagerait tout ce qu'il y a de mieux en Espagne comme banderilleros, toreros et matadors?

Rien que cela vaudrait le voyage.

Quelle séduisante excursion pour les habitants et visiteurs de Biarritz, Bayonne, Pau et Arcachon!

La roulette et le trente et quarante seraient par-dessus le marché.

Le chevalier commandant représentant l'autorité militaire, l'alcade, le corregidor, les teneurs d'hôtelleries et de posadas, vivraient dans la liesse.

Un monsieur de Marseille, qui siége avec nous à la table d'hôte, nous disait :

— Ah! si Fontarabie n'avait pas de carlistes et avait des palmiers, ce serait un petit Monaco

Mais elle n'aura jamais de palmiers! —

Pèlerinage à la roulette de Fontarabie, ou la Belle au bois dormant.

INDIGÈNES.

JOUEUR DE BALLE A HENDAYE.

Gants à la mode du pays.

INDIGÈNES.

— Dire que l'année prochaine cette petite-là fera venir son chapeau des Magasins du Louvre.

25 février 1875.

Fontarabie et Hendaye sont, avec Bayonne et surtout Pau, les seules villes du Midi qui puissent être avec quelque vérité qualifiées de villes de soleil et de stations d'hiver.

C'est là seulement que notre ami M. Perrichon, que toutes les variétés de

la race des Benoitonn, Benoitonmann et Benoitonniskoff, viennent pendant la mauvaise saison ouvrir consciencieusement leurs ombrelles.

* * *

La belle plage de Biarritz est vide, et les magnifiques hôtels aux trois quarts fermés.

* * *

Celle d'Arcachon ne présente pas plus d'activité, et n'était la villa des Pins, où dans les chalets abrités vivent quelques escouades d'Anglais et d'Anglaises enrhumés, que l'on voit de temps en temps passer à cheval sur les routes entre deux éclaircies, il n'y a personne.

Ceux qui veulent échapper à l'hiver doivent retourner à Pau, Bayonne et Fontarabie, à moins qu'ils ne préfèrent retourner à Nice et à Monte-Carlo.

Mais c'est peut être le moment de retourner à Paris.

DEUXIÈME PARTIE

LE PRINTEMPS

La neige a cessé de blanchir les toits et de s'étendre en nappes grises et boueuses sur le boulevard : les parapluies se ferment, les marchands de marrons éteignent leurs fourneaux, les arroseurs se sont remis à promener çà et là leurs tuyaux de cuir à roulettes destinés à refaire la boue qui commence à manquer, et les bourgeons des arbres des Champs-Élysées se gonflent et rougissent au-dessus des couples qui marchent doucement en se parlant tout bas, le long des contre-allées.

Voici bientôt le printemps.

* * *

Les oiseaux voyageurs partis de Paris, d'où le froid les avait chassés, sont revenus à tire-d'aile regagner leurs nids; le premier rayon de soleil les a ramenés.

C'est un signal.

Aussi, chaque jour, les chemins de fer qui convergent vers ce centre d'invincible attraction apportent ceux des provinces et de l'étranger qui sentent l'or remuer dans leurs poches.

Car c'est le moment des grandes représentations théâtrales et hippiques, des réunions de toute sorte; c'est alors que se font les ventes à sensation, les expositions d'art et d'industrie.

Les grandes assises de la mode se préparent. On va savoir quelles seront la forme du chapeau, la largeur de la jupe, et si l'on portera la cuirasse, le pourpoint ou le corsage à plis.

Les robes seront-elles longues et traînantes, ou laisseront-elles à découvert la naissance de la cheville et la courbure élégante du pied? Les fleurs domineront-elles comme coiffure, ou seront-elles destituées par les rubans et les plumes? De quelle couleur et de quel poids portera-t-on les cheveux? Quelle étoffe sera favorite, et de quel nom nouveau saluera-t-on la nouvelle conquête?

Graves questions, qui, si futiles qu'elles paraissent, n'en excitent pas moins l'attention du monde féminin, c'est-à-dire de celui qui, en dépit des querelles des hommes, mène le monde tout entier.

* * *

Et ces questions ne se traitent sérieusement qu'à Paris.

Jamais, quoi qu'on ait pu faire, une coupe de corsage, une forme de jupe, une couleur d'étoffe, une silhouette de coiffure, n'a pu être imposée par l'Allemagne au monde des femmes, qui ne s'est jamais laissé dominer et régenter que par le goût de la France, ou parfois et rarement par l'excentricité anglaise.

Les guerres et les batailles des hommes n'y font rien.

Au moment de la lutte, les femmes en gémissent, mais les résolutions que, par suite, l'on cherche à leur imposer ne sauraient persister chez elles, et la volonté qui décréterait les manches bouffantes au moment où Paris a édité des manches plates, les crinolines à l'instant où règnent les fourreaux, et les chapeaux à grande passe lorsque les têtes se couronnent de chapeaux microscopiques, ne trouverait que des oppositions implacables et révolutionnaires.

Il n'y a donc pas autre chose à faire pour les pères et les maris que de se résigner; la chose est ainsi.

* * *

Graves questions, disions-nous, et nous avions raison. Le tribut payé à la France et à Paris se solde pour le pays en travail, en industrie, en prospérité, et se paye avec cet or qui vient, en dépit de tout, affluer par millions et milliards dans les caves de la Banque de France.

Un monde d'ouvriers, de fabricants, d'industriels, d'artistes, de commerçants de toute sorte, s'agite, s'ingénie et s'enrichit sur ces problèmes sans cesse renouvelés.

Le mouvement donné se transmet, se répète au loin sur le sol et se répercute dans les travaux qui semblent se rattacher le moins à ces succès futiles en apparence et qui servent de point de départ.

* * *

La fatalité qui enlèverait à l'Europe et au monde entier le goût des vins de France, l'entraînement pour les étoffes, les meubles, les robes et les formes de chapeaux, l'accablerait et la ruinerait davantage que dix défaites sur les champs de bataille.

L'invention du métier à la Jacquart et le succès des chapeaux à la Paméla ont plus fait pour la prospérité française que les victoires d'Austerlitz, de Wagram ou d'Iéna.

Et voilà pourquoi les steamers et les chemins de fer de toute sorte amènent à Paris, vers le printemps, tout ce monde qui vient regarder, s'habiller et vivre gaiement, s'il se peut, hors de chez soi.

* * *

Paris est, disent les voyageurs, le paradis de la vie hors de chez soi. Nous avons décrit précédemment et comme nous avons pu la vie, les habitudes et les mœurs de ceux qui y vivent chez eux ou à peu près chez eux. Pour ceux qui viennent y vivre en passant, tout est combiné pour la plus grande satisfaction du visiteur, à la condition, toutefois, qu'il ait la poche convenablement bourrée d'or, d'argent, ou de ce bienheureux papier qui les remplace.

Aussi n'est-il pas rare de voir des touristes venus pour y passer quinze jours ne plus pouvoir se décider à partir, au bout de quinze ans, et y mourir au bout de cinquante.

* * *

Il y a déjà bien longtemps que Boileau s'écriait dans un accès de lyrisme :

Paris est pour le riche un pays de cocagne!

Que dirait-il actuellement?

Si ce n'est que le pays est devenu de plus en plus pays de cocagne, mais qu'il faut aussi être riche de plus en plus pour pouvoir convenablement en jouir.

* * *

A côté de Paris qui travaille, qui produit et qui s'agite quelquefois dans le vide, hélas! pour conquérir pied à pied la vie de chaque jour, est un Paris brillant, paré de toutes les splendeurs, enrichi de toutes les séductions, disposé pour toutes les fêtes. C'est le salon de réception, la salle à manger et le boudoir de l'Europe, où sont accumulés tous les rêves, réalisés au profit du visiteur venu pour y acheter quelque temps d'hospitalité.

VISITE AUX MAGASINS.

— De toutes les pièces d'étoffe que je viens de voir, c'est la dix-septième et la quarante-cinquième qui me conviendraient peut-être le mieux; il y a encore la trente-sixième, mais je ne suis pas décidée. Demain, j'aurai le plaisir de revoir tout ça avec mon mari.

AU MOULIN ROUGE.

— Dites à M. Marius de Carcassonne qu'on veut absolument le voir, et que c'est mademoiselle Amanda.

— A mandat impératif, alors?

Une de ces charmantes petites Américaines, produit grácieux, étrange et nouveau des vieilles races sur un sol neuf, élégant et capricieux oiseau voyageur dont l'aile est toujours prête pour les déplacements de toute sorte, nous disait, après avoir parcouru toute l'aire des vents :

— A Londres on s'enrhume, à Saint-Pétersbourg on gèle, à Rome on s'enfièvre, à Naples on sommeille, à Madrid on rôtit, à Vienne on se fatigue, à Berlin on s'ennuie; on ne vit et l'on ne s'amuse qu'à Paris.

* * *

Aussi à Paris y a-t-il, sans cesse renouvelées, une colonie américaine, une colonie anglaise, une colonie russe, une colonie allemande, autrichienne, italienne, espagnole, roumaine, etc., etc., et toutes ces colonies pratiquent la vie hors de chez soi avec un entrain, une prodigalité, un laisser-aller qui donnent à la vie parisienne un aspect mouvementé, truculent, plein de joyeusetés et de coûteuses folies, qu'elle n'aurait pas sans tous ces éléments riches et hétérogènes. C'est un aspect qui trompe le consommateur étranger sur le milieu dans lequel il vit. Car c'est lui qui se donne en spectacle à lui-même, et s'il lui prend la fantaisie de philosopher, il le fait le plus souvent sur ses propres folies à lui et ses propres excentricités.

GUIDE DE L'ÉTRANGER A PARIS

SIMPLES CONSEILS AUX GENS QUI A PARIS NE SONT PAS CHEZ EUX

Paris est la ville où l'on est le plus en vue, mais celle aussi où l'on se cache le mieux, la ville où l'on peut dépenser le plus d'argent, et celle où l'on en dépense le moins — si l'on veut.

La ville où les gens de talent, d'audace ou d'intelligence peuvent le mieux arriver, où les chevaliers d'industrie, les filous et les pick-pockets font le mieux leurs affaires.

Où les spirituels réussissent parfois, où bon nombre de sots prospèrent.

Où la vertu s'exerce le mieux, où le vice trouve le mieux son compte.

Où les vertus théologales s'épanouissent le plus, où les sept péchés capitaux fleurissent davantage.

C'est pourquoi tout le monde vient ou revient à Paris.

Chacun y peut trouver ce qu'il cherche.

Un touriste disait : — Partout ailleurs on voyage, à Paris on arrive.

*
* *

Lorsque vous êtes arrivé, commencez par interroger avec soin le fond de votre bourse et de votre porte-monnaie.

Cette étude est indispensable et à faire avec conscience.

*
* *

Votre bilan est de cinq francs par jour.

Évitez de descendre au Grand-Hôtel, hôtel du Louvre, de Bristol ou du Rhin, ou hôtel Meurice, ou hôtel de Mirabeau, ou hôtel du Helder, ou hôtel de Castille.

Honorez de votre attention les hôtels dont les lanternes brillent d'un feu contenu le soir aux environs des gares.

DEVIS POUR PETITES BOURSES

Logis, coucher et service.	2f »
Déjeuner. Deux plats, un dessert, un carafon, pain à discrétion.	80
(Sur les boulevards, en vous promenant, vous ne manquerez pas d'adresses discrètement remises en vos mains.)	
Dîner. Même endroit.	1 25
Un café pour avoir la tête libre et le cœur gai. .	40
Plusieurs pourboires afin d'être bien vu. . . .	15
Omnibus, impériale, pour visiter les boulevards.	15
Idem, retour.	15
Dépenses imprévues et menus frais.	10
Total.	5f »

A l'aide de ces dépenses, vous pouvez visiter ce qui reste des Tuileries et du Louvre, les ruines de l'Hôtel de ville, la marmite des Invalides, le Luxembourg, le Panthéon, le Jardin des Plantes, Notre-Dame, les Champs-Élysées, le Palais-Royal, la Bourse, les boulevards, et même le Bois.

Les cimetières sont fort intéressants à Paris; visitez-les successivement, choisissez surtout les heures de la matinée jusqu'à midi ou deux heures au plus tard. En vous y prenant bien, vous pourrez vous faire conduire au centre de Paris ou même ailleurs, dans les voitures de deuil qui affluent en ce moment, et cela sans qu'il vous en coûte rien.

Il sera prudent de ne pas engager la moindre conversation avec une dame, si gracieuse qu'elle soit, arrêtée devant la boutique d'un joaillier.

S'il pleut, éviter de prendre une voiture; entrer simplement dans le Palais-Royal ou se promener dans un passage.

Le soir, écouter la musique aux Champs-Élysées, mais ne pas s'asseoir aux cafés-concerts, où les consommations sont détestables et les chanteuses peu agréables à voir de près.

Ne pas mettre les pieds au spectacle, la morale en étant généralement médiocre ou plus que douteuse, à moins qu'en passant sur le boulevard, on ne vous invite à faire partie de la claque, sur votre bonne mine, et sur l'inspection satisfaisante de vos mains.

Retour à votre hôtel avant minuit. Ne vous attardez à causer avec qui que ce soit, homme ou femme, sous aucun prétexte.

Le lendemain, en vous astreignant ponctuellement à cette règle de conduite, vous pouvez recommencer.

* * *

Il est prudent d'emporter de chez soi une montre en or avec la chaîne.

TABLE D'HÔTE, QUARTIER DU FAUBOURG MONTMARTRE.

C'est le chef de l'établissement qui découpe, pour éviter les non-valeurs.

Dans le cas où la fatalité, comme celle de dîner à une table d'hôte ou dans

— Méfiez-vous, c'est le coup du bijoutier.

un bouillon Duval, ou bien encore quelque faiblesse imprévue vous aurait

BOUILLON DUVAL.

fait par hasard dépasser votre budget quotidien, n'oubliez pas que vous avez, rue des Blancs-Manteaux, une parente, qui vous la gardera précieusement de peur que vous n'arriviez à la perdre, et vous remettra en outre les quelques fonds dont vous auriez besoin.

Ayez soin seulement d'avoir toujours sur vous quelques papiers qui constatent votre identité.

* * *

Si vous avez un guide Joanne, de bonnes jambes, un bon estomac, de bons yeux et un fort parapluie, au bout de quinze jours vous pourrez vous vanter de connaître mieux Paris qu'un Parisien, qui va tous les jours à son bureau, et va le dimanche à Asnières ou à Meudon.

Celui qui ne veut ou ne peut dépenser une somme aussi forte, a la ressource de certains garnis, où l'on couche au cordeau à quatre sous la nuit; mais la société y est un peu mêlée, et nous ne saurions conseiller, à moins de nécessité absolue, une pareille économie.

Ci.	0f 20
Déjeuner.	» 40
Dîner.	» 80
Un litre.	» 55
	1f 75

Cela n'est nullement coûteux, mais ce genre d'existence entraîne peu de

Chez le mastroquet du coin.

considération, et expose à de médiocres connaissances. Dans ce cas, il est préférable de rester chez soi.

* * *

Si vous avez vingt francs à dépenser par jour, la situation commence à

devenir satisfaisante. Il faut cependant s'observer avec soin.

DEVIS POUR DEMI-BOURSE

Chambre dans un hôtel voisin des boulevards et service.	4f »
Déjeuner dans un des restaurants à prix fixe des passages.	2 50
Dîner id. id.	4 »
Café et cigares	1 »
Voitures et omnibus.	3 »
Une stalle dans un théâtre ou café-concert.	5 »
Imprévu.	» 50
	20f »

Le dernier article étant médiocrement prévu par votre budget, il va sans dire que, suivant la force ou l'entraînement de cet imprévu, il faudra grappiller et tondre sur les articles environnants.

Avoir soin d'éviter les tables d'hôte où l'on joue, et où il y a des dames.

On peut une fois par semaine aller à Mabille, pour regarder seulement.

Revenir à pied seul en fumant son cigare.

* * *

Si vous avez trente francs à dépenser dans votre journée, vous pouvez aborder le Grand Hôtel, mais timidement et avec mesure.

GRAND HÔTEL. Table d'hôte.

DEVIS POUR BOURSES MOYENNES

Une chambre modeste et service.	5f »
Déjeuner.	4 »
Dîner.	6 »
Café et cigares	1 »
Voitures et omnibus.	3 »
Stalles au théâtre ou café-concert avec consommations.	5 »
Imprévu.	5 »
	30f »

Vous pourrez raconter vos impressions du Grand Hôtel lorsque vous serez de retour de votre voyage; et à la table d'hôte, vous pourrez faire des connaissances qui vous seront fort utiles, — à moins qu'elles ne soient déplorables. — C'est à vous de faire adroitement votre choix. . .

*
* *

La meilleure condition pour se trouver parfaitement à Paris, est celle qui consiste à apporter une bonne somme d'or bien ronde et un crédit chez un banquier pour renouveler cette somme quand elle a disparu.

Muni de cet excellent passe-port, un jeune homme qui sait vivre peut se loger partout, déjeuner merveilleusement où il veut, se faire traîner en élégante voiture comme cela lui agrée, inviter au meilleur dîner possible ceux qu'il lui convient d'inviter, aller au spectacle de son choix, souper avec qui il le désire, coucher où il lui plaît.

Tout lui appartient, les amis les plus empressés, les vêtements et bijoux et objets d'art de premier ordre, les plus beaux chevaux, les femmes les plus réussies, les bonnes œuvres les plus enviables.

On ne trouve tout cela réuni qu'à Paris.

Il peut faire le plus de bien ou le plus de mal qu'il veut.

Il ne s'agit que de pouvoir y mettre le prix.

*
* *

Lever à sept heures. Promenade à cheval au Bois, ou bien un tour au Salon de peinture.

Neuf heures. Réception du tailleur, du bottier, du chemisier; lecture du courrier; toilette.

Dix heures. Visite de quelques intimes. — Ne pas en avoir trop.

Onze heures. Déjeuner, café Anglais, Maison d'Or ou Brébant.

Midi à deux heures. Promenade par la ville en coupé. Station, ou stations.

Deux à quatre heures. Séance à l'Hôtel des ventes, ou visite aux ateliers d'artistes.

Quatre à six heures. Visites de politesse à quelques dames et tour de promenade au Bois.

Six à huit heures. Flânerie sur le boulevard; dîner dans un grand restaurant ou au club, invité par un ami.

Huit à onze heures. Théâtre ou concert; soirée ou bal.

Onze heures à une heure. Tour au club; se méfier du baccarat; souper.

DEVIS POUR BOURSE ENTIÈRE

Dépenses probables journalières.

Un cheval convenable chez un marchand des Champs-Élysées ou chez Henri Pellier, avenue de l'Impératrice, en vous présentant de ma part ou de la part de n'importe qui	20f	»
Une voiture, coupé ou victoria, suivant le temps, avec personnel.	30	»
Chambre et salon dans un hôtel élégant.	40	»
Déjeuner.	15	»
Dîner.	20	»
Deux paires de gants.	10	»
Théâtre ou concert.	10	»
Un bouquet.	20	»
Souper.	30	»
Blanchisseuse.	3	50
Vêtements et objets de toilette.	50	»
Imprévu.	100	»
(Les acquisitions de bijouterie ou objets d'art ne sont pas comptées, ces objets représentant une valeur.)		
Total.	348f	50

Pour trois cent cinquante francs par jour, on peut donc faire à Paris, étant garçon, une figure convenable, et profiter de la plupart des avantages de la capitale.

* * *

Celui qui a une femme légitime à lui, surtout s'il vient de se marier récemment, et qui fait un voyage de lune de miel, ne dépensera pas plus, lui et sa femme, qu'un simple garçon, un *singleman,* — à part les achats de toilette de madame, naturellement.

Pour les catégories précédentes, la dépense d'un ménage de deux personnes est plus que doublée.

* * *

Ainsi, on peut étudier Paris pendant un mois à raison de cent cinquante francs par tête. Mais le cercle de l'étude s'élargit à mesure que l'on peut augmenter les frais qu'il comporte, et cette étude devient à mesure moins superficielle et plus intime.

Celui qui peut y consacrer mille francs par jour, soit trente mille dans son mois, pourra savoir à peu près ce qu'il est bon de savoir, et faire des études à peu près complètes, — s'il y met un peu de prudence et d'économie.

AVIS IMPORTANT.
Faites-vous toujours servir par le même garçon. Soignez le pourboire.

UNE VISITE A DISTANCE

SOUVENIRS ET REGRETS

Je ne suis plus notaire. J'ai vendu ma charge un bon prix à mon premier clerc, qui vient de se marier richement avec la fille d'un fabricant de pâte d'abricots. Partant, pas d'inquiétude sur le payement. Le panonceau qui brille sur mon ex-porte de la place de Iande n'est plus mon panonceau. J'ai jeté ma cravate blanche aux orties. Je suis libre. Voilà pourquoi je ne suis pas à Clermont. Voilà ce qui explique comment je suis à Paris.

D'où vient que je ne suis pas venu depuis l'époque de notre droit? Je ne te l'expliquerai pas. Cela est étrange, mais cela est. Et toi, qui es juge à ton tribunal de Carcassonne et n'en bouges pas, tu comprendras mieux que personne la série de préoccupations qui m'a retenu en vue de notre vieux Puy-de-Dôme.

* * *

Je ne l'ai pas reconnu, notre quartier Latin. Il n'y a guère que l'École de droit et l'Odéon qui soient restés en place, comme jadis le fameux coucou obstiné. J'ai retrouvé la salle où le père Ducaurroy et le redoutable mais excellent Oudot s'épanchaient éloquemment sur les Codes. Mais ceux-là ne sont plus. Leurs anciens auditeurs les remplacent et dévident à leur tour le même ennuyeux peloton.

Notre petit restaurant de la rue des Grès est, par hasard, encore où il était jadis, mais il s'y est succédé plusieurs dynasties de fricotiers qui n'ont pas, je le crains; amassé le moindre million.

Ah! par exemple, l'estaminet de l'Oise, rue Racine, est resté fidèle à son poste : le billard est le même que jadis, et au fond s'allonge en travers la même petite salle, où nous faisions les interminables parties de bezigue, avant et après la Chaumière, avec la petite Nini et la grosse Nana.

J'ai jeté un pleur sur notre pauvre Chaumière et sur le père Lahire, qui ne sont plus l'un et l'autre qu'un joyeux souvenir.

* * *

Bullier est resté, mais que de luxe, grand Dieu! que de festons, d'astragales! On prétend que ceux dont les entrechats et les avant-deux s'ébattent, aux sons de l'orchestre, sur ce terrain privilégié, se recrutent principalement parmi les garçons coiffeurs et les courtauds de boutique. Quelle décadence! Les étudiants apparaissent rares, *rari nantes,* mais enfin il y en a, et c'est là seulement qu'on retrouve un peu de la tradition passée, bien que la maladie de la *gomme* actuelle les ait sensiblement envahis.

* * *

O rue de la Harpe! où es-tu? Ce minotaure qui a nom le boulevard Saint-Michel a dévoyé toutes les femmes et brisé toutes les cordes. Toi aussi, notre vénérable Prado, tu as succombé. Tes vieux et joyeux murs se sont éparpillés sous la pioche, et sur ton emplacement instrumentent maintenant d'affreux huissiers, d'abominables syndics, et des agréés verbeux qui débutaient là jadis par les cancans fantastiques et les valses échevelées.

C'est le Tribunal de commerce. Saluons tristement, mais saluons.

J'ai complété mon pèlerinage du rétrospectif, et j'ai remonté jusqu'à Mabille.

Hélas! hélas! ἰὼ! ἰὼ θεοὶ θεαί τε!

Heureusement on a respecté les palmiers en zinc de jadis, ces témoins innocents de nos joyeusetés, et qui versaient leur discrète lumière sur nos débordements. Sans cela, rien, si ce n'est l'emplacement, ne m'eût rappelé le temps jadis. Là où, de notre temps, s'esbaudissaient gaiement et sans vergogne une foule de gens que tu connais, ou dont tu as retrouvé les noms sur toutes les feuilles, comme ministres, députés, colonels et même généraux, littérateurs maintenant connus et artistes en vogue, qui s'agitaient, pour leur

ANCIENS ET ANCIENNES.

— C'est bien ça : Louise la Balocheuse et Fanny Bonbon !
Saprrrrristi ! !... fichtre ! ! !...

— Quand on pense que c'est là le petit Alfred qui faisait de si jolis cavalier seul quand le père Lahire tournait le dos !.
— Quel décati ! !...

PROFESSEUR DE BELLES-LETTRES.

N'est pas venu à Paris depuis 1829; ne reconnaît que la Sorbonne.

propre satisfaction, en valses étranges et avant-deux insensés, on ne voit plus que de tristes et lamentables danseurs sortis de je ne sais quels bouges, qui se font couvrir d'or à quarante sous par soirée pour faire pendant à quelques effrontées habiles à faire le port d'arme avec leurs jambes, et à s'aplatir sans grâce dans de monstrueux et inquiétants grands écarts.

Pendant ce temps, les gommeux, les swels et les Benoiton de tous les pays sont assis alentour, et les femmes, couronnées de chapeaux étranges qui s'élèvent sur des échafaudages de cheveux d'emprunt, vêtues de soie, de velours, de dentelles, constellées de diamants et de pierres dont la sincérité n'est que peu discutée, se promènent en rond autour de l'orchestre, décochant à droite et à gauche le feu croisé de leurs regards, exhibant, comme dans une exposition de peinture, le pastel vivant de leur teint, et leurs formes moulées le plus indiscrètement possible dans des cuirasses collantes et dans les plus insidieux fourreaux.

Quand, grâce à ces mouvements tournants, une de ces femmes à cuirasse a fait quelque prise ou levé quelque conquête, elle s'empare de sa proie, et disparaît avec elle dans les profondeurs de quelque coupé qui les emporte on ne sait où.

*
* *

Ne sommes-nous pas loin de ce temps où nous dansions follement pour notre compte, avec des femmes gaies et folles comme nous, sans faux cheveux et sans pastels, vêtues de simple laine ou d'humbles cotonnades, qui ne se promenaient pas en rond comme des grues en cage, et valsaient éperdument sans craindre de déteindre leurs sourcils et de faire couler les roses et les blancs de leur maquillage?

Hélas! ces femmes-là maintenant sont ouvreuses, balayeuses ou comtesses, et nous députés, colonels, magistrats ou bien notaires!

Je ne crois pas être trop élogieux du temps passé, *laudator temporis acti*, pour déclarer hautement que de notre temps c'était plus gai, plus drôle et peut-être moins cher.

Et dire pourtant que si nous avions encore vingt-cinq ans comme quelques-uns que je coudoie maintenant, nous trouverions sans doute plaisir à voir danser ces fantoches, à nous asseoir bêtement pour voir tourner en rond ces créatures fardées, et à les bourrer de truffes ou de champagne dans les salons chics du boulevard!

Et pour tout dire, il me faut bien avouer que bon nombre de gens qui ont hardiment passé la cinquantaine et même la soixantaine, figurent parmi les personnages assis, et qu'il en est parmi celles qu'ils regardent tourner en cercle autour de l'orchestre quelques-unes qui, bien débarbouillées, me paraissent devoir être tout à fait recommandables en petit comité.

P. P. C.

Notaire honoraire.

LA VIE HORS DE CHEZ SOI

TABLEAU DES VISITEURS A PARIS

SAISON DE PRINTEMPS

QUELQUES TYPES DES GENS QUI VIENNENT POUR DÉPENSER DE L'ARGENT, POUR EN GAGNER OU MÊME EN PRENDRE

Numa Pompilius de la Vaucluse. Colonel Watt-fer-fisch du 2e cuirassiers jaunes. Don José des Contos de Reis y Castagnettas. Captain Shelling de Manchester. Révérend Archibald du Kentucky.

— Voilà huit jours seulement que nous sommes à Paris.

— Délicieuse, délicieuse! Vous n'avez pas perdu votre temps. On ne pourra pas vous reconnaître à Agen! Quel succès vous aurez chez ces dames de Saint-Yrieu!...

VISITEUR MARQUANT.
Le général Keveutukitoff.

VISITEUR REMARQUÉ.
Aboul-lab-Res, pacha.

A REMARQUER.
Venue pour se faire un sort. Marche bien, mais désire ne pas longtemps aller à pied.

ESPÈRE MARQUER.
Venu de Normandie pour étudier la profession de millionnaire.

MARQUE MAL.
Venu pour chercher quelques fonds.

MIS A NEUF.

— Ah! monsieur, j'ai vu tout de suite que je n'avais pas affaire à un de ces hommes légers, comme il y en a tant à Paris; c'est pourquoi je n'ai pas craint d'accepter. Vous ne m'en ferez point repentir?

Venus de Londres pour étudier la question des porte-monnaie. C'est au printemps que la récolte se fait le mieux.

Marius Démosthène Caussade, venu pour écouler (ses huiles et étudier les femmes.)

OPÉRATIONS DE BOURSE.

Ce n'est pas la taille qu'il lui prend. Manière aimable de savoir si la bourse est bien garnie.

Miss Blue-Stockings venue de Londres pour étudier les hommes.

MAUVAISE ENTRÉE.

Se présentant mal.

BELLE ENTRÉE.

Se présentant bien.

GRANDS MAGASINS, BOUTIQUES

EDGAR A SON AMI ARTHUR

I

Ah! cher ami, ma tante est la meilleure des femmes, et je l'aime de tout mon cœur, et cependant je passe en ce moment une partie de ma vie à maugréer, à m'indigner contre elle, et parfois à la maudire.

Figure-toi que depuis notre arrivée à Paris, nous ne quittons pas les magasins. Tu ne saurais imaginer combien de pièces d'étoffe elle a fait déplier, combien de mètres de velours et de kilomètres de dentelle!

Elle tient, dit-elle, à mon goût, et c'est bien triste; si tu savais comme ça m'est égal, une robe en pièce, ou un morceau de velours inhabité! Quand cela est mis en œuvre et contient une belle femme, ou même une jolie jeune fille, c'est tout autre chose, mais je crois bien encore que le contenu que j'imagine m'influence sur le contenant.

Bref, jusqu'alors je ne m'y connais guère. Je me tire à peu près d'affaire en me rangeant toujours de l'avis de ma chère tante et en déclarant charmante la dernière étoffe qu'elle a provisoirement choisie. Mais cela ne la fixe pas, au contraire. Elle n'en fait développer que de plus belle, et je passe ma vie à étouffer dans un coin et dans mon mouchoir des bâillements féroces qui me tirent les larmes des yeux.

Heureusement elle ne s'en aperçoit pas, tant elle est affairée, car je serais désolé de lui faire de la peine.

Ces petits messieurs qui ont une raie au milieu de la tête, un sourire éternel sur les lèvres, et passent leur temps à plier et replier toutes ces pièces, y mettent vraiment une patience et une vertu que j'admire. C'est à peine si l'on peut surprendre çà et là sur leur visage une trace de lassitude ou un symptôme d'exaspération intérieure.

Il y a sans doute quelque part un chef de rayon, implacable, qui surveille les physionomies, et qui les règle sous le mètre de fer de la discipline. Sans cela!

Ma parole d'honneur, j'aimerais encore mieux être sous-préfet, — ce qui pourtant est un métier de chien, si j'en juge par celui que je vois se trémousser dans notre arrondissement; — car, au moins de notre temps, les sous-préfets ne durent guère et l'on n'en a pas pour longtemps.

*
* *

Le commerce offre, il est vrai, bien plus d'avenir. — Quant à moi, je t'assure que si j'avais dans ma journée quatre ou cinq séances comme celle à laquelle j'assiste aujourd'hui, je deviendrais, au bout de huit jours, fou ou tout au moins épileptique.

De temps en temps je me rattrape, mais si peu! Il y a par bonheur un assortiment assez avantageux de jeunes filles ou jeunes femmes qui déploient les paquets de broderies, lingeries et confections; quelques-unes sont vraiment fort agréables à regarder; cela m'aide un peu à passer le temps, et m'amuse incomparablement plus à voir que les messieurs aux paquets.

Ah! si ma mission d'accompagnateur et d'applaudisseur était terminée! Mais tous les jours cela recommence, et si je n'avais pas les soirées, où les magasins sont à peu près fermés, et où, par suite, ma chère tante est désarmée, je n'aurais pas le moindre répit.

La mode à Paris, pour les grands magasins, est maintenant d'avoir des voitures où le nom de l'établissement est peint en lettres splendides d'un mètre de haut. Voitures traînées par les plus magnifiques chevaux que l'on peut acheter, et que l'on envoie au bout le plus éloigné de Paris, même pour porter un simple faux-col.

Si cela réussit chez tout le monde comme chez ma tante, cela est d'un effet irrésistible.

Le but principal est de faire regarder cette belle affiche roulante et de la faire voir le plus loin possible de l'endroit où s'élève l'établissement.

Quand une nouvelle maison, dite de nouveautés, s'établit, elle commence par acheter des chevaux; le reste viendra plus tard, comme ça pourra; puis elle envoie promener partout des voitures qu'elle s'applique à construire sur un modèle jusqu'alors inusité.

— Les magnifiques chevaux gris pommelé! Quelle belle allure! Le superbe attelage!

Comment! ce sont les chevaux de ce magasin là-bas, au bout de Paris! Quel succès doit avoir ce magasin pour qu'on préfère aller le trouver là-bas que d'acheter ici! Les étoffes doivent y être remarquables et d'un goût parfait, si j'en crois l'attelage. Mon ami, nous irons demain.

Ainsi me parle ma tante; et nous allons en effet le lendemain faire déplier les étoffes, et tous les jours c'est à recommencer.

— Et avec ça, madame?

Si c'était moi, je raisonnerais d'une toute autre manière : J'ai besoin d'étoffes, et je veux les payer leur prix. Ils ont de beaux chevaux, soit. Mais il faut payer ces chevaux-là. Je ne veux pas ajouter cette dépense à mon achat. J'irai, de préférence, dans les magasins où il n'y a pas de chevaux, il n'en manque pas sur le boulevard.

Ceci est d'un raisonnement fort simple, mais il paraît que la masse raisonne d'une manière toute différente; c'est pourquoi je passe invariablement toutes mes après-midi aux *Magasins du Louvre*, au *Bon-Marché* et au *Printemps*.

Ma tante a fait exception pour ce dernier, qui possède plus d'infanterie que de cavalerie, à cause de son joli nom et de la proximité, car nous sommes descendus au Grand Hôtel, au beau milieu de cet éblouissant vertige du boulevard.

Je l'encourage dans cette idée; au moins on reste plus au centre, et quand je jette un regard par les fenêtres, je vois passer sous mes yeux du monde vraiment parisien.

* * *

J'y ai toujours gagné ceci : c'est que je connais à fond ces immenses bazars où l'on vend de tout, depuis le peigne jusqu'à la pantoufle, depuis la robe de chambre du matin jusqu'à la chemise de nuit, où l'on peut acheter un berceau, un lit de mariée, un fauteuil de bébé et un fauteuil de paralytique.

Jadis, m'assure-t-on, il n'existait rien qui approchât de ces immenses capharnaüms où s'agitent des milliers de commis et de demoiselles.

Les chemins de fer ont, je le crois bien, présidé à l'établissement de ces grandes gares commerciales et démocratiques, qui sont un résumé flagrant de notre époque.

Il y a tel de ces magasins, m'a-t-on dit, qui donne des bals charmants et fait entendre de très-bonne musique. Je ne suis pas curieux, mais je voudrais bien le voir.

On y vend de tout, même des tableaux. Les galeries où on les accroche manquent, il est vrai, de Meissonier, sont veuves de Baudry, de Breton, de Bonnat, de Detaille et compagnie, mais elles sont fertiles en médiocrités et signatures jusqu'alors inconnues.

C'est enfin partout et surtout l'image de notre temps, tout pour tous, la gamme chromatique du médiocre, du simili-art et du simili-beau.

— Eh bien, mon cher ami, m'a répondu ma tante, à laquelle je lançais cette diatribe, ce que tu viens de me dire est contraire à la logique et au bon sens.

Ces grands et vastes magasins sont pour nous, au contraire, du moins pour ceux qui regardent et réfléchissent, une forme de la Providence.

Tu as vu cette foule compacte qui assiége chaque jour les *Magasins du Louvre*, le *Printemps*, et même et encore plus que les autres, le *Bon-Marché*, bien qu'il soit à l'autre bout du monde.

Chacun n'a pas, comme moi, le temps de faire son choix, de faire déplier les étoffes (ici j'ai poussé un soupir mal contenu); à notre époque comme en bien d'autres, le temps est une monnaie qu'il ne faut pas jeter au vent.

La personne qui vient maintenant et de fort loin souvent, de province ou de l'étranger, s'arrêter pour faire des achats dans un de ces magasins, eût été obligée, il y a vingt-cinq ans, de courir pendant huit jours toutes les boutiques différentes de Paris pour regarder et étudier les objets à choisir. Maintenant donc, double économie : économie de temps, d'argent, de fatigues et de recherches.

Il y en a là pour toutes les dépenses, depuis la plus humble étoffe jusqu'à la plus riche, depuis ce qui convient à la pauvre paysanne jusqu'à ce qui sourit à la grande dame.

Chacun y trouve ce qui convient à sa bourse et ce qui plaît à sa fantaisie.

Nul petit magasin ne pourrait donner à un prix aussi modique ce qu'offrent ces grands magasins à leur clientèle, et plus est considérable le chiffre de leur vente et le nombre de leurs acheteurs, moins ils peuvent demander de bénéfices à ceux qui viennent acheter chez eux ce dont ils ont besoin, car les frais généraux restent toujours à peu près les mêmes.

Il y a, il est vrai, dans ces immenses approvisionnements, du laid, du médiocre, du vulgaire; il y a aussi de l'élégant et du beau.

Toutes les recherches du luxe et de l'art français et parisien, inimitable ailleurs, se trouvent là réunies pour les riches et les délicats, à côté des objets les plus vulgaires et les plus usuels, destinés aux gens bien plus nombreux qui ne peuvent être ni délicats ni riches.

N'oublions pas que l'on s'adresse principalement à la foule.

Si, comme l'a dit un sage,

> Les sots depuis Adam sont en majorité,

les gens de goût sont, par la même raison, en fort petit nombre. Or il faut s'adresser à tous, et les gens de goût sauront toujours bien se débrouiller eux-mêmes. Aussi je ne crains pas de faire déplier et remuer tout d'un bout jusqu'à l'autre, sûre que, comme ceux qui n'ont pas de goût, je saurai trouver aussi ce qui me convient.

Et ce qu'il y a de bon, c'est que tout le monde raisonne comme moi, car les mauvais goûts eux-mêmes sont multiples, et diffèrent encore plus que les autres.

Voilà pourquoi ces magasins, une des curiosités de Paris, sont assiégés du matin au soir par une foule des plus bigarrées; pourquoi les chemins de

fer de partout n'amènent à Paris personne qui ne vienne comme nous y fouiller à pleines mains; pourquoi ceux qui les ont créés deviennent tout doucement millionnaires.

* * *

A notre époque, où les types sont rares et s'effacent de plus en plus dans une pitoyable uniformité, il est intéressant d'en voir surgir quelques-uns qui s'affirment puissamment et vigoureusement en s'élevant par leur propre force au-dessus de la moisson du vulgaire.

Il y a une vingt-cinquaine d'années, lorsque j'étais toute petite fille, je venais avec ma mère acheter du fil et du ruban dans une petite boutique située là-bas, là-bas, rue de Sèvres, au coin de la rue du Bac, petite boutique sombre, basse, où l'on débitait principalement de la mercerie, des toiles, des cretonnes, de gros mérinos, des châles communs et des tabliers destinés aux marchandes du marché de la rue de Sèvres, qui s'étendait le long du bâtiment des Incurables, sous l'abri d'immenses parapluies verts, — abris pittoresques dont il ne reste plus que le souvenir.

Trois ou quatre personnes et deux ou trois jeunes filles suffisaient alors à la vente; mais l'on avait surtout affaire à un grand garçon blond, figure ouverte, intelligente, qui se multipliait, trouvait à point nommé ce que l'on désirait avoir, stimulait l'empressement des autres, et se créait personnellement des relations sympathiques parmi les petites gens qui venaient là d'habitude, et les gens plus riches qui, entrés par hasard, sortaient satisfaits, et ne manquaient point de revenir, sûrs d'être compris et servis suivant leurs désirs ou leurs caprices.

Peu à peu la petite boutique s'emplit tellement, qu'elle fit craquer les murs qui l'étouffaient, envahit la maison voisine, puis déborda sur celle d'à

Au Bon Marché.

côté, conquit l'extrémité de la rue du Bac, s'empara des constructions en retour sur la rue de Sèvres, puis devint maîtresse d'une partie des terrains abandonnés par l'hospice des Petits-Ménages, et sur cet énorme emplacement, limité au nord par la rue de Babylone prolongée, finit par construire un palais, maintenant le modèle de tous les établissements analogues dans tous les pays du monde entier.

Les trois ou quatre commis, les deux ou trois jeunes filles sont devenus une troupe compacte de plusieurs milliers de personnes qui s'agitent affairées

au milieu de cette ruche envahie chaque jour par les visiteurs venus de partout, et qui, parlant toutes les langues, trouvent cependant à qui parler.

Tout ce qui se fabrique en étoffes et en tissus dans toute la France et dans le monde entier, est là réuni dans des galeries immenses, où règnent l'ordre, le soin le plus entendu.

Le monsieur blond que nous avions plaisir et avantage à voir jadis pour nos acquisitions, a conservé sa bonne figure intelligente et sympathique, mais il est devenu un gros monsieur grisonnant. C'est lui qui de rien a fait tout cela, qui a créé et fait fructifier cette affaire devenue gigantesque; qui a puissamment organisé cette armée, élevé des chefs en sous-ordre et des collaborateurs intéressés à surveiller l'ordre général et à se surveiller réciproquement dans l'intérêt de tous. Il est le roi constitutionnel de ce petit pays, plus riche et plus peuplé que bien des duchés et principautés d'Europe. Il a des ministres, des généraux, des colonels, qu'il consulte et dont il suit les avis — quand ils sont bons. Il a les plus beaux chevaux de Paris, et qui se comptent par centaines. Son peuple est nourri par ses soins, nombre d'entre eux ont leur logis dans les régions élevées du palais; et tous, quand ils sont malades, reçoivent gratuitement les soins nécessaires. De plus, chacun est intéressé, suivant ses services et sa capacité, à la prospérité de l'État.

* * *

La petite boutique qui vendait jadis pour quelques milliers de francs pendant l'année, a fait l'an dernier pour plus de cinquante millions de vente. Son budget est maintenant supérieur à bien des principautés.

Et cela est dû à la persévérance, à la volonté, à l'esprit organisateur d'un seul homme. On ne dit pas qu'il soit orateur; mais il a compris néanmoins, comme les Pereire qui ne l'étaient et ne le sont pas plus que lui, la puissance d'expansion et l'avenir des chemins de fer au point de vue pratique et commercial. Il a pressenti les curiosités et les nécessités du rayonnement parisien et de la vie hors de chez soi.

* * *

Le monsieur blond, devenu maintenant le monsieur à cheveux et barbe gris, est venu tout petit à Paris, — il avait onze ans, — pour faire les courses et les petits paquets dans une mercerie. Vous voyez comme il a bien su les faire.

Il est le propriétaire du *Bon-Marché;* il s'appelle Boucicaut, n'est décoré d'aucun ordre, et n'est pas conseiller municipal à Paris.

Si cela dépendait de moi, et qu'il le voulût bien, je le ferais ministre.

Mais il ne le voudrait pas, et, dans son intérêt personnel, il ferait bien.

* * *

Voilà pourquoi aussi, mon cher neveu, vous ne savez ce que vous dites.

* * *

J'ai donc été forcé, je dois bien l'avouer, de m'incliner et de convenir qu'il y a beaucoup de vrai dans ces appréciations. Mais j'ai conservé néanmoins quelque chose de mes idées.

Ce qui est pour la foule est pour la foule. J'ai toujours aimé les minorités, et je suis fou des exceptions. J'en suis resté à ce mot du vieux poëte latin : *Odi profanum vulgus, et arceo.*

Et ce qu'il y a de bon, c'est que ma chère tante, pour certaines questions graves, comme celles de la mode notamment, ne se gêne pas pour déroger à ses opinions, et qu'elle se range fatalement à mon avis, sans mot dire.

A bientôt,

Ton ami,

EDGAR.

CHEZ LE COUTURIER

EDGAR A SON AMI ARTHUR

A GRENOBLE

I

C'est pourquoi nous avons été hier visiter les ateliers, je n'ose pas dire les magasins, de l'un des grands faiseurs, qui ont la réputation en ce moment pour habiller ou déshabiller les élégantes de Paris et du monde entier.

— Une curiosité de fille d'Ève, me dit ma tante. Je voudrais avoir, une fois pour toutes, un échantillon de ces costumes qui affolent toutes les femmes.

— Mais cependant, lui ai-je dit, j'ai vu dans les magasins où nous passons une partie de notre existence depuis huit jours, des confections d'un ordre tout à fait galant.

— Fi donc! des uniformes! ce n'est pas cela que je voudrais aujourd'hui. On n'est pas condamné pour une folie passagère; j'ai le regret d'y céder, mais j'y cède.

Et nous sommes entrés.

Magnifique maison. Escalier monumental garni d'épais tapis. Au premier, une porte large et cossue, un domestique d'une riche tenue est à la porte, et nous introduit dans un salon d'attente.

Tentures opulentes, tableaux, gravures de prix, meubles discrets et de haut goût, quelques albums sur la table.

Nous remettons notre carte.

— Monsieur est occupé, vient nous dire une sorte de majordome. Il prie madame de vouloir bien l'excuser et l'attendre quelque peu.

Nous attendons, feuilletons deux ou trois fois les albums, contemplons cinq ou six fois les tableaux, regardons par les fenêtres; il y a plusieurs voitures armoriées qui attendent.

Enfin nous entendons un bruit dans la coulisse.

— Chère marquise, dit une voix, vous aurez votre robe après-demain. Mais, par grâce, ne soyez pas nerveuse, ayez confiance. J'étudie votre pouf, qui sera de premier ordre. Votre cuirasse est un chef-d'œuvre. J'ai refusé la pareille à lady K... et à la princesse de S... Vous aurez la primeur.

— N'est-ce pas, cher monsieur? je compte sur vous; un véritable service d'ami. Ne manquez pas à votre parole, j'en mourrais.

II

Survient un personnage dont l'aspect tient le milieu entre celui d'un coiffeur et celui d'un notaire. Le front dégarni à la façon d'un diplomate, la barbe et les moustaches mi-partie artiste en portraits, mi-partie agent de change.

— Pardon, madame, de vous avoir fait attendre si longtemps, mais je suis exténué depuis ce matin. J'étais en conférence avec lady A..., la duchesse de B... et la baronne de P..., et deux demoiselles américaines.

J'ai eu l'honneur de recevoir votre carte accompagnée du mot que m'envoie la marquise de X..., votre parente, pour moi, j'ose le dire, une amie, et qui vous recommande particulièrement. Sans cela, j'aurais eu le regret de ne pouvoir vous recevoir.

— Ah! monsieur, je ne saurais trop vous remercier.

— Pour madame la marquise, je ne saurais trop faire. Puis-je vous demander ce que vous désirez?

— Mon Dieu, monsieur, je viens solliciter la faveur de deux robes : une robe de grand dîner pour le Conseil général, et une robe de bal.

— Comment, madame, deux robes! mais je crains réellement que ce soit impossible. Nous sommes surchargés en ce moment, pressés de tous côtés.

(*Un valet de chambre apporte une carte sur un plateau.*)

— Ah! mon Dieu, que vous disais-je? Dites à la princesse qu'elle revienne demain et qu'il m'est impossible de la recevoir. Vous voyez, madame.

— Monsieur, que de bontés! Ma cousine m'a promis que vous feriez pour elle et pour moi l'impossible.

— En effet. Et comment va-t-elle, cette charmante marquise? Adorable, en vérité, mais elle aime trop le bleu. Si vous saviez comme j'ai lutté pour lui imposer les gris de lumière et les écrus combinés! Il faut le dire, elle porte la cuirasse comme personne. Seulement les bras sont encore un peu grêles. Cela se fera. Nous lui avons composé une toilette faille rose-thé et gris-argent qui a pris date.

— Un vrai chef-d'œuvre. Cela a fait sensation au bal de la préfecture à Grenoble!

— Pardon, madame. (*Il sonne.*) Un oubli qui me préoccupe. (*Le valet de chambre entre et se met au port d'armes.*) Dites à la première de l'atelier n° 4 qu'elle n'oublie pas les huit costumes qui doivent partir demain pour *Chang-haï* et *Fou-cheou* à l'adresse de madame Lemmer et de mademoiselle Arabella Brown. C'est après-demain que part le courrier de Chine. Aujourd'hui les trois costumes pour Baltimore et Philadelphie. Mille pardons, madame, de ces détails. Monsieur est votre...

— Mon neveu, monsieur.

— Très-bien! Alors monsieur va entrer dans ce salon et feuilleter quelques albums; voici les journaux du jour, la *Vie parisienne* d'hier, un joli journal, un peu exagéré peut-être, mais joli journal. Pendant ce temps, nous allons, si vous le permettez, madame, passer dans le salon aux lumières; une petite conférence préliminaire est indispensable.

(*Il sonne de nouveau.*)

— Labrie, dites à la première du n° 3 qu'elle vienne tout de suite avec les échantillons au salon n° 2.

(*Ils sortent.*)

Je reste. Ma foi j'ai eu l'indiscrétion de regarder par la porte restée par hasard un tout petit peu entre-bâillée, et j'ai écouté tant bien que mal.

CHEZ LE COUTURIER.

— Madame la comtesse, veuillez relever un peu la tête, que je puisse voir.
Décidément, il faut changer ce corset.

III

Un lustre est allumé, des glaces règnent tout autour de la pièce tendue de velours d'un ton gris soutenu comme les fonds d'un atelier de peinture. Sur des tables sont déposées des étoffes variées, des dentelles et des guipures. Une jeune personne, blonde comme les blés, entre, apportant les échantillons demandés.

— Veuillez, madame, ôter votre corsage.

— Mais, monsieur...

(*Avec gravité.*)

— Madame, cela est indispensable. (*Souriant.*) Je suis à la fois un artiste et un confesseur, je dois voir et savoir. Sans cela, comment voudriez-vous que l'on pût arriver?

— Enfin! (*J'entends un petit soupir de résignation et le frou-frou de la soie qui se déplace.*)

— Le bras est d'un beau dessin et s'attache supérieurement. Voilà le bras que je voudrais voir à votre amie. Mais, madame, pardonnez-moi, ce corset n'est pas un corset. C'est affreux. Mademoiselle, veuillez rabaisser un peu cette chemisette.

— Je l'avais bien vu, c'est un meurtre. La gorge n'est pas en place, la taille ne prend pas sa valeur. — Détachez un peu le jupon, mademoiselle. Mais, grand Dieu! quel est l'infirme qui a édité une pareille chose? C'est sans doute fait à Grenoble?

— Mais non, monsieur; je fais venir mes corsets de Paris, rue Richelieu.

— Rue Richelieu! mais on ne sait pas faire les corsets, rue Richelieu. Voyez : la hanche, qui est évidemment fort bien, n'est pas prise, ni galbée, la taille est étranglée, déformée, la gorge remontée, la silhouette du corps est fausse et sans grâce. (*Sévèrement.*) Madame, tout d'abord un autre corset, sans cela nos soins seraient inutiles, et nous ne saurions réussir. Veuillez aller à l'adresse que l'on va vous indiquer, cela est de première nécessité.

— Enfin, monsieur, je ferai ce que vous jugerez convenable.

— Il le faut, madame, il le faut. Mademoiselle, voici la mesure du tour de la taille, de la poitrine et le haut des bras; la jambe se présente bien, et la saillie sur le devant du corps est à point. Je vois ce qu'il faut à madame. Elle sera transformée. Veuillez m'accorder votre confiance pour le ton, le choix des étoffes, de la passementerie et des dentelles.

— Monsieur, véritablement je suis confuse...

— Non, madame, non. Madame la marquise me commande dans son mot, que ne désavouerait pas feu madame de Sévigné, de faire pour vous comme pour elle. Ainsi je fais.

— Mademoiselle, un mot des plus pressants à la corsetière, pour qu'elle fasse pour madame ce qu'elle a de mieux et le plus rapidement possible, comme pour la princesse russe de jeudi dernier.

Madame, veuillez agréer mes excuses. Je rentre dans mon cabinet pour composer un costume destiné à une réception à la cour d'Angleterre. J'ai l'honneur de vous présenter mes hommages.

Veuillez revenir dans huit jours. Mademoiselle, veuillez marquer sur la fiche que j'essayerai et retoucherai moi-même. Madame aura la bonté de me faire envoyer sa carte avec le nom de madame la marquise en vedette.

Seulement, je prierai madame de vouloir bien la veille s'assurer de l'heure à laquelle je pourrai être libre. Tous mes plus respectueux hommages.

IV

Enfin la porte s'ouvre. Ma tante est reconduite jusqu'à la porte par la demoiselle qui a des cheveux couleur paille. Cette petite n'est vraiment pas mal; elle a, en me regardant, un petit air à moitié railleur, à moitié provocant, dont je suis quelque peu troublé. On dirait qu'elle se moque de ton serviteur.

Nous regagnons notre voiture; ma tante est à la fois pensive, souriante et satisfaite. Satisfaite à moitié, par exemple. Les observations faites sur la taille l'ont impressionnée, je suppose, car je la vois du coin de l'œil ramener et rattacher plus que d'ordinaire son pardessus, soutaché et garni d'une petite et coquette fourrure.

— Très-original, dit-elle, ce monsieur. Un peu familier, peut-être, mais quel coup d'œil, quel goût! C'est un coloriste.

Elle me donne campo, et m'invite à flâner sur le boulevard pendant qu'elle va s'occuper, dit-elle, de certaines commissions intimes dont elle ne veut pas m'ennuyer. Ce qui veut dire pour moi : « Je vais chez la corsetière. » C'est peut-être chez le corsetier.

La séance dans les grands magasins est tombée pour aujourd'hui. C'est toujours cela. Pourvu qu'il n'arrive pas de Grenoble quelque commission pour quelque amie; ma tante aime tant à acheter et à choisir, même quand ce n'est pas pour elle!

V

Pendant ces derniers huit jours, nous avons été partout. Le lundi, à l'*Opéra,* qui est une splendeur, et qui paraît résumer spirituellement et richement notre époque française, une merveilleuse marmelade de tous les styles, de toutes les opinions, de toutes les époques. Beaucoup d'or, l'or étant l'idéal supérieur de notre temps. Beaucoup de jambes de danseuses, ce qui ne gâte rien. Dans la salle, des toilettes à ravir. Nous avons étudié avec soin celles qui nous paraissaient du style le mieux réussi. Décidément, cette mode actuelle est étrange, mais point désagréable du tout. Les corsages semblent moulés sur le corps, et les formes apparaissent avec une précision qui me rappelle avec avantage les études que nous faisions au collége d'après la bosse. Et chaque mouvement du corps dessine les hanches, les jambes, et accuse les formes avec une indiscrétion dont ces dames ne paraissent pas du reste le moins du monde embarrassées. Tout d'abord cela me troublait quelque peu. Maintenant je commence à m'y habituer.

Le mardi, nous avons été aux *Français*, c'est le grand jour. Là je te l'avouerai, je n'ai pas prêté la moindre attention aux toilettes. Comme on joue, à ce théâtre! si l'on peut appeler cela jouer, car il semble que c'est un fragment d'existences variées et choisies qui se vit véritablement devant le spectateur, si bien qu'on ne retrouve que par la réflexion les qualités littéraires et poétiques dont ces gens, qui souffrent ou rient avec tant de naturel parmi nous, sont les traducteurs et les interprètes.

Le mercredi, au *Palais-Royal :* De la gaieté, de la folie, de l'inattendu, à mourir, tant la rate est incessamment remuée par un de ces rires auxquels on ne saurait se soustraire.

Le jeudi, à l'*Opéra-Comique :* C'est charmant. Nous avons vu la *Dame blanche;* ma tante a fait vœu de la revoir tous les ans, et la revoit toujours avec le même enthousiasme.

Le vendredi, la *Gaîté :* Spectacle merveilleux, gai, étrange et plein de danseuses. Rien ne m'amuse plus que de voir toutes ces petites filles, habillées d'un morceau de gaze ou de soie, tourner, sauter, faire des ronds de jambes et de bras, remuant gentiment les hanches en vous décochant de petits coups d'œil et de petites mines si affriolantes. Il y a beaucoup de messieurs qui sont comme moi, apparemment, et des gens d'âge et de raison, car j'en vois des quantités, chauves, grisonnants et même blancs, qui, pendant tout le temps où tourbillonnent ces jeunes personnes, tiennent incessamment braquée l'artillerie de leurs lorgnettes, et ne leur épargnent pas les signes de satisfaction.

Le samedi, nous avons été au *Gymnase* et aux *Variétés :* Quel enchantement!

Le dimanche, aux *Bouffes :* J'en ris encore rien que d'y penser. Mais quand je pense que je n'ai pu voir jouer la *Fille de la Mère Angot,* que j'entends moudre depuis deux ans sur toutes les orgues de Barbarie qui passent à Grenoble! C'est pour moi bien dur, car il paraît que l'on a joué la chose au moins cinq cents fois. C'est évidemment un fleuron qui manque à ma couronne.

On reprendra sans doute après mon départ, car on m'a assuré que la *Mère Angot* est la *Dame blanche* des *Folies-Dramatiques,* comme *Orphée aux Enfers* est la *Dame blanche* des *Bouffes* et de la *Gaîté.*

Que te dirai-je? nous avons tout épuisé. La marmite des Invalides n'a plus de secrets pour nous. L'ours Martin du Jardin des Plantes est notre ami; nous avons contemplé le palais des singes, la girafe, les éléphants, les serpents et les tigres.

Nous sommes familiers avec les Gobelins, nous avons visité toutes les églises, nous avons grimpé dans toutes les tours, parcouru tous les musées. Tout cela danse dans ma cervelle et y dessine des farandoles étranges.

Et nous avons été plusieurs fois faire au Bois la promenade dite du *Persil*. Tout Paris est là, nous dit-on. Ce qu'il y a de mieux et ce qu'il y a de pis. Les plus beaux chevaux, les plus jolies femmes. Une foule qui roule, qui va, qui vient. Des femmes peintes de rose, de rouge et de blanc, les sourcils dessinés au pinceau, les yeux encadrés d'un cercle de bistre qui les fait briller comme des escarboucles. Curieux, curieux au possible. Décidément Paris est étrange et ne ressemble guère à Grenoble, encore moins à la Tour-du-Pin.

On entend de tous les côtés parler anglais, italien, espagnol, allemand, russe et même turc. Paris me semble un grand hôtel élevé à sa suprême

LE BOULEVARD.

puissance. Tous ces gens-là sont donc des Parisiens? Quant à moi, je ne sais plus guère où j'en suis. J'ai besoin de me reposer un peu pour me souvenir.

* * *

On prétend cependant qu'il existe à Paris nombre de gens qui ne vont presque jamais là où nous passons notre vie depuis près d'un mois, et qui vivent bien tranquillement dans leur petit trou, comme nous vivons à Valence ou à Grenoble. C'est à n'y pas croire. Il est vrai qu'ils savent pouvoir se jeter à l'eau lorsqu'ils ont envie de se baigner. C'est pour cela sans doute qu'ils s'en abstiennent.

* * *

Nous sommes retournés hier chez le monsieur aux robes. La carte envoyée, nous avons été reçus immédiatement.

Je suis resté dans le petit salon à regarder les albums, comme l'autre jour. Ma tante a été conduite dans le salon à côté par la demoiselle blonde. J'ai bien essayé de regarder et d'entendre, mais cette fois la porte était close, et bien close, je t'assure.

C'est à peine si j'entendais çà et là quelques exclamations et quelques points d'orgue.

* * *

Au bout d'une demi-heure, on est venu ouvrir cette porte. « On veut savoir votre impression », m'a-t-on dit, et on m'a prié d'entrer; je suis entré.

Quoiqu'il fît plein jour, le salon était éclairé comme un salon de bal à minuit.

Le monsieur était là, debout, appuyé contre la cheminée, clignant des yeux avec une orgueilleuse satisfaction, comme un peintre qui regarde son tableau.

Au milieu, devant les glaces, se tournant et se retournant avec complaisance, était ma tante. C'était bien elle cependant, mais ce n'était plus elle. Jamais jusqu'alors je ne l'avais vue ainsi.

Des épaules blanches, rondes et nacrées, jaillissent hors de la robe dont le ton doux et clair se marie sans transition brusque à l'éclat des chairs; la poitrine, aux contours à la fois puissants et délicats, se cache à demi dans le nid souple et transparent des dentelles. La ligne qui commence au bras nu, qui en effet est d'une forme admirable, serpente moelleusement jusqu'aux reins et aux hanches que dessine le corsage plaqué en forme de surcot et d'ondoyante cuirasse.

La jupe, qui s'arrondit et s'allonge en arrière, foisonnante de nœuds, de rubans et de dentelles, s'applique étroitement sur le ventre légèrement arrondi, et chaque pas, chaque mouvement, fait saillir la forme des jambes, qui s'accuse par instants avec précision sous l'étoffe.

Moi qui jamais jusqu'ici n'avais mis le pied dans un bal à la préfecture ou ailleurs!

Je voyais, mais j'osais à peine regarder. Je ne savais plus; il me semblait commettre quelque chose comme une indiscrétion coupable.

— Eh bien, mon ami? m'a-t-elle dit.

Je ne sais vraiment pas si j'ai répondu quelque chose, mais il paraît que mon visage était plus éloquent que mes paroles.

— Vous voyez, madame, a repris le monsieur, l'effet est excellent.

— Mais que dira-t-on à Grenoble?

— Le premier jour ces dames seront furieuses; huit jours après elles auront une robe qui sera pareille, autant qu'une copie, du moins, peut être pareille à un tableau de maître, c'est là-dessus que je compte. Quinze jours après, quelques-unes d'elles seront ici. C'est absolu.

— Eh bien, mon enfant, m'a-t-elle dit, il est temps d'aller de l'autre côté regarder les albums; dans un moment je t'y retrouverai.

* * *

Et je suis parti. J'ai feuilleté machinalement. Tout cela me tournoyait dans la tête, et quand je fermais les yeux, je revoyais comme en un rêve ce bouquet étrange de chairs lumineuses et imprévues, d'étoffes chatoyantes et de transparentes dentelles.

Et je pensais à part moi : Que j'eusse souffert en voyant ma mère ou ma sœur ainsi!

Mais que, ma foi, je voudrais bien... être mon oncle!

* * *

Lorsqu'elle est revenue, cachée dans sa robe noire et son pardessus sombre, elle refermait son petit portefeuille, que j'avais vu gonflé de billets bleus le matin, et qui ne l'était plus guère.

— C'est charmant, n'est-ce pas? m'a-t-elle dit.

— Oh oui! ai-je répondu.

— Une folie par hasard, c'est délicieux quand on n'en abuse pas. C'est un peu cher, mais on en a pour son argent. On parlera de cette robe au moins six mois à la préfecture et dans tout Grenoble. Il est entendu seulement que tu ne parleras pas de ma robe avant le bal.

Tu vois, mon ami, comme je tiens ma promesse; je compte sur toi pour me garder le secret. Je ne peux m'empêcher de te l'écrire, mais je ne voudrais pas qu'elle eût le chagrin de voir son petit secret connu là-bas avant l'heure désirée.

* * *

C'est égal, je t'assure. Je viens de découvrir que j'ai une tante belle et faite à ravir. Dire que depuis vingt ans que je suis né et que je la connais, je ne m'en étais jamais douté! Du reste, tu iras certainement au bal de la préfecture, tu jugeras toi-même.

La robe est très-réussie. Je te dirai cependant que l'homme à la robe m'a déplu et horripilé complétement. Je l'ai trouvé prétentieux, familier et ridicule.

Est-ce le souvenir de cette robe?

Ce qu'il y a de certain, c'est que maintenant, quand je vais courir avec ma chère tante les magasins, où elle continue, soit pour elle, soit pour des amies, à faire déployer ces myriades de pièces d'étoffe avec lesquelles on fait des robes semblables, cela ne m'ennuie plus du tout, mais plus du tout, au contraire.

Dans huit jours, le grand prix de Paris, puis départ et retour.

A toi et à bientôt.

Ton ami,

EDGAR.

GUIDE DE L'ASPIRANT AU GRADE DE SPORTSMAN

Lorsqu'il y a trente années au plus, la locomotive qui se nourrit de charbon est venue se charger de la besogne du cheval pour transporter partout les voyageurs et les marchandises, on s'est dit : Que va-t-on faire des chevaux, que deviendront l'avoine et le foin? Or, depuis ce temps, l'avoine et le foin ont augmenté de prix, les chevaux sont devenus plus à la mode et plus recherchés que jamais. Les courses, qui n'étaient jusqu'alors qu'une singerie des habitudes anglaises, sont entrées dans nos mœurs, et la connaissance du cheval est devenue plus impérieuse à mesure que son usage et son utilité devenaient moins indispensables et plus restreints.

On ne s'est jamais plus occupé du cheval que depuis qu'un engin mécanique fait mieux et plus énergiquement sa besogne, on ne s'est jamais plus occupé de la rapidité de sa course que depuis qu'on a vu les locomotives courir trois fois plus vite que lui.

Et on ne les a jamais payés plus cher que depuis qu'on devait en avoir moins besoin.

Ainsi le veut la logique française.

Ainsi le veut la mode.

Comme disait un jour Alphonse Karr, en France il n'y a de nécessaire que le superflu.

* * *

Celui qui désire faire une figure passable au milieu de tous ceux qui fréquentent les courses, doit pouvoir parler à peu près comme si les chevaux ne lui étaient pas complétement étrangers.

Ne pas oublier que, par une courtoisie et un hommage tout particuliers, la peau d'un cheval et son poil sont désignés sous le nom de robe.

On dit la peau d'un chien ou d'un lapin, la toison d'un mouton, le cuir d'un bœuf, la fourrure d'un chat, la robe d'une jument, la robe d'un cheval.

* * *

C'est une façon de lui témoigner ainsi plus de déférence, en les considérant comme vêtus pour ainsi dire à la mode des femmes, et par suite, plus rapprochés de nous que les autres animaux de la création.

Cette exception ne suffisant pas, il a été créé des noms à part, pour désigner les couleurs qu'affectent ces robes :

Le *bai* est une couleur tirant sur le rouge;

Le *bai clair* est la couleur légèrement moins foncée;

Le *bai brun* l'est un peu davantage;

L'*alezan* est un brun délicat glacé de terre de Sienne brûlée;

L'*alezan rubican* tire davantage du côté du rouge;

Le *rouan* est un gris légèrement bleuté;

Le *rouan vineux* est un gris lie de vin;

L'*isabelle* est la couleur de la tourterelle ou du café au lait;

Le *noir zain* est le noir complet et sans mélange d'aucune sorte.

Il y a encore le *gris pommelé,* semé de petits ronds plus foncés en forme de points;

Le *gris truité,* taché de petits points plus clairs ou plus foncés;

Le *noir* et le *blanc.*

On dit d'un cheval doué d'une marque blanche au front qu'il est *en tête.*
Pelote en tête, quand la tache est en forme de boule.

En tête en étoile,
En tête en croissant, s'expliquent naturellement par la forme de la tache.

Fortement en tête, quand la tache est grande et s'élargit du côté des yeux. Lorsque la tache est longue, régulière, et s'étend depuis le haut du front jusqu'aux naseaux, la tache prend le nom de *lisse.*

Il y a *lisse étroite* et *large lisse.*

Lorsque la *lisse* se prolonge jusqu'au bas des lèvres, le cheval est désigné comme *buvant dans son blanc*

La peau nue, sans poil et couleur de chair, qui se trouve souvent aux lèvres et aux naseaux, porte le nom de *ladre.*

Le signalement s'énonce ainsi lorsque la *lisse* vient rejoindre le *ladre* :

Fortement *en tête* avec une *large lisse* prolongée par du *ladre* entre les *naseaux*.

* * *

Les crins sont dits *lavés*, lorsqu'ils sont d'un ton plus clair que le reste de la robe au lieu d'être noirs ou d'un ton assorti.

* * *

On dit d'un cheval qu'il est *ensellé*, lorsque ses reins creusent outre mesure entre le train inférieur et le garrot.

Une *couronne* est une écorchure qui a blessé le genou et l'a dépouillé de son poil.

Le *garrot* est la partie du cheval entre l'épaule et l'encolure.

Il est dit *à dos de mulet* lorsque les reins n'ont pas la courbure suffisante.

Un cheval qui revient boiteux à la suite d'une course, est dit tombé *brocken-down*.

Le champ de courses se nomme le *turf*.

L'enceinte où se fait le pesage des jockeys, c'est le *ring*.

Le salon des courses où se règlent les paris, c'est le *betting*.

Celui qui préside aux départs et en donne le signal est le *starter*.

Le *stud-book* est un livre spécial qui contient la généalogie de tous les chevaux de race pure.

Le *book* est le livre sur lequel on inscrit les paris.

Le *book-maker* est celui qui fait un livre de paris.

La *performance* d'un cheval est la situation d'un cheval sur le marché des paris ou *betting* par suite de ses états de service et succès dans les courses publiques.

Le *handicap* est une balance établie par la connaissance complète des *performances* des différents chevaux concurrents, pour égaliser par le poids les chances sur le turf, de telle sorte que le plus mauvais cheval ait les mêmes chances que le meilleur.

Le *handicapeur* est celui qui est chargé de faire le handicap. Cette fonction demande beaucoup d'expérience et de jugement. Il y a des handicapeurs célèbres : l'amiral Rous et M. Véral en Angleterre, le baron de La Rochette et Dennetier en France.

Un *match* est un pari pour une course entre deux chevaux.

Un *hack* est un cheval de luxe et de promenade.

Le *hunter* est un cheval de chasse.

* * *

Les taches qui se rencontrent souvent aux jambes d'un cheval avoisinant le sabot portent le nom de *balzanes*.

Balzanes antérieures.

Balzanes postérieures.

Les *balzanes* sont *antérieures* lorsqu'elles affectent les jambes de devant, *postérieures* lorsqu'elles appartiennent à l'*arrière-train*.

Une balzane antérieure gauche.

Lorsque les *balzanes* remontent vers le genou au lieu de n'occuper que l'extrémité de la jambe vers le paturon, elles prennent le nom de *balzanes hautes chaussées.*

Balzane antérieure droite
haute chaussée.

— Celui qui voyant passer un cheval pourra le désigner ainsi sans faire d'erreur :

Cheval bai brun, crins lavés, fortement en tête avec une large lisse, buvant dans son blanc, quatre balzanes, dont une balzane postérieure droite, haute chaussée,

Passera tout de suite pour un homme qui sait son cheval, et se posera bien auprès des dames, qui lui supposeront une écurie, un château et une situation dans le monde des courses et des sportsmen, le monde réputé pour le plus élégant de Paris et de Londres, ce qui ne saurait nuire à la considération.

Les chevaux arrivant au but tête à tête, cela se dit
arrivés *dead-heat.*

Le défilé aux Champs-Élysées.

LES COURSES ET LE GRAND PRIX DE PARIS

Les courses de chevaux sont d'importation anglaise, et leur succès ne date guère en France que du règne dernier.

Jadis on se réunissait péniblement au Champ de Mars, et les chevaux couraient mélancoliquement pour gagner de maigres prix, devant des talus presque uniquement couverts d'herbe et de banquettes à moitié vides, alors qu'en Angleterre il y avait près d'un siècle que les populations se portaient avec enthousiasme sur tous les champs de courses du Royaume-Uni, et que le célèbre cheval *Éclipse,* l'ancêtre de presque tous les grands coureurs modernes, avait acquis une de ces renommées qui font époque.

Partout où les Anglais commencent à faire groupe et constituent un noyau de colons, si petit qu'il soit, on dispose des piquets en rond ou en ellipse, on y attache des cordes, et l'on établit un champ de courses.

Les chevaux arrivent naturellement, et aussi les jockeys et les parieurs. Il y a des courses en Australie, comme au Canada, comme à Hong-kong, à Chang-haï ou à Tien-tsin.

L'empereur Napoléon III, qui avait longtemps vécu en Angleterre, et avait contracté outre de nombreuses amitiés parmi les riches personnages anglais, une affection toute particulière pour leurs chevaux, donna une impulsion toute spéciale en France à ce genre de sport.

Et peu à peu la mode, réfractaire tout d'abord, l'a accepté cordialement et bientôt l'a mis en grande faveur.

Le champ de courses, hôte habituel du Champ de Mars, laissant la place libre aux seuls enfants de Bellone et au Gros-Caillou, est venu s'agrafer au bois de Boulogne transformé, et aujourd'hui la plus élégante promenade de la plus séduisante ville connue.

Ceux qui prenaient plaisir à venir au Bois ont pris goût à venir aux courses, qui en devenaient la curiosité et l'attraction. Il a été bientôt de mode et de bon ton de se montrer sur le turf.

Puis le petit peuple et la bourgeoisie s'en sont mêlés, pour voir d'abord, pour s'y intéresser ensuite.

Le goût des opérations de jeu, de paris et d'aléa, s'était impatronisé par les affaires de Bourse. On est venu aux courses pour parier, jouer, et continuer le dimanche les petites opérations de la semaine, en faisant des poules.

Lorsque le prix de cent mille francs a été décrété, fondé, sur l'invitation d'en haut, par la Ville et par les chemins de fer, ce fut le bouquet : l'étranger est accouru, la province, la banlieue et la ville.

On s'est mis à parier, à jouer, à spéculer de telle sorte, que le tapis vert du turf a remplacé le tapis vert de la roulette proscrite. Il fallut sévir contre les grecs, qui trouvent moyen de se glisser partout où l'on joue. Mais cet exemple n'a pas dégoûté ni éclairé les joueurs, qui joueront partout et toujours jusqu'à la consommation des siècles.

* * *

On a parlé de l'amélioration de la race chevaline. J'offre de parier dix contre un, comme on dit sous le *champignon*, que sur les cent mille personnes qui couvrent la pelouse et les tribunes le jour du grand prix, il en est pour le moins quatre-vingt-dix-neuf mille qui se soucient de la race chevaline comme un poisson d'une pomme, et plus de cinquante mille qui n'ont jamais eu le loisir ni l'occasion de s'asseoir sur la selle d'un cheval.

Amélioration de la race chevaline, c'est le mot d'ordre et le mot de passe. Le fond, c'est la spéculation et le jeu, rien de plus, sauf pour certains

Le petit Chose du club.

Pas fâchés qu'on les voie au pesage
Ça sera redit à Montauban.

GROS BONNETS.
Ces messieurs du club.

Décorés de l'ordre du pesage.

JOCKEYS.
Cartes de service.

Prend *Dictature* à 4, et offre *Confiance* à 6.

English book-makers.

Elphége de Billancourt donne à dîner ce soir à ces messieurs, rue du Bac.

Petite cocotte venue pour la poule.

Baronne de Santa-Croupa, femme séparée, dite la belle Percheronne.

Le marchand de lorgnettes.

Le célèbre Léon, marchand de programmes.

LE GÉNÉRAL.

Doyen de la presse chevaline.

Boulot, dit *Pot-à-tabac.*

LE COLONEL HANDICAP.

Un vieux de la vieille.

L'ATTENTE DE LA VOITURE.

— Heureusement, ce pauvre Baptiste est chez le marchand de vin.

convaincus et zélés, comme il s'en rencontre toujours heureusement, pour la justification des choses humaines.

*
* *

« Les anciens y mettaient plus de sincérité, me disait un Normand quelque peu frotté de latin, et qui élève encore de ces magnifiques carrossiers dont la race menace de se perdre. Ils déclaraient tout bonnement que c'était pour leur plaisir,

Sunt quos curriculo pulverem olympicum
Collegisse juvat.

Et encore faisaient-ils quelque chose de sensé. Des chevaux attelés à un char font un ouvrage utile et profitable, et il est bon de savoir en élever dans ce but. Mais à quoi peuvent servir, sinon à courir dans une enceinte de cordes, où il n'y a ni pierres ni fondrières, ces grands chevaux nerveux, délicats et sensibles, sur lesquels on ne perche que des jockeys myrmidons et des selles impondérables? Placez donc sur de pareils échafaudages des cuirassiers, des hommes d'armes ou de simples gendarmes; ou bien, attelez-en tout bonnement une paire à un omnibus ou à un caisson d'artillerie. Ah! monsieur, grâce à cette manie, la belle race carrossière de Normandie se détruit. Pourvu qu'ils n'aillent pas nous saccager nos splendides boulonnais, nos inappréciables percherons, nos chevaux du Limousin et de Tarbes!

« Il ne m'est aucunement prouvé que la race des chevaux se soit améliorée depuis Bucéphale et les magnifiques coursiers du Parthénon, et plus récemment encore, depuis les chevaux de Jules Romain, de Bourguignon, d'Albert Kuyp et de Wouvermans.

« Il n'y a de vraies, utiles et recommandables courses, à mon sens, que les courses renouvelées des Grecs, les courses de chars, courses de trait, où brillent à la fois la vigueur du cheval, la promptitude et la dextérité du conducteur. Pour ma part, je ne reconnais de valeur qu'aux courses de chevaux attelés, courses de résistance et de longueur. On y ajouterait quelques *matches* avec des camions chargés de mille ou quinze cents kilos, cela n'en vaudrait que mieux, et vous verriez la triste figure faite par vos pur-sang et vos métis de toute sorte. »

Je me suis dit : Il y a toujours en France des gens pour toutes les opposi-

PROPRIÉTAIRE ET ÉLEVEUR.

— Eh bien, ma chère, c'est de la veine! c'est notre cheval qui arrive premier! Si j'avais encore perdu cette fois, j'étais tout à fait à sec.

PICK-POCKET AND C° LIMITED.

Société internationale pour la circulation des montres, chaînes et porte-monnaie.

LE PESAGE.

— Cinq cents grammes de plus que l'année dernière ! Qu'est-ce qu'il mange donc, ce gaillard-là ?

tions. J'ai remercié mon éleveur normand, et j'ai été causer avec un enthousiaste qui m'a naturellement déclaré tout le contraire, assurant que la régénération française qui suivra infailliblement a commencé par les chevaux, et que depuis dix ans la France, qui ne pouvait lutter jadis sur le moindre turf avec les Anglais, marchait maintenant sur un pied égal, et parfois supérieur. Les courses, m'a-t-il ajouté, sont un moyen de propagande pour l'Angleterre et le deviennent pour la France. Cela crée des débouchés, des émulations, des circulations d'individus et d'argent qui profitent à tout et à tous.

Tout est donc pour le mieux dans le meilleur des mondes, jusqu'à démonstration du contraire.

* * *

Ce qu'il y a de certain, c'est qu'à Paris l'attraction devient de plus en plus grande, et soit pour un motif, soit pour un autre, on se rend en foule à la

— Surtout, attention au tournant.

pelouse du bois de Boulogne, à Auteuil, à Chantilly et même au Vésinet, lorsqu'on sait que les chevaux de M. de Lagrange, de M. de Lamare, du major Fridolin, de M. Finot, de Rothschild ou des grands propriétaires anglais sont en présence.

La course du grand prix de Paris est devenue comme une fête nationale et une solennité.

Ces jours-là, tout Paris est sur pied, toutes les voitures sorties, jusqu'aux dernières tapissières ou aux derniers berlingots, tous les chevaux bridés, depuis les superbes attelages à la Daumont, jusqu'au dernier bidet de vinaigrier.

Depuis huit jours, tous les couturiers et couturières n'ont pas dormi. Les jambes des tailleurs sont ankylosées, les mains des modistes fourbues, les carrossiers et les selliers sont sur les dents.

Jadis, c'était le jeudi, le vendredi et le samedi saint. A la célèbre promenade de Longchamps, on exhibait la nouvelle mode pour les voitures, pour

— Bravo!

les femmes, pour les robes, pour les chapeaux, et de là partait le mot d'ordre général accepté par le monde entier : Longchamps est mort. Cette promenade avait le tort de se faire le vendredi saint, alors que les toilettes d'hiver ont vécu, que celles du printemps ne vivent pas encore. L'impertinence du temps jetait en outre de temps en temps un certain froid sur l'assemblée et sur ces premières exhibitions, soit à coups de glace ou de grésil, soit avec des cascades de neige ou de pluie.

D'un commun accord ces fêtes de la mode, et ces débauches d'invention et de fantasia nouvelles, ont été reportées aux courses du printemps.

Le mois de mai, le mois de juin sont livrés à ces sortes de foires parisiennes, où l'on vient de tous les endroits connus et inconnus pour connaître les derniers décrets des gommeux et des gommeuses, les nouvelles élégances des *sportsmen* et *sportswomen,* le nouvel attelage, le nouveau pardessus et la nouvelle forme de chapeau.

* * *

Ces deux mois sont donc consacrés à un essai et à l'affichage successif de toutes les récentes élucubrations. Mais le jour du grand prix de Paris, c'est le concours général, absolu et définitif. C'est le jour que tout est fixé, connu; après lui point d'appel. Et tous les oiseaux venus à tire-d'aile de tous les coins possibles s'envolent de même avec ce qu'ils ont ramassé en dernier ressort. Aussi c'est comme un rendez-vous général, auquel personne de ceux qui veulent savoir leur monde et leur époque ne sauraient manquer.

* * *

L'enceinte du pesage est l'endroit *chic* par excellence. Vous assistez pour vingt francs, prix d'entrée, non-seulement à l'épanouissement des modes et étoffes nouvelles, des cuirasses naissantes ou des crinolines qui s'en vont, mais aussi il vous est donné de contempler celles qui se plaisent à habiter ces cuirasses, ou ces crinolines, ou ces fourreaux, toutes les femmes célèbres par leur naissance, leur grâce, leur beauté ou leurs services. Il vous est donné de voir ceux dont s'occupe l'opinion, et qui occupent la

politique. L'actualité résumée de Paris, de la France et de l'étranger. — Aussi la carte qui constate, et le prix de vingt francs payés, et l'usage de ces priviléges, se porte comme une décoration à la boutonnière; il en est qui l'arborent à leur chapeau, et la promènent victorieusement jusqu'au soir.

Depuis douze ans à peine qu'elle existe, cette même tribune, qui domine le champ de courses, a successivemsnt abrité les casques et chapeaux à plumes des empereurs et rois, les chapeaux gris et les lunettes, les chapeaux noirs et les moustaches blanches des présidents. La mode politique, hélas! ne change-t-elle pas en France, et plus brutalement et plus fréquemment encore, que la mode des jupes larges ou des fourreaux, celle des manches bouffantes et des manches plates?

Aussi nos voisins, qui nous empruntent nos modes, ont-ils à peu près tous le bon esprit de ne pas nous ravir celle-là.

Les tribunes en dehors de l'enceinte, prix cinq francs, sont pour les gens de seconde classe; l'entrée sèche de la pelouse est pour les petites gens. Mais c'est là qu'on rit, qu'on joue, qu'on chante et qu'on boit du champagne, que les pécheresses tendent leurs filets, et que les pick-pockets de toute nature, de tout âge et de tout sexe, interrogent consciencieusement les poches.

* * *

Le retour du grand prix à travers le bois, l'avenue de l'Impératrice et les Champs-Élysées, est le spectacle le plus curieux, le plus étrange et le plus étoffé qui se puisse voir. Regardez ceux qui passent dans leur calèche, dans leur landau ou dans leur victoria, demain vous ne les reverrez plus, la dernière cloche de la dernière course a été le signal du départ. C'est la fin du printemps, le commencement de l'été.

— Et maintenant, messieurs les chevaux, les book-makers, les jockeys et les éleveurs, suivez-nous en province!

TROISIÈME PARTIE

L'ÉTÉ

Où est la fraîcheur?

Les rayons du soleil ont peu à peu pris de la force, les pavés et les murs les réfractent et en multiplient l'intensité, le macadam s'émiette en poussière, l'asphalte s'amollit et cède sous les pieds des promeneurs, les fronts ruissellent, et les citadins en fusion qui s'épongent languissamment le long des boulevards, assis devant les petites tables des cafés, versent en vain dans leur for intérieur des ruisseaux de bière et de limonade, cherchant à tarir la soif qui les étrangle.

Où est la fraîcheur ?

Se disent ceux que le collier de leur galère, de leur devoir, de leur fortune ou de leur misère ne rattache pas impitoyablement à ce sol calciné, dans ces appartements où l'on respire l'air vicié par les émanations de la grande ville.

Les médecins consultés déclarent que telle famille a besoin des montagnes; à telle autre il faut la mer, ici la Manche est préférable, là l'Océan vaut mieux, ici c'est la Méditerranée.

Le Mont-d'Or ou Royat pour ces affaiblis et les goutteux;

Les Eaux-Bonnes, Luchon ou Cauterets pour ces délicats;

Les eaux d'Aix pour ces rhumatisants;

Celles de Vichy pour ces diabétiques;

Celles de Bourbonne et de Contrexeville pour les blessés;

Toutes les eaux à volonté pour ceux qui se portent bien;

Tous les voyages, les ascensions et les déplacements pour ceux qui n'ont que faire de leur temps et de leur argent.

* * *

Le grand monde de Paris a donné le signal du départ, les pauvres diables restent, les diables riches et aisés déploient leurs ailes et s'envolent.

Les malles sont faites. Il y a un mois qu'ouvriers et ouvrières ont tiré l'aiguille pour que les bagages permettent de faire une figure convenable là où le hasard, ou la fantaisie, ou bien un intérêt quelconque vous porte.

Tout y est : toilette du matin, toilette de midi, toilette de dîner, toilette du soir, costume de montagnes et de glacier, costume de cheval, costume de visite, costume de ville, costume de pèlerinage.

Le chemin de fer complaisant reçoit tout.

Honneur à lui! les diligences de nos pères n'eussent pas suffi.

* * *

Les locomotives sifflent, soufflent, et entraînent aux quatre coins de la France ceux auxquels le passé de leurs pères où leur propre passé a créé des loisirs.

Il n'y a plus personne à Paris, que la multitude de ceux qui savent dompter la chaleur comme ils ont dompté le froid, que ceux qui sont voués au travail par leur destinée, par leur profession, par leur dévouement ou par leur goût.

Les autres, grâce au chemin de fer, s'éparpillent sur toutes les routes et dans tous les endroits où l'on croit se guérir, où l'on s'amuse, où l'on respire, où tout est prévu pour la vie hors de chez soi.

LES EAUX

La coutume de se tremper dans certaines eaux chaudes ou froides, pour se guérir ou pallier certaines infirmités, date de la plus haute antiquité; renouvelée des Grecs peut-être, renouvelée des Romains à coup sûr. Les Grecs ne se déplaçaient guère, ils se baignaient dans l'Eurotas, dont les propriétés ferrugineuses et toniques endurcissaient leurs muscles, et trempaient leurs enfants dans le Styx, petite rivière du Péloponèse, pour leur donner de la vigueur, sinon les rendre invulnérables, ainsi qu'avait fait jadis Thétys pour Achille, le glorieux fils de Pélée. Voilà les seuls bains étranges dont l'histoire ait conservé le souvenir; l'eau des rivières et fleuves vulgaires, ainsi que celle de la mer, leur suffisaient d'autre part.

Les Romains, qui se déplaçaient perpétuellement, allant de l'est à l'ouest, du nord au sud, des régions du soleil à celles du froid, collectionnaient certainement dans leurs voyages incessants des douleurs de toute espèce, auxquelles l'usage des bains d'eaux chaudes et minérales mettait un frein ou un terme.

* * *

La chaleur providentielle de ces eaux sorties des entrailles de la terre semblait préparée par quelque dieu ou par quelque déesse amis de l'humanité, pour éteindre ou endormir les maux attirés sur elle par d'autres divinités malfaisantes et jalouses. Aussi, partout où quelqu'une de ces sources manifestait sa présence, ils s'empressaient d'installer des thermes, qu'ils disposaient avec la sollicitude et le comfort le plus complets, afin que chacun pût aller y chercher la guérison dans les conditions les plus favorables.

Les fidèles qui sous l'influence prospère de ces eaux avaient recouvré la santé, ne manquaient point de jeter dans les puits de sources ou dans les piscines des médailles d'or, d'argent ou de bronze, suivant leur fortune, en façon d'*ex-voto*, et par reconnaissance pour la déesse ou le dieu qui présidait à ces eaux bienfaisantes.

La piété des baigneurs respectait ces dons, et quand on découvre maintenant quelqu'une de ces vieilles piscines détruites et ruinées par l'invasion des barbares du Nord, qui, à peu d'exceptions près, ont toujours méprisé l'eau, on trouve souvent une abondante moisson de ces monnaies ou médailles jetées en offrande à la déesse, en souvenir du bienfait.

Des bourgades et des villes s'élevaient alentour, et à voir les restes splendides de quelques établissements bâtis par les Romains, il ne peut y avoir de doute que la mode ne s'en soit mêlée jadis, et que les gommeux et gommeuses du temps d'Auguste, de Néron ou de Caracalla, n'aient fait chaque année, comme de nos jours, de ces voyages aux eaux l'occasion de grand luxe, de folles dépenses et d'étranges plaisirs.

*
* *

Il existe à *Cauterets* une source connue sous le nom de la source de César, où celui-ci, dit la tradition, guérit une sciatique, fruit de sa première campagne des Gaules. Depuis ce temps, ces sources sont à la mode, et se sont mises à guérir tout autre chose que des sciatiques. Maintenant, elles sont souveraines pour les maux de gorge et de lárynx.

Les *eaux bonnes* et les *eaux chaudes* sont de même. Elles varient leur jeu. Jadis, sous François Ier, elles s'appelaient les *eaux d'arquebusades*, elles étaient efficaces contre les blessures produites par les armes à feu. On y envoya avec grand succès les soldats blessés à Pavie. Français et Espagnols, sans distinction de pays, elles guérirent tout.

Maintenant elles ont renoncé à cet exercice, qui en temps de paix sans doute offre moins de ressource, et se sont consacrées à la guérison des maladies de la gorge et de la poitrine. Elles ont cédé leur clientèle dans le voisinage, à *Baréges* et à *Saint-Sauveur;* peut-être dans une centaine d'années guériront-elles autre chose.

Un médecin célèbre disait à ses élèves : « Dépêchez-vous d'user de ce médicament pendant qu'il guérit encore. » Les médicaments et les eaux ont des modes comme les robes et les paletots.

Le *saignare, purgare et clysterium donare* de Molière a perdu son prestige. On ne saigne plus, on ne purge plus, les apothicaires du vieux temps ont cédé la place devant la cravate blanche des pharmaciens. Il y a trente ou quarante ans, on semait des pois partout, et l'on saignait à blanc pour

extirper les humeurs peccantes et le mauvais sang. Maintenant on ne fait plus rien de tout cela, et on n'en vit ni moins, ni plus, ni mieux, ni plus mal. Et d'ailleurs, un traitement quel qu'il soit, ou bien la nature livrée à elle-même, finit toujours par emporter la maladie, ou le malade. Il faut se faire une philosophie.

*
* *

Ces eaux, elles exercent au moment donné l'action que l'on réclame d'elles et que le médecin commande.

A notre époque, par malheur, où l'on ne croit plus à grand'chose, pas même à la médecine, on croit toujours au médecin.

Il faut que le praticien agisse puissamment sur l'imagination du malade.

L'espoir du mieux amène souvent le mieux lui-même. Changement de décors, changement d'habitude, l'air pur, le soleil, la montagne, les pins, les ravins, les torrents et les cascades, tout cela agit et fait oublier et espérer. L'eau n'est pas mauvaise à boire, et possède un goût *sui generis* qui semble promettre l'efficacité.

Le médecin de confiance a déclaré dans sa sagesse que ce voyage amènerait la guérison. Il a si bien affirmé, que vous êtes arrivé à le croire. *Croyez-le et buvez de l'eau,* dit un vieux proverbe. Ainsi fait-on, et souvent la guérison s'ensuit. Il n'y a que la foi qui sauve.

— Mon ami, as-tu bien vérifié? Je n'emporte avec moi que dix-sept malles. Le reste viendra par la petite vitesse.

Où allons-nous?

LES EAUX DU MARIAGE

Monsieur. — Ma bonne amie, ce n'est pas tout que d'avoir des filles, il faut les placer. Ça n'est pas en les promenant sur le boulevard, aux Champs-Élysées et au Bois, qu'on pourra les établir.

Madame. — Ça n'en a pas l'air.

Monsieur. — Elles sont aimantes, elles ont tout ce qu'il leur faut, il ne leur manque rien.

Madame. — Je le crois sans peine.

Monsieur. — Quand on peut donner une jolie dot à ses filles, on croit que c'est facile de les établir à son idée.

Madame. — Eh bien, pas du tout. Le sucre, le café, les comestibles, ça rapporte, et huit cent mille francs à chacune d'elles, nous pouvons les donner si cela nous plaît. Mais il faut aussi que les gendres nous plaisent.

Monsieur. — Moi, d'abord, je ne veux point d'aucun de ceux qui sont dans la partie. Il n'en manque pas, Dieu merci, qui se présentent à la journée, il n'en faut pas.

Madame. — Moi, je serais d'avis d'aller faire un tour à Trouville, il y a là du monde à choisir. Nos filles sont bonnes à montrer. Jolies toilettes de bal, jolies toilettes de bains. Qui est-ce qui sait? il y a là des gens très-bien de toute façon.

MONSIEUR. — C'est bien près de Paris. Il ne manque pas d'aventuriers sans le sou qui cherchent à compromettre les filles pour avoir la dot.

MADAME. — Il faudra avoir l'œil ouvert.

* * *

MONSIEUR. — Je ne tiens pas à un titre.

MADAME. — Ah! mon Dieu, un petit titre de rien du tout, ça ne me gênerait pas, et ça irait si bien à Wilhelmine!

MONSIEUR. — Je le sais bien. Mais dans ce cas il en faudrait aussi un à Hermance. Il ne faut pas qu'elle souffre dans son amour-propre.

MADAME. — Dans ce moment-ci, du reste, on en trouve dans les prix doux. Mais je voudrais aussi un homme occupé.

MONSIEUR. — Pourquoi pas tout de suite un restaurateur ou un garçon de café?

MADAME. — Je ne plaisante pas. Mais je ne voudrais pour rien que ma fille fût au comptoir; c'est trop dangereux, et j'en ai trop souffert.

MONSIEUR. — Excusez!

* * *

MADAME. — Mais enfin un préfet, un député, ça m'irait.

MONSIEUR. — Avec ça que ce sont des états sûrs et qui ont de l'avenir!

MADAME. — Du reste, on ne peut pas juger sans voir la personne. Moi, voilà ce que je propose : Quinze jours à Trouville et à Dieppe, en juillet, puis Luchon et les Eaux-Bonnes, puis nous nous rabattrons sur Biarritz, pour finir. Il y a là beaucoup de choix. Pas de farceurs et de meurt-de-faim comme à Dieppe ou Trouville, qui n'est qu'à vingt-cinq francs de Paris. Des gens bien, des Russes qui ne regardent pas beaucoup à l'argent, des Américains, des Mexicains et des Péruviens qui n'en ont pas besoin, et des Espagnols, en veux-tu, en voilà.

MONSIEUR. — Le fait est que si nous voulons des généraux, ou des marquis, ou des ducs de ce pays-là, il en fournit.

MADAME. — Eh bien, c'est entendu. Mesdemoiselles, approchez, vous êtes prêtes; toutes les malles sont faites. Nous partirons demain, et si vous êtes bien sages, je ne vous dis que cela.

Partis!...

Préparatifs.

DÉPART POUR LES EAUX

I

MADAME, LE DOCTEUR

MADAME. — Dites donc, mon petit docteur, j'ai fait croire à mon mari que je voulais à toute force aller à Trouville.

LE DOCTEUR. — Eh bien, chère madame?

MADAME. — Eh bien, savez-vous pourquoi?

LE DOCTEUR. — Peut-être.

MADAME. — Pas du tout. Eh bien, c'est parce que je voudrais aller à Cauterets.

LE DOCTEUR. — C'est juste, et alors...

MADAME. — Et alors il faut m'ordonner ça, et sévèrement. Je vous dirai pourquoi.

LE DOCTEUR. — Hum! hum! Vous me direz pourquoi. Est-ce bien sûr?

MADAME. — Cher docteur...

LE DOCTEUR. — Je vous prescrirai un régime.

MADAME. — Tout ce que vous voudrez.

II

MONSIEUR, LE DOCTEUR

MONSIEUR. — Figurez-vous, mon cher docteur, que ma femme veut absolument aller à Trouville. Trouville est assommant, une grenouillère; je m'y ennuie comme une équille dans la friture, et il n'y a pas moyen de lui faire entendre raison. Elle y tient.

LE DOCTEUR. — Par exemple!

MONSIEUR. — Elle a fait faire un costume de bains, sur l'effet duquel elle compte, et ça ne me va guère. Il y a quinze jours, avant le grand prix, j'avais parlé des Eaux-Bonnes, elle a poussé les hauts cris.

LE DOCTEUR. — Voyez-vous ça! Aussi, pourquoi les Eaux-Bonnes? La poitrine n'est pas en jeu.

MONSIEUR. — Pourquoi? Ah! mon Dieu, c'est bien simple! J'ai dit les Eaux-Bonnes, tout bonnement, parce qu'il faut que j'aille à Cauterets, et je la connais, ma femme; c'est précisément parce que j'ai dit Eaux-Bonnes, qu'elle a de tout suite voulu Trouville.

LE DOCTEUR. — Vous voulez aller à Cauterets parce que...?

MONSIEUR. — Pour me soigner, et parce que j'ai une affaire importante.

LE DOCTEUR. — L'affaire dite Chaumontel.

MONSIEUR. — Allons, allons, cher docteur, pas d'indiscrétion, je compte sur vous. Vous savez, la santé avant tout, mais vous êtes le maître.

LE DOCTEUR. — Eh bien, nous verrons à arranger cela, mais c'est difficile.

III

MADAME, MONSIEUR, LE DOCTEUR

Le docteur. — Eh bien, quand partons-nous, chère madame? Trouville est, dit-on, charmant, et la saison se prépare à merveille.

Madame. — Quel bonheur! Les malles sont faites, on nous attend. Ce sera charmant; j'ai besoin de cela après ce printemps où je n'ai cessé d'aller de droite et de gauche. Ces bals et ces soirées, quel supplice!

Le docteur. — Vous avez bien raison, il faut un peu réagir, il n'est que temps. Voyons le pouls.

Madame. — Alors, c'est une consultation?

Le docteur. — Non, un bon de circulation. Tiens, mais il y a intermittence, inégalité : qu'est-ce que cela veut dire? Voyons cette langue?

Madame. — Voilà. Permettez, cher docteur, cette affreuse grimace...

Le docteur. — Ah mais! ah mais! Voyons, cher monsieur, est-ce que vous tenez beaucoup à aller à Trouville?

MONSIEUR. — Pas le moins du monde. C'est madame qui en raffole.

LE DOCTEUR. — C'est qu'il y a là quelques granulations, une légère irritation qui prend une allure chronique. — Pardon, madame, d'être un trouble-fête; mais les bains de mer seraient désastreux; je défends Trouville.

MONSIEUR. — Qu'est-ce que je disais?

MADAME. — Des granulations? Ah! mon Dieu!

LE DOCTEUR. — Ce n'est pas encore grave, mais il faut faire attention. Je conseille les Pyrénées.

MONSIEUR. — Que dites-vous des Eaux-Bonnes?

LE DOCTEUR. — Excellent.

MADAME. — Ah! mon cher docteur, vous m'avez fait froid! des granulations! J'ai une de mes amies, l'année dernière, qui pour cela s'est trouvée à merveille de Bagnères de Luchon.

LE DOCTEUR. — Luchon, parfait!

MONSIEUR. — Mais les Eaux-Bonnes sont plus spéciales.

LE DOCTEUR. — Vous avez encore Cauterets.

MADAME. — Vous croyez?

MONSIEUR. — Peuh! Cauterets.

LE DOCTEUR. — Certainement. La source de la Raillère est de premier ordre. Gargarismes souverains. Et vous, mon cher, ce vieux rhumatisme se trouvera on ne peut mieux de la source de César. J'ordonne Cauterets.

MADAME, *avec un soupir*. — Ah! mon pauvre Trouville!

MONSIEUR. — Je ne sais pas pourquoi, mais j'eusse aimé mieux les Eaux-Bonnes.

MADAME ET MONSIEUR. — Enfin, il faut ce qu'il faut! Les préférences cèdent devant la santé. Adieu, cher docteur, ou plutôt, au revoir.

EN CHOEUR. — Il est charmant.

IV

A CAUTERETS, SUR LA PROMENADE

PREMIER PROMENEUR. — Mon cher, je vous dirai que j'ai rencontré ici le gros Arthur en excursion, hier, à Saint-Sauveur, avec la petite Cascarette. L'orage d'hier soir a fait qu'ils ne sont revenus que ce matin. Ils se sont quittés à Pierrefitte.

DEUXIÈME PROMENEUR. — Quand on pense qu'il a une si gentille petite femme, et qui lui a apporté une dot sérieuse. Du reste, elle se porte comme un charme. Pourquoi donc est-elle venue ici?

Cette petite Cascarette, quelle bonne âme! Venue ici pas pour ses douleurs, pour les douleurs de son prochain.

PREMIER PROMENEUR. — Ordonnance du médecin.

DEUXIÈME PROMENEUR. — Quel est donc ce grand brun qui vient la saluer, et qui demeure au même hôtel?

PREMIER PROMENEUR. — Ordonnance du général. —

Tiens! tiens!! tiens!!! ce bon capitaine. Quelle surprise!...

CES MESSIEURS

Et toi, où vas-tu?

— Ma foi, je n'en sais rien. Je pars, cela suffit, parce qu'il faut partir, et qu'il est malséant de rester ici. Je pars, c'est l'essentiel.

— Pas de programme?

— Aucun. Le guide Joanne et l'indicateur des chemins de fer, c'est bien assez. Peut-être irai-je d'abord visiter les bains de mer de la côte normande. Je n'en sais rien encore au juste.

— Moi, je vais dans les Pyrénées.

— Il n'y en a plus.

— C'est un bruit que Louis XIV a voulu faire courir.

— Nous avons toujours été trompés par les rois, dirait le citoyen Marcou.

— Mais enfin, l'erreur s'est dissipée. Je vérifie ça moi-même tous les ans à cette époque.

— Des infirmités?

— Pas encore. Mais nous nous retrouvons là avec ces messieurs et quelques dames, et rien ne m'amuse comme certains petits bacs que nous faisons chaque année, à la fraîcheur, devant les pics neigeux et au bruit des cascades.

— Quel poëte!

— C'est comme ça. Toi, je parie que tu vas étudier à Trouville, Deauville ou Villers, la performance des héritières, et vérifier les attaches.

— Je ne m'en cache pas. Il y a là un stock sérieux de filles à marier. Pas besoin de M. Foy pour les renseignements, on s'en charge sur la plage. Et puis, je dois l'avouer, je n'aime pas à prendre chat en poche.

— Au moins, aux bains de mer, tricher est difficile; on sait tout de suite à quoi s'en tenir. On se rend compte par soi-même...

GÊNEUR EN CHEF.

— Votre billet, s'il vous plaît ?

GÊNEUR EN BAS AGE.

— Il a un bel avenir devant lui.

— De ce qui manque, de ce qu'il y a de trop; tu as raison. On sait ainsi ce qu'on fait, et l'on peut raisonner avec connaissance des choses sur la dot; car il en faut.

— Allons, c'est parfait. Bon voyage et bonne chance; tu m'écriras?

— Si je t'écrirai! Et toi?

— Je me le demande.

— Mes hommages aux bons villageois.

— Merci.

CES DAMES

MADAME DE SAINT-HONORÉ. — Qu'est-ce que tu dis de ce chapeau-là ?

LA BARONNE DE VAUGIRARD. — Épatant, ma chère!

MADAME DE SAINT-HONORÉ. — Trouville sera très-chic.

LA BARONNE DE VAUGIRARD. — On le dit, mais j'aime mieux Deauville.

MADAME DE SAINT-HONORÉ. — Affaire de goût; du reste, ils se donnent la main, et, dans l'un comme dans l'autre, pour se loger, il faut s'y prendre à l'avance. On assure que cette année on refusera du monde.

LA BARONNE DE VAUGIRARD. — J'ai mon affaire. Gontran a retenu un chalet qui a assez d'œil.

MADAME DE SAINT-HONORÉ. — Moi, je vais tout simplement à l'hôtel sur la plage. J'ai choisi un hôtel très-bien; il y vient beaucoup de Russes et des Américains bourrés de dollars.

La baronne de Vaugirard. — A Deauville, la société brésilienne est très-choisie.

Madame de Saint-Honoré. — Eh bien, et ce bon M. de Perrichon? Figure-toi que je ne l'ai pas vu depuis Nice et Monte-Carlo. Toujours baron?

La baronne de Vaugirard. — De plus en plus; il installe son monde dans un petit boui-boui à Villerville; il viendra nous voir le dimanche.

Madame de Saint-Honoré. — Quel homme dévoué!

La baronne de Vaugirard. — Ah! ce n'est pas un gêneur. S'il n'y avait pas toujours avec lui cette peste de Bassecourt! Heureusement qu'il aime à rire, et qu'avec des truffes et quelques verres de champagne, on l'apprivoise sans trop de peine.

Madame de Saint-Honoré. — Nous souperons comme à Nice, ça sera drôle.

La baronne de Vaugirard. — Il paraît qu'il y a eu une histoire entre la délicieuse Lagrua et le petit vicomte. Le prince Roublanskoff, ce blond ardent qui était à Nice, s'est fait présenter; il est maintenant l'heureux mortel. Ils ont retenu le troisième hôtel à gauche, à Deauville; des chevaux noirs à longue queue, un cocher russe, des diamants, tout y est. Ce sera une maison ouverte.

Madame de Saint-Honoré. — Heureusement que j'emporte de quoi me mettre. Oh! pas grand'chose : huit robes tout au plus. Mais mon couturier me fera un petit envoi à la fin du mois.

La baronne de Vaugirard. — J'ai ce qu'il me faut depuis quinze jours, et un costume de bains, qui m'a été dessiné par Grévin! je ne te dis que cela. Tu verras.

Madame de Saint-Honoré. — Je te l'ai toujours dit, tu n'es qu'une intrigante. Moi, le mien, c'est moi qui l'ai composé.

La baronne de Vaugirard. — Nous nous arrangerons, sois tranquille. Nous combinerons nos robes pour qu'elles ne se nuisent pas. Cette année, c'est convenu, je suis blonde, toi tu es brune, cela te va fort bien. Ce sera on ne peut mieux.

Madame de Saint-Honoré. — Parfait, parfait, et puis, si tu veux, nous pourrons finir la saison à Biarritz. Il y a Fontarabie à côté, et une petite roulette qui tourne si joyeusement et avec un joli petit bruit de castagnettes!

La baronne de Vaugirard. — Si le vent qui souffle à travers la montagne ne l'empêche pas de tourner.

Madame de Saint-Honoré. — Nous arrangerons tout ça là-bas. Bonjour, chère; je vais donner quelques ordres à mon agent de change.

La baronne de Vaugirard. — Moi j'ai encore une course à faire aujourd'hui. Je fourre décidément à la porte le portier de ma maison de la rue Saint-Lazare qui me volait indignement. A sa place, j'installe tout bonnement mon oncle, tu sais, le gros Polyte. Ça lui fera un sort.

Madame de Saint-Honoré. — Et s'il te vole un peu, au moins, ça ne sortira pas de la famille.

La baronne de Vaugirard. — Eh bien, adieu, chère amie; à après-demain sur la plage.

LES MÈRES

— Cher docteur, vous venez de le voir, mon pauvre enfant. Vous êtes un ami, parlez-moi franchement avec tout votre cœur. Mon ami, n'y a-t-il pas une légère lueur de mieux?

— Du mieux! du mieux! J'en attends beaucoup de ce petit voyage; mais il faut de la prudence, de la modération.

— Oh! je serai là nuit et jour.

— Je le sais. Je vous recommande tout particulièrement au docteur Lambron, mon confrère; un homme sage, judicieux et prudent, qui vous guidera.

— Cher ami! Mon Dieu! qui m'eût dit cela quand il était si gai, si en train au commencement de l'hiver! Oh! cette toux, cette horrible toux implacable et creuse! Quand je l'entends, il me semble qu'elle sort du tombeau. C'est affreux!...

— Mais non, chère madame, mais non; c'est grave, il est vrai, mais il y a de la ressource, et les eaux de Luchon sont d'une efficacité merveilleuse, lorsqu'elles sont prises à temps et avec discernement.

— Ce cher enfant, vingt-trois ans, songez donc! N'est-ce pas, comme vous dites, il y a de la ressource? Il est si jeune!

— Certainement, certainement...

— Si vous saviez quels remords et quelle douleur! Mais moi, pauvre femme, pauvre veuve, pourrai-je le surveiller, le guider, comme aurait fait son père s'il eût vécu. J'ai dû avoir confiance, et ma confiance a été trompée. Ah! ces criminels jeunes gens insouciants du mal, qui l'ont entraîné, qui sont cause de ses fatigues, au-dessus de sa nature et de ses forces! Je les maudirais, si je ne craignais que Dieu ne m'en punît sur mon cher enfant.

— Du calme, chère madame. Vous verrez l'amélioration se produire. Vous le verrez.

— Avant d'arriver à Montréjeau, où l'on change de train pour Luchon, cela ne sera pas une fatigue de s'arrêter en route?

— Mais non. Du reste, vous jugerez; une nuit de repos lui sera plutôt favorable.

— C'est que nous passons par Lourdes. Je voudrais m'y arrêter avec lui; quand il était tout petit, il était frêle et délicat, nous l'avions voué à la sainte Vierge. Vous souvenez-vous comme il avait l'air d'un petit ange? Il était beau dans sa robe blanche, avec ses souliers blancs et ses jolis cheveux blonds bouclés sur ses épaules. Il est resté voué au blanc jusqu'à l'âge de quatre ans. Toute son enfance la Vierge l'a protégé. Elle voudra bien le protéger encore, n'est-ce pas, mon ami? Nous irons ensemble nous agenouiller devant son image, boire de l'eau de la source sainte. La sainte Vierge reconnaîtra celui qui lui fut confié. Elle me le gardera.

LES PYRÉNÉES

Un nouveau salut à cette gracieuse et charmante ville de Pau.

Pau est la clef de toutes les Pyrénées. Clef d'hiver, clef d'été, jolie clef.

De l'hôtel Gassion et de l'hôtel de France, rien qu'à voir le séduisant aspect de la chaîne des montagnes sur lesquelles s'accrochent çà et là quelques touches éclatantes de neige et de glace, on se sent comme rafraîchi.

Ce n'est pas de Pau que l'on peut dire comme La Fontaine :

> Arrière ceux dont la bouche
> Souffle le chaud et le froid.

Il en est de ceci comme de tout : c'est l'à-propos qui fait la valeur de tous les actes.

Je ne dirai pas que l'on ne cuit point un peu, comme partout en Europe, de midi à quatre heures, sur la place Henri IV; mais l'air est plus léger, plus respirable qu'au bois de Boulogne, aux Champs-Élysées ou rue de Varennes, et vers le soir, il s'élève une petite brise douce et fraîche qui, se mariant au bruissement du Gave dont les flots roulent dans la vallée au-dessous, rappelle le murmure de la mer.

* * *

Revu sur la place Henri IV le célèbre père Gardère, le même que nous avons vu cet hiver, immuable dans sa même veste blanche. Je ne suis pas bien sûr qu'il ne se plaigne de temps en temps de la fraîcheur de l'été, comme il célébrait à sa façon la chaleur de l'hiver. Une enseigne vivante pour la bonne ville de Pau.

* * *

La statue de Henri IV est toujours à la même place, tournant le dos aux Pyrénées.

Pourquoi cette attitude, qui met continuellement dans l'ombre le visage du Béarnais? tandis qu'il eût été plus logique et plus intelligent de placer la statue à l'autre bout de la place, de façon qu'elle regardât les Pyrénées et se détachât en pleine lumière sur le fond vigoureux du feuillage.

A ceci, l'on me répond que Henri IV a été placé ainsi par égard pour son petit-fils Louis XIV. Celui-ci ayant un jour déclaré qu'il n'y avait plus de Pyrénées, il n'a pas été jugé convenable que son aïeul eût semblé lui donner un démenti en les regardant; c'est pour cela qu'il leur tourne le dos

A cette explication si naturelle, je n'ai trouvé rien à répondre.

* * *

Dans la rue qui fait suite à la place Henri IV et qui conduit à la rue de la Préfecture, on lit sur une vaste enseigne ces mots : *Bonnat, peintre en bâtiment.* Naturellement j'ai pensé à ce peintre à la fois vigoureux et charmant, dont le succès s'accentue de plus en plus à Paris.

— Est-ce un frère, un père ou un parent de Bonnat que nous connaissons si bien à Paris et qui, je le sais, est des Basses-Pyrénées? ai-je demandé.

— Pas du tout, m'a-t-on répondu. Notre Bonnat a déclaré ne connaître même pas son homonyme, qui est de Bayonne. Du reste, ajoute-t-il, nous ne pouvons nous nuire; lui ne fait que de petits tableaux, moi je fais de la peinture sur une grande échelle.

C'est aujourd'hui le jour du marché. La ville si pittoresque de Pau est remplie de gens de la montagne qui apportent leurs denrées à la ville. Ce ne sont que chars primitifs traînés par de petits bœufs fauves, revêtus de

leur costume d'été, de longues toiles grises qui les recouvrent depuis le garrot jusqu'à la queue.

Cette fortification est destinée sans doute à garantir les bonnes bêtes mélancoliques attelées à ces chars, des mouches gourmandes qui les harcèlent sans cesse. Ce système de défense est complété par des branches garnies de feuilles ou des ajoncs, dont leurs têtes sont couronnées et dont le mouvement, accentué par la marche, met l'ennemi en déroute.

Aux abords de la ville, les jeunes filles, pour se faire pimpantes, s'abritent derrière quelque buisson qui leur sert de cabinet de toilette, passent le jupon et chaussent les souliers, qu'elles portaient sur leur tête afin d'être plus alertes, et qu'elles y remettront au retour.

Quelques-unes, montées crânement à califourchon sur leurs petits chevaux de montagne, apportent les fruits et le laitage de leur ferme ou métairie; une combinaison de deux tabliers attachés l'un sur la hanche droite, l'autre sur la hanche gauche, drape chacune des deux jambes, et les garantit des regards curieux des citadins, dont elles n'ont pas du reste l'air de prendre beaucoup de souci.

Mais, hélas! il faut se hâter. Il n'y a qu'à regarder autour de soi pour voir comme monte outrageusement la marée des confections banales. Quelques années encore, et les costumes originaux et légendaires auront fait place aux repoussants uniformes créés par les magasins à la grosse. Le flot odieux et dévastateur de la *Belle Jardinière* aura tout submergé, et les gens de la vallée d'Ossau seront pareils à ceux de Pantin, de Pithiviers et de Manchester.

Les vigoureux Basques, chaussés d'espadrilles, la culotte courte, retenue par une ceinture rouge, le petit béret sur la tête et la veste coquettement drapée sur l'épaule, guident encore les chars, et conduisent les chevaux ou les bœufs.

Çà et là quelques Espagnoles, dont les cheveux noirs pendent en arrière en une longue tresse, et des Espagnols, au costume navarrais, la tête cerclée d'un mouchoir de couleur, apportent des balles de mouchoirs castillans, des ceintures-écharpes et des couvertures aux couleurs vives et tranchantes, achetées par les jeunes Anglaises et les gentlemen qui, par tous les temps, foisonnent dans la ville.

Grâce à ce marché mouvementé et pittoresque, Pau à ce moment est étrange et intéressant à voir, et le spectacle vaut la peine qu'on attende quelques jours, si besoin est, pour y assister, avant de partir pour Bonnes, les Eaux-Chaudes, Cauterets et les excursions dans la montagne.

UNE AMAZONE DE L'ENDROIT.

CES DAMES DU FOND.

— Dites donc, ma chère, si nous avions l'aplomb de nous payer une petite promenade comme cela au Bois, autour du *Persil*, quel succès !

PLACE HENRI IV.

Vue prise en passant sur le général Cabrera.

GUIDE NOUVEAU STYLE, ET DE CONFIANCE.

Tient la spécialité des vieilles dames anglaises.

A la dernière diligence, hommage et souvenir.

EN DILIGENCE

On doit absolument, du reste, passer à Pau pour gagner les Eaux-Bonnes et les Eaux-Chaudes, et il faut pour cela retrouver une ancienne connaissance, la bonne vieille diligence de nos pères, qui fait là sa dernière étape dans la montagne, avant d'aller prendre sa retraite définitive en Afrique, où elle ira mourir, en compagnie de toutes les guimbardes, les diligences et les coucous chassés d'Europe par les chemins de fer, et qui ont trimbalé jadis nos jeunes années.

L'hôtel Gassion et l'hôtel de France sont maintenant les maisons souveraines dans la capitale du vieux Béarn, comme jadis les Capulet et les Montagu à Florence. Une incessante rivalité les divise, heureuse rivalité, car le voyageur en profite. Le mouvement se continue si bien, par suite, dans toute la ville, que nulle part les Anglais, nos professeurs en comfort, ne se trouvent aussi bien qu'à Pau.

Naturellement, il part de chacune des deux maisons rivales une diligence qui transporte aux Eaux-Bonnes les malades et les touristes.

C'est à qui secouera le plus rapidement les voyageurs et arrivera le premier au but.

Sur toute la route, les conducteurs s'interpellent, les postillons s'agonisent, tout cela en basque furieux, semé d'une profusion de *diou-bibant!* qui est l'exclamation ou le juron favori de l'endroit. A l'aide de tout cela, on arrive à quatre heures, au lieu de six, comme jadis.

Tout est bien qui finit bien.

Si vous n'êtes pas une gracieuse jeune fille, ce que je regrette pour vous, cher lecteur, ou bien une mère souffrante, ou un vieux monsieur poussif, ce dont je vous fais mon compliment, gardez-vous de vous laisser emballer dans une de ces boîtes décorées du nom de coupé d'intérieur ou de rotonde.

Visez plus haut.

Hissez-vous ou faites-vous hisser en compagnie des malles et des paquets,

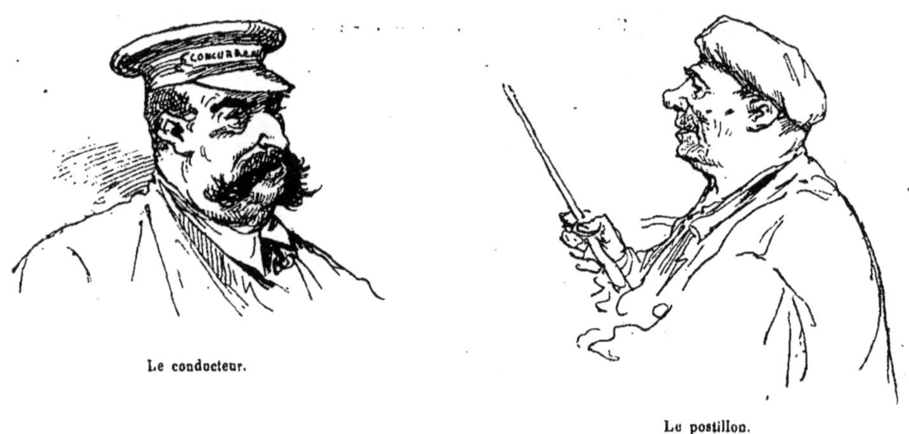

Le conducteur.

Le postillon.

sur la banquette, à côté du conducteur. Ce que l'on voit sur la route en vaut la peine.

Le chemin de Pau aux Eaux-Bonnes est pour un artiste une succession d'enchantements et de merveilleux imprévus.

On descend sur la gauche pour passer le pont du Gave et gagner la route qui conduit à la montagne. Avant de quitter Pau, on traverse une petite place. Cette petite place et l'îlot de maisons qui est à côté, nous raconte un érudit et un homme de goût, M. Adolphe Moreau, faisait autrefois partie du *Camp Bataillé* ou *des batailles*. C'était là que jadis se vidaient les jugements de Dieu, jurisprudence facile et expéditive qui tirait d'embarras le juge et mettait sa conscience en repos.

Dans les occasions où il n'osait ou ne voulait se prononcer, il avait la ressource de dire aux plaideurs : Assommez-vous, embrochez-vous, faites vos affaires et jugez-vous vous-mêmes. La raison du plus fort est toujours la meilleure.

Il arrivait souvent qu'on préférait, et cela était admis, ne pas défendre sa cause soi-même. Dans ce cas l'on trouvait, moyennant finance, des avocats prêts à plaider à outrance, d'estoc et de taille, devant le tribunal siégeant en cottes de mailles, et le casque en tête.

Si ce mode de plaidoirie s'était continué de nos jours, le nombre des avocats courrait risque d'être plus restreint, et, si l'on en croit l'histoire contemporaine, il est à penser que bon nombre, et des plus en vue, se seraient empressés de changer de carrière.

* * *

Après le champ *Bataillé,* l'on trouve le reste de la ville basse, puis l'on entre en pleine campagne. Ce sont à chaque pas des aspects nouveaux et des panoramas que le jeu de la lumière et des nuages varie sans cesse. Des coins adorables et des morceaux de peinture à copier bêtement sans y changer un caillou, pour en faire des chefs-d'œuvre de couleur, de tournure et de poésie.

Il faut plaindre ceux qui sont cahotés dans les boîtes de l'entre-sol, et qui ne voient les choses qu'au travers des tourbillons de poussière. Mais qu'y faire, si ce n'est de prendre une calèche découverte, et de faire tout doucement la route en petit comité ?

* * *

Après avoir passé Gan, vous suivez pendant une dizaine de kilomètres les rives du Neez. La route côtoie ce charmant et frais ruisseau qui chante et bruit tout le long de la route, baignant amoureusement le pied des frênes, des saules, des aunes et des peupliers étagés en bouquets espacés capricieusement sur ses rives, et donnant le mouvement et la vie à des moulins pressés qui semblent battre la mesure dans toute cette harmonie.

C'est comme un rêve de musique et de couleur

Décidément, dis-je en voyant des flots de poussière s'engouffrer dans les profondeurs où sont pressés nos compagnons de route et de la rotonde, on est bien sur les sommets que l'on appelle l'impériale. Au fait, me dit mon voisin de banquette, charmé comme moi de ce qu'il entend et de ce qu'il voit, les diligences me paraissent jouir d'un privilége dont bien d'autres seraient jaloux.

En France, où l'on se plaît non-seulement à changer les hommes, mais surtout les noms, comment se fait-il que ce nom d'impériale, appliqué aux diligences, soit resté debout, intact et respecté?

L'empire, la royauté, la république, se sont remplacés successivement, changeant les noms et les étiquettes, mais conservant, il est vrai, les mêmes choses et souvent les mêmes hommes. La place Royale s'est appelée place Nationale, place Impériale, replace Royale, replace Nationale, place des Vosges. Sous cette influence, l'Opéra est appelé Académie royale, Académie nationale, Académie impériale, Académie *des Vosges* de musique... J'ai vu même, en 1848, un fourreur dont l'enseigne était : *Au Tigre royal,* gratter son dernier adjectif, qui fut remplacé par national : *Au Tigre national!* C'était tout à fait réussi.

La rue dite actuellement rue du Quatre-Septembre, et qui date de quelques années, a changé si souvent cependant de date et de nom, que l'on a proposé de l'appeler rue du Calendrier.

L'impériale des omnibus a tout doucement pris le nom d'étagère.

Mais l'impériale des diligences, au milieu de tous ces désastres, a conservé imperturbablement le nom d'impériale, en dépit de toutes les politiques.

J'ai ouï dire qu'en pleine royauté, sous Charles X et Louis-Philippe, on traduisait déjà, sans broncher, ces mots de l'historien : *Cæsar venit in Galliam summa diligentia,* par ceci : César vint en Gaule sur l'impériale de la diligence.

Au milieu de tout ce qui a changé, cette continuation est étrange.

— Ne voyez-vous pas là un indice?

— C'est bien clair, dit le conducteur, qui a été jadis cocher à Biarritz.

— Bah! les diligences sont de vieux amis qui s'en vont, a dit le second voisin qui est au fond. Pourquoi les contrarier au dernier moment? Elles mourront telles qu'elles sont, depuis l'impériale jusqu'à la rotonde. Les chemins de fer ne pardonnent pas.

— On parle même d'en faire un l'année prochaine, dit le conducteur en soupirant.

Pendant ce temps, les chevaux suaient, soufflaient en montant la côte. Nous étions arrivés sur la crête, et nous voyions se dérouler devant nos yeux le panorama séduisant et prestigieux de la vallée d'Ossau. Un autre Gave, le Gave d'Ossau, court en écumant, sautant et riant au milieu des montagnes qui s'échelonnent tantôt couvertes jusqu'en haut de moissons, de pins et de verdure, tantôt montrant leur flanc abrupte et dépouillé par des éboulements gigantesques. Tout au bout, la montagne verte, le Gourzy et le pic du Ger qui ferment l'horizon, le dernier dressant comme un drapeau la neige qui blanchit encore son sommet.

Ce qui nous frappe sur la route, c'est la somme de travail réservée aux femmes dans ce pays où dominent encore les vieilles traditions du passé. Le règne de la galanterie française n'a point encore sans doute abordé ces contrées.

— Il en est de même en Amérique, d'où je viens, me dit mon voisin; les sauvages Peaux-Rouges se peignent et se maquillent, se consacrent à la guerre et passent leur temps à la recherche de la venaison, ou à la cueillette des chevelures, pendant que leurs femmes les squaw font les durs ouvrages, portent les lourds fardeaux, creusent et labourent la terre, et s'occupent des récoltes.

Les sauvages de cet endroit faisaient jadis ainsi. Les Ossalois vivaient de guerre et de rapine. De temps à autre, on les voyait se précipiter sur les villes de Pau, de Gan, de Lescar, de Morlaas, ravageant tout, et remportant dans leur vallée le produit de leurs razzias. Le reste du temps, ils combattaient les ours dans la montagne et couraient sus aux isars, pendant que les femmes labouraient la terre et récoltaient les moissons.

Depuis le dix-septième siècle, les expéditions au dehors ont cessé; mais le pli était pris, et les femmes, résignées, ont continué la tradition, labourant, portant les fardeaux, récoltant ce qu'il y avait à récolter, pendant que les hommes, trouvant le régime satisfaisant, continuaient à ne rien faire, gardant les troupeaux dans les montagnes en fumant leur pipe, et faisant courir le bruit qu'il y avait encore là beaucoup d'isars à tuer et quelques ours à combattre, afin de ne rien changer à la coutume.

Aussi, tout le long du chemin, l'on rencontre les femmes portant sur leur tête des faix énormes, ou poussant la charrue, ou moissonnant, ou rangeant sur les chars les lourdes gerbes.

Quelques-unes sont vieilles, osseuses, décharnées, la peau sombre et tannée par le soleil et le travail, les yeux enfouis comme dans les cavernes de la montagne.

Mais aussi çà et là quelques belles et vigoureuses filles, aux yeux noirs, au teint riche et puissant, les jambes et les pieds nus, à peine vêtues d'un capulet qui leur abrite la tête et l'épaule, d'un jupon noir ou rouge qui se drape étroitement sur les hanches, et d'une grosse chemise de toile, sous laquelle se dessinent avec fermeté, comme sous les draperies antiques, les lignes harmonieuses de la poitrine et le souple emmanchement du torse.

* * *

Messieurs les Ossalois, d'après ce que nous voyons, entretiennent avec soin ces habitudes dont ils tirent profit, et, par suite, ils entretiennent aussi avec le plus grand soin la légende des ours, et la croyance que l'on peut, sans trop de difficulté, trouver dans la montagne de quoi se faire une descente de lit.

Les amateurs de cette chasse ne manquent pas, et les guides se font encore un assez joli revenu en conduisant à la chasse aux prétendus ours les amateurs parisiens qui en ont promis la peau, retour des Pyrénées.

Il y a toujours là matière à de bonnes et salutaires promenades. Mais d'ours, pas plus que sur la main. Et si les guides savent où se tiennent les ours, dans le cas où il pourrait y en avoir, ils ont bien soin apparemment de ne point conduire les chasseurs du côté où il serait possible de les rencontrer: un accident est si vite arrivé!

Aussi il est sans exemple, depuis longues années, qu'un chasseur citadin, conduit par les naturels du pays, en ait rencontré sur son passage.

Quant à moi, je puis assurer cependant qu'il y a des ours dans les Pyrénées; je déclare en avoir vu un à Cauterets. Il est vrai que cet ours était gros comme un chien, avait dix-huit mois tout au plus, qu'il était muselé, enchaîné, faisait l'exercice et mangeait de la brioche.

Les guides prétendent qu'ils en voient d'autres, mais que c'est par mauvaise chance que l'on n'en rencontre jamais pendant que les étrangers sont dans le pays.

On tue quelques ours pendant l'hiver, tout au moins dans les journaux. Et pendant l'été, si l'on n'en montre point à l'état libre, aux touristes, on ne se fait pas faute de leur raconter des histoires où les ours jouent leur rôle.

— Et, me dit mon voisin, voici la dernière que je tiens d'un monsieur du pays, M. Jocelyn Bargouin :

LE TERRIBLE OURS DES PYRÉNÉES.

MOISSONNEUSE DE LA VALLÉE D'OSSAU.

« C'était dans une excursion au pic du Ger; nous causions, mon guide et moi, de choses et autres, quand, tirant une tabatière de sa poche : « En prendrez-vous, dit-il? — Jamais, merci. » Il reprit : « Vous avez tort; car moi, tel que vous me voyez, cette tabatière m'a sauvé la vie. — Tiens, lui dis-je, contez-moi cela. » — Il se recueillit un instant, et commença ainsi : « C'était un ours superbe! Je venais de lâcher mes deux coups, et à chaque fois j'avais entendu un sourd et puissant grognement. La fumée disparue, j'aperçois à deux pas de moi une masse gigantesque dont il me semblait sentir déjà la chaude et terrible haleine. Je perds la tête, et, lui jetant mon béret au museau, je me mets à fuir à toutes jambes. La bête s'arrête un instant, tourne et retourne le béret, et, le laissant bientôt avec dédain, continue sa course. Bientôt il m'avait rattrapé; ma veste l'arrête un instant, et moi de courir de plus belle; la pensée que ma mort enchanterait ma femme me donnait des ailes. Je lui jetai ainsi successivement ma ceinture, mon mouchoir et ma cravate. Je ne pouvais pourtant pas me déshabiller complétement devant lui; que faire? Tout à coup une idée lumineuse me traverse l'esprit : je lui jette ma tabatière. L'ours, étonné et essoufflé par une longue course, aspire deux énormes prises de tabac et se met à éternuer pendant une demi-heure. C'est entre deux éternuments que mes compagnons l'achevèrent. Depuis ce temps, monsieur, continua le guide, j'ai fait vœu de priser toute ma vie. »

Vous voyez bien qu'il y a des ours, et que ceux qui prétendent qu'il n'y en a plus sont mal informés.

*
* *

— Laruns est un gros bourg pittoresque où l'on s'arrête pour changer de chevaux une dernière fois. Sur la place de l'Église, où sont disposés les relais, il y a toujours affluence. Les vieux costumes persistent avec une sincérité dont il faut savoir gré aux habitants. Je vous recommande de vieux pâtres à culottes courtes, à vestes brunes du temps de Henri IV, et à cheveux gris bouclés qui s'échappent de leur béret béarnais; les vieilles femmes recouvertes d'une sorte de cape grise qui leur donne l'apparence d'un vieux sac de blé qui marche. Mais sous la cape brillent des yeux noirs, étincelants comme ceux des vieilles de Macbeth; et l'un des bras décharnés et fantastiques, comme en dessinait Fortuny, se cramponne de sa main noueuse à un long bâton, l'autre main égrène un rosaire. Nous en avons vu se signer en nous voyant passer. Mais les jeunes filles sourient aux toilettes des dames qui sont dans l'intérieur et la rotonde. Mauvais indice!

* * *

Les chevaux sont attelés. *Diou bibant! hié!* s'écrie le postillon en faisant claquer son grand fouet. La machine s'ébranle, nous côtoyons le pied de la montagne Verte, puis, laissant à droite une large et sombre blessure taillée dans le roc et dans laquelle se tortille la route qui conduit aux Eaux-Chaudes, nous escaladons au trot de nos sept chevaux la rampe qui serpente aux flancs de la montagne.

Puis au détour d'un rocher, dans une petite gorge abritée, on s'élance au galop. Nous entendons les accents connus de la *Mère Angot*, la marche d'*Orphée aux Enfers*, le finale de *Giroflé, Girofla*. Un orchestre s'essouffle dans la pelouse, où sont assises des dames vêtues de rose, de blanc, où courent des bébés qui jouent au cerceau, à la balle et à la poupée. Des gommeux frisés de frais, et la raie tracée avec soin au milieu de la tête, devisent joyeusement avec les dames; de vieux messieurs lisent leur journal en branlant la tête, et tout le long des cafés des couples attablés sont assis, buvant et causant politique.

Nous reconnaissons, en passant, la silhouette de la baronne de P..., la princesse de Z..., une série de personnages que nous avons vus cet hiver à Cannes, à Nice et à Monte-Carlo.

Voici M. Benoiton. J'entends la voix de baryton de ce bon Gontran de Perrichon. A cette petite table du coin résonnent les éclats de voix de la baronne de Vaugirard, d'Éloa de Saint-Phar et d'Ida de Mémorency. J'étais bien sûr que le petit Oscar de Gardefeu, Gaston de Maufrigneuse, le marquis de Pontlevis et compagnie, n'étaient pas loin. Les voilà qui frètent une voiture à quatre chevaux pour aller faire un tour au bois.

On se croirait à Paris, aux Champs-Élysées ou aux boulevards.

Nous sommes aux Eaux-Bonnes.

LES EAUX-BONNES

1er août 1875.

Les armoiries de la vallée d'Ossau.

... Vous connaissez cette délicieuse et à la fois superbe vallée que l'on rencontre à mi-chemin, entre la ville de Pau et les Eaux-Bonnes, et qui conduit, par une route semée de surprises à ravir un peintre et un coloriste, encadrée de l'or des épis et du velours vert des montagnes, jusqu'au pied du pic du Ger, géant abrupte et couronné de neiges, dont la rude silhouette domine tout cet éblouissant paysage.

C'est là que, tout étonné, l'on trouve, comme caché dans un pli du manteau de ce géant, un lambeau du boulevard des Italiens, des Champs-Élysées et de la vie parisienne.

C'est le village des Eaux-Bonnes.

Deux fois par jour, les belles dames, les jeunes filles et les gommeux de tout âge quittent le boulevard qui règne devant l'hôtel des Princes et qui semble la continuation de celui qui s'étend de Tortoni à la Maison-d'Or, pour faire queue à la buvette où se distribue l'eau salutaire, prétexte de ceux qui se portent bien, espoir de ceux qui ne battent que d'une aile.

Les vrais malades — et il y en a quelques-uns — viennent des maisons

La queue du Verre d'eau — aux Eaux-Bonnes.

voisines prendre leur place à la queue qui s'allonge devant cette précieuse buvette, comme devant un théâtre à succès.

Une seule nuance frappe les yeux et porte avec elle son caractère particulier : c'est la quantité de prêtres et de moines suivant la queue qui conduit à ce théâtre.

*
* *

Les robes noires, ou brunes, ou blanches, frôlent sans effroi les robes bleues, ou roses, ou unies, semées de volants, de dentelles et de guipures, agrémentées de torsades, de bijoux et de cuirasses, et l'on arrive à voir,

— A la vôtre, monsieur le curé.
— A la vôtre, ma chère dame.

sans aucun étonnement, à côté d'un avocat radical, un dominicain flanqué d'un ténor, prenant résolûment la file à côté d'une actrice égrillarde du boulevard, et un bon gros abbé tranquillement pressé entre deux cocottes.

LES PRÉPOSÉS A LA SOURCE.

Jean et Jeannot.

On me dit que tous ces gens-là sont victimes de la parole. Je le veux bien. Mais, ajoute un voisin, si tous ceux qui, en France, souffrent cruellement de l'abus de la parole, se mettaient à la suite, il y en aurait bien certainement d'ici jusqu'aux vrais boulevards, à Paris.

* * *

Aujourd'hui, il faut le dire, on ne boit guère, et la queue n'a pas son étendue normale, car c'est fête dans le pays.

* * *

Hier, à Pau, sur la place Royale, j'ai rencontré S. M. Henri IV. C'est bien lui; son grand œil audacieux et bon, son nez légendaire, sa barbe grise flottante et touffue; il a quitté son armure, remplacée par un vaste pourpoint boutonné sur la poitrine, et son casque, auquel il a substitué un chapeau à grandes ailes; je ne saurais me rappeler s'il n'est point surmonté du fameux panache.

— Ventre-saint-gris! m'a-t-il dit, si vous voulez voir nos bons Béarnais, allez donc voir les courses de *Montplaisir*.

Vous serez content, et vous verrez ce que vous ne pouvez voir ailleurs.

Le comte de Barraute est celui qui remplit, à Pau, le rôle du bon Henri, dont, assure-t-on, il a quelque peu du sang dans les veines; et, à la satisfaction des habitants de la ville, il fait une fière et rude concurrence à la statue qui se dresse, froide et inanimée, sur la grande place.

Ses avis sont écoutés et respectés; j'ajouterai que je n'ai pas eu de peine à les suivre, car la majeure partie de la ville et des étrangers qui l'habitent prenaient, dès le soir, la route de Montplaisir, — un joli nom, du reste, et qui appartient sans nul doute à la légende du joyeux et vivant Béarnais.

GUIDE POUR DAMES.

GUIDE CLASSIQUE.

Le père Lanusse.

Montplaisir est une petite agglomération de maisons de paysans et fermiers, tout près de Laruns, un bourg important, qui précède l'escarpement où se trouvent juchées les Eaux-Bonnes et au bas duquel s'ouvre la pittoresque percée qui conduit aux *Eaux-Chaudes*.

Là, les montagnes s'écartent légèrement, le gave d'Ossau décrit une courbe et s'éloigne, en grondant, sur la gauche, laissant à découvert une petite plaine qui s'étend entre la route et le torrent.

C'est là qu'est placée la piste et que le terrain est disposé pour les courses.

A vrai dire, rien n'est plus merveilleux; les montagnes vertes et boisées, à droite et à gauche, dont le ton varie à chaque instant, suivant les jeux de la lumière, la disposition des nuages et l'éloignement de leurs différents groupes. Dans le fond, le pic du Ger et les croupes sévères qui mènent au pic du Midi, toute la vallée d'Ossau qui s'étend derrière vous jusqu'aux chaînes bleues qui terminent la perspective, le torrent dont les eaux roulent harmonieusement, choquant dans leur course les galets et les quartiers détachés du roc, tout cela forme un cadre admirable et étrange de tous points.

Les paysans, les montagnards de tout sexe et de tout âge sont accourus de tous côtés pour la fête. Dieu soit béni, la *Belle Jardinière* et le terrible *Godchau* n'ont encore pénétré que timidement dans ces montagnes; l'*Hérissé* n'a pas encore pu détrôner le béret béarnais, et le capulet éclate encore en rouge vif sur les robustes têtes des montagnardes.

Les belles filles, aux pieds nus, ont fait seulement aujourd'hui la concession de mettre les souliers, qui les gênent évidemment; mais elles ont, sous le capulet, le petit bonnet d'où s'échappent leurs longues tresses, et elles ont conservé le corset de tradition et la jupe de drap plissé que portaient leurs arrière-grand'mères.

Il y a des types superbes et inconnus, à tournure vigoureuse et pour ainsi dire héroïque. Grâce à cet ensemble, la piste a pris un caractère qu'il est impossible de trouver autre part.

Ah! par exemple, les jockeys, parmi lesquels, chose à noter, il n'y a pas un seul Anglais, — tous Béarnais, *Diou bibant!* disent-ils avec fierté; — tous les jockeys, dis-je, sont habillés suivant la tradition des jockeys, avec la cape, la veste de soie de couleurs variées, les bottes et la culotte de peau.

Les chevaux sont arrivés; ce sont généralement des chevaux de montagne, croisés demi-sang, et dont l'ardeur est remarquable.

Il est une heure. Par la route qui vient des Eaux-Bonnes descendent les voitures à quatre chevaux lancées à fond de train et au triple galop des chevaux; les breaks, conduits à la Daumont par des guides en grand costume, roulent comme des ouragans dans la montagne; les crépitements des fouets éclatent comme des fanfares, et les vestes rouges des guides galopant aux portières piquent çà et là les verdures de leurs taches brillantes. Les calèches, les dogcarts, les landaus, remplis jusqu'au bord de toilettes claires et lumineuses, ont envahi le champ de courses.

Voici la voiture à quatre chevaux qui amène le préfet, M. le marquis de Nadailhac, M. le comte et madame la comtesse d'Heursel, M. le prince de Clermont-Tonnerre.

Voici les deux sous-préfets des villes les plus voisines.

Un mouvement nous annonce le comte de Bari et le duc de Parme, tandis que, d'un autre côté, se présente le fameux général Cabrera, qui se retire sur la nouvelle de l'arrivée de ces jeunes princes, avec lesquels il n'est sans doute pas empressé de se rencontrer.

Le visage du terrible partisan de jadis ne jure pas avec son histoire; le visage est court et ramassé; l'œil, abrité par un énorme et noir sourcil, est dur et violent; la moustache est grisonnante, presque noire, et se termine par une barbiche dure et blanche; il est chauve et de taille moyenne, d'apparence vigoureuse, et alerte malgré son âge.

Vu, à côté, une adorable Espagnole, blonde, fine, élégante; robe bleue, bordée de guipures et de jais noir, relevée sur une robe de faille noire; chapeau assorti : un bébé délicieux sur le devant de la calèche à quatre chevaux, menés en Daumont par les plus célèbres guides du département; à côté d'elle, un mari de race et de bonne tournure, mais qu'on ne pensait guère à regarder.

Des Parisiennes des plus réussies et deux ou trois dames de Bordeaux, citées partout pour leur grâce et leur beauté.

Je ne vous dirai pas quel cheval a gagné, cela m'est parfaitement égal; puis, j'avais bien d'autres choses à regarder, sans compter les montagnes.

Une course d'hommes a détourné un instant l'attention de MM. les chevaux, et ils ont couru comme de véritables Basques qu'ils sont; mais la haute curiosité du jour était une course de femmes.

Un prix avait été réservé à la première arrivée au but après un tour de piste, et un prix de consolation à la seconde.

Quatre belles filles montagnardes se sont présentées pour disputer les prix proposés.

Leur toilette de course s'est faite bravement en plein air et en public. Cette toilette consistait à enlever le corset, le premier jupon, ne gardant que la chemise de grosse toile, le jupon plus léger et le petit capulet.

Naturellement les souliers ont été mis de côté, et les quatre filles se sont placées en ligne.

L'une, qui semblait favorite, est grande et bien découplée : cheveux châtain clair, le visage coloré, les yeux bleus; joli profil, malheureusement une petit balafre — une chute sans doute dans la montagne — dépare quelque peu le côté gauche; épaules larges, poitrine médiocre de volume, mais bien placée; bras vigoureux et bien emmanchés, les hanches peu développées, la jambe fine du bas et le cou-de-pied très-élevé.

Le numéro deux est d'une stature moins haute, le teint brun, les extrémités fines et délicates comme un cheval arabe, les yeux noirs et ardents.

La troisième est blonde et sans caractère bien dessiné.

La quatrième est une robuste et vigoureuse fille, capable de porter de lourds fardeaux sur la tête et de fournir une longue traite pour une course de fond, mais ne paraît pas devoir gagner dans une course de vitesse.

Le jeune de C..., qui est là, note avec soin les performances, et demande si la gagnante n'a pas à réclamer. La réponse est négative.

Le starter est le maire des Eaux-Bonnes, en personne.

*
* *

Le signal est donné; ces dames s'élancent. En dix minutes, au détour, elles ont fourni le parcours de quinze cents mètres. La favorite est arrivée première de vingt longueurs au moins. C'est la troisième enregistrée qui est arrivée seconde.

Deux prix de consolation ont été réservés aux deux qui venaient ensuite. La galanterie se glisse partout.

On désirait que M. le maire voulût bien la pousser jusqu'à embrasser celle qui avait conquis le prix. M. le maire s'en est excusé, par convenance sans doute, mais sous prétexte qu'il faisait trop chaud. Il est vrai de dire qu'il y avait vingt-huit degrés de chaleur.

*
* *

Une demi-heure après, ces demoiselles, ravies de leur journée, dansaient une ronde béarnaise avec leurs compagnes.

A tout prendre, ce sont de rudes femmes, et il ne ferait pas bon de les trouver au coin d'un bois, si le cœur n'y était pas.

Il y aura encore de beaux jours pour les Béarnais.

*
* *

C'était la fin des courses; les voitures se sont ébranlées, les guides ont repris leur galop par monts et par vaux, c'est le cas de le dire, galop fou, claquements retentissants de fouets, de sonnettes, de grelots, de rires, de gaieté. Les paysans étaient ravis, les autorités satisfaites, les curieux et les touristes émerveillés; les malades eux-mêmes avaient cessé de croire à leur maladie.

Le soir, feu d'artifice brillant, danses de montagnards aux Eaux-Bonnes, et quels dîners! et quels vins! sans compter le célèbre vin de Jurançon!

Et puis, que vous dirai-je de plus? C'est qu'ici, si le pays est séduisant, les costumes étranges et caractéristiques, les femmes jolies et bien parées, j'ai vu des banquiers spirituels, des notaires pleins d'humour, de talent, de gaieté, portant des moustaches en croc, et pas la moindre cravate blanche.

Coureurs basques.

La promenade devant l'établissement.

BAGNÈRES-DE-LUCHON

AU VICOMTE GUY DE LA ROCHE-VERTE, A TROUVILLE (CALVADOS)

La buvette du pré.

Je suis à Bagnères de Luchon.

Le moyen de rester à Paris par vingt-sept degrés de chaleur, après le grand prix, quand tout le monde s'envole à droite, à gauche, que les théâtres se ferment, et qu'il ne reste plus au club que les domestiques ?

Sur le boulevard, des gens de bureau, des commis, des ouvriers et leurs *dames,* des *cockneys* venus de Londres, de Liverpool, de Birmingham ou de Manchester par le train de plaisir. Couteliers et coutelières, fabricants et fabricantes d'épingles ou de cotonnades avec leurs petits, se promènent les bras ballants, conduits par des guides qui leur expliquent les beautés de la capitale et les splendeurs des environs.

D'affreux couples d'Allemands vulgaires, de Belges communs et d'Espagnols ratatinés, tout cela de la race inférieure, gens mal tournés, mal mis, en chapeau ou casquette de voyage, mangeant dans la rue et buvant aux fontaines Wallace ou à la porte des cafés borgnes.

C'est navrant.

Paris semble toujours aussi plein, et cependant il n'y a plus personne. J'étais le dernier et je suis parti.

*
* *

Le voyage s'est fait très-bien. J'avais un coin, quatre ou cinq journaux, de bons cigares et des voisins pourvus de même.

Je ne cause pas en wagon, par principe, avec les gens que je ne connais pas ; ça m'ennuie et m'empêche de dormir, et c'est parfaitement inutile.

A quoi bon regarder ces arbres qui passent en courant à perdre haleine, et ces portées de fils télégraphiques qui montent et descendent par un même mouvement toujours répété et des plus agaçants ? Aussi je ne regarde pas. Je fume tranquillement, les yeux à demi clos, tout juste assez pour m'amuser à voir vaguement tourbillonner la fumée. Je me laisse bercer par le *rourou* de la voiture, et je ne pense à rien. C'est charmant. Partant à dix heures

BUFFET. — Vingt minutes d'arrêt.

quarante-cinq, j'avais consciencieusement déjeuné, ce qui m'a conduit sans trop de souffrance jusqu'au dîner.

Le buffet n'est pas mauvais à Angoulême. Vingt-sept minutes d'arrêt, c'est court, mais le filet aux pommes réglementaire était confortable, et l'on m'a servi un certain poulet chasseur réussi. Petit bordeaux réellement présentable. Du reste, j'avais faim. Remonté en wagon, fumé un excellent cigare, et recommencé une jolie sieste.

Ah! par exemple, un peu trop de poussière. Je vous demande un peu d'où cela peut venir. Car enfin, il ne doit pas y en avoir sur les rails que j'ai toujours entendu dire être de fer, et cependant il y en a trop, ce que je constate avec peine, car le chemin, du reste, est fort bien tenu.

Trois ou quatre mouches, venues de Paris comme nous, s'obstinent à troubler mon sommeil, et viennent à chaque instant se percher sur mon front et sur ma joue gauche. Impossible de m'en débarrasser en faveur de mes compagnons de voyage, dont la physionomie leur paraît sans doute moins appétissante. Je renonce à dormir, et tout en allumant un nouveau cigare, je vois avec plaisir que la fumée déplaît, et que ces dames ont définitivement élu domicile sur le nez de mon voisin de droite, qui tout en dormant fait des grimaces à mourir de rire, et finit par se réveiller comme moi tout en se donnant une vigoureuse claque sur le nez.

Voici toutes mes impressions de voyage. La nuit est venue tout doucement, les mouches se sont endormies, nous aussi, et tout le monde est resté tranquille. J'ai bien entendu vaguement dire vers les onze heures que l'on était à Bordeaux, j'en ai profité pour remonter machinalement ma montre. Après avoir fait deux ou trois tours, je me suis enveloppé de mon mieux dans ma couverture, pour me réveiller seulement à Montréjeau. Voilà ce qui s'appelle voyager.

* * *

A Montréjeau, joli buffet. Le filet purée de pommes et le poulet chasseur y sont confectionnés de main de maître. Vin fort acceptable, un peu aigrelet, mais gentil à tout prendre. Ah! par exemple, je ne recommande pas les pêches. La chair est dure, jaune et coriace, quelque chose comme du melon combiné avec du navet.

Au demeurant, déjeuner agréable. Est-ce le ballottement du wagon, est-ce l'air de la montagne qui creusent, je l'ignore. Mais le résultat est enviable.

Voici les Pyrénées : il y a quelques touches de neige qui étoilent les sommets çà et là; ça ne fait pas mal, et ça promet de la fraîcheur.

Changement de wagon pour Luchon.

Le gros Hector de Villejoyeuse est dans le train. Il conduit sa femme, une petite très-gentille, ma foi, quoique élevée dans la pommade, et qui a

voulu faire connaissance avec les Pyrénées. Voilà trois mois qu'ils sont mariés, ils arrivent d'Italie, le voyage obligatoire, où ils ont cuit aux trois quarts. Ils viennent ici se refroidir. Hector n'est pas plus triste qu'auparavant, la petite est fort gaie. La présentation est faite en règle. Au bout d'un quart d'heure, nous étions de vieux amis.

Hector l'avait rencontrée l'an dernier à Trouville, sur la plage; la petite était si blonde, si fraîche; sa dot était si ronde, si potelée, que le bon Hector a cru devoir passer à pieds joints par-dessus le beau-père, qui ressemble à un flacon d'eau de Bully, et la mère, qui parle la bouche en cœur, est mise comme une actrice et empoisonne le patchouly.

L'idée d'avoir pour gendre un vicomte a séduit le marchand de pommade. Quant à la petite, elle était enchantée, et elle se couvre de couronnes depuis les pieds jusqu'à la tête; les couronnes débordent jusque sur ses malles.

Et tu sais, entre nous, quelle espèce de comte est notre ami. Ses ancêtres ne montaient guère dans les carrosses du roi, mais on assure que sous

Louis XV, l'un d'eux montait derrière, ce qui a fait nommer son petit-fils baron sous Louis XVIII. De là à être comte il n'y a qu'un pas. Le père de notre ami l'a fait tout seul comme un grand garçon.

Voilà comment Hector est vicomte.

Mais il est si bon garçon, si en train, que personne n'en dit mot.

Et maintenant le voilà riche, ce qui ne gâte rien, au contraire.

Bref, le mariage s'est fait avant le carnaval; depuis ce temps le jeune couple voyage.

Nous avons quelque peu jaboté en route. Il paraît que nous allons trouver là-bas quelques personnes. Il y a des parties projetées, on s'amusera. Et puis il y a de quoi, dit-on, tailler un joli petit bac de famille.

* * *

A onze heures, arrivée à Luchon. Une heure après, j'étais installé dans un bon hôtel, allée d'Étigny, et après les ablutions indispensables, j'ai été prendre mon café chez le célèbre père Arnative, qui persiste à ressembler à M. Littré et à ses ancêtres.

A la bonne heure, j'ai constaté qu'il y a du monde à Luchon, une quinzaine de ces messieurs au moins, le petit Vandenesse, Rubempré, Maufrigneuse, le vieux baron, le petit duc, etc., etc.

En nous promenant tout le long devant l'établissement jusqu'à la source du

— Ce petit chéri, il a pris son verre d'eau comme un grand monsieur!

pré, j'ai pu saluer deux ou trois douzaines de femmes de la société. Le vieux duc de Parme était assis sur une chaise, lisant le *Figaro*. Et les princes

LE VICOMTE.

Venu pour faire son petit effet. On demande des héritières sérieuses.

SUR LA PROMENADE.

— N'est-ce pas que c'est charmant?

— Laisse-moi donc tranquille; quand il fait si chaud, devant ce qu'il y a de plūs beau je reste froid.

L'OEIL DU MAITRE.

ALTERNATIVE.

— Est-ce exquis? ou tout simplement delicieux

italiens, les princes russes et les grands d'Espagne décavés, des réfugiés de toute nation, marchaient en devisant gaiement dans toutes les langues.

Quelques jolies Espagnoles bien brunes et des Anglaises charmantes et très-blondes pour faire opposition. Enfin c'est meublé en hommes et en femmes.

On pourra causer, flirter, et cartonner à son aise.

*
* *

Au concert de quatre heures, j'ai pu constater de nouveau la présence d'un personnel assez complet, et l'on attend encore du monde.

Il semble vraiment que l'on soit aux Champs-Élysées, au concert Besselièvre, moins la musique, naturellement, mais nous savons qu'on n'écoute pas ce qu'on joue, et que la musique est tout simplement un prétexte pour soutenir et agrémenter la conversation.

Il y a des femmes de tout genre et de toute espèce. Les petites dames ne manquent pas plus que les grandes, seulement elles se dissimulent un peu plus qu'à Paris. De Toulouse et de Bordeaux, il est arrivé quelques bonnes toilettes; ça tranche et ça ne fait pas mal. Un petit repoussoir agréable à ce qui vient de Paris.

*
* *

Le soir, après dîner, — on dîne convenablement dans la plupart des hôtels, ou bien encore chez cet inévitable Alternative, comme on l'appelle, sur l'allée, — on va de nouveau entendre de la musique sur le cours, devant l'établissement.

Puis on sonne le couvre-feu, et l'on va se coucher, à moins que l'on ne préfère se diriger vers un casino, situé à gauche, au commencement de l'allée d'Étigny, où l'on se paye un petit bac qui se porte bien.

Hier soir, il y a eu un coup de quatre mille louis. C'est gentil pour un bac de province. C'est un baron allemand, chauve, et muni d'un énorme monocle, qui a l'air tout à fait fantastique, qui tenait la banque. Il a retourné un neuf, a ramassé, salué, et est allé se coucher avec la tranquillité de feu Charlemagne. On espère le repincer demain.

— Ce qui m'amuse au possible ici, c'est l'air affairé de tous ces braves gens qui passent leur temps à chercher des combinaisons pour des promenades et des excursions dans la montagne.

Hier j'ai vu revenir, à quatre heures, deux baronnes, trois comtesses et quatre marquises : on ne les aurait pas prises avec des pincettes; elles étaient couvertes de boue jusqu'aux yeux; leurs robes pleuraient sur elles, je ne

LE DÉPART.

Allée d'Étigny.

On m'avait dit qu'il était excessivement doux. C'est sans doute son moral.

DUO CONJUGAL.

La conversation est entamée.

DUO CONJUGAL (*suite*).

— Je te l'avais bien dit ce matin.

— C'est plutôt moi.

— Si jamais tu m'y repinces ! .. Il est frais ton paysage ! on en verrait tout autant au fond d'un puits.

— Si tu n'es pas content, tu peux t'en aller ; je ne te retiens pas. Tu as voulu prendre les eaux, tu y es, et laisse-moi tranquille.

ALLÉE D'ÉTIGNY. LE RETOUR.

Honneur au courage malheureux !

dirai pas à chaudes larmes, mais à larmes glaciales; il y en avait trois ou quatre qui avaient perdu leurs cheveux dans la bagarre.

Tous ces messieurs, parmi lesquels le bel Hector de Villejoyeuse, étaient piteux à faire mourir de rire.

Ils ont bien essayé un petit trot en passant devant le café, où nous les avons applaudis sur l'air : *Honneur au courage malheureux!* mais les chevaux, se conformant à leur triste pensée, avaient peine à ébaucher un semblant de trot, et cavaliers et cavalières clapotaient péniblement sur leur selle...

Ils étaient partis rayonnants ce matin pour visiter le port de Venasque et glisser un œil curieux sur l'Espagne. Ah bien oui! à peine dans la montagne, ils ont été escortés par un nuage qui leur permettait d'examiner tout au plus la queue du cheval qui marchait devant eux, ce qui leur paraissait tout à fait insuffisant comme paysage.

Ce nuage et quelques compagnons à lui ont fini par crever à qui mieux mieux, et ne leur ont pas laissé un fil de sec; ils sont rentrés tout penauds à leur hôtel.

— Mon cher baron, vous ne direz pas, comme hier, que je vous ai fait un salut un peu sec!

Il y a là cinq ou six bronchites sur la planche, sans compter les rhumes de cerveau.

Il est vrai que, suivant le docteur, avec quelques douches du grand jeu, ce sera une affaire finie.

MADAME BARBE-BLEUE.

Pauvre petite femme aimante, bonne et riche, et ne pouvant conserver un mari!
Voilà le troisième qu'elle nous amène comme ça depuis dix ans.
Comme c'est triste!!!...

Mais je préfère de beaucoup m'être abstenu. J'ai fait une petit bouillotte entre amis, j'ai gagné une vingtaine de louis et pas le moindre rhume de cerveau.

*
* *

D'ailleurs, je suis revenu et bien revenu de toutes ces excursions. Quand j'en fais par hasard maintenant, et j'en fais le moins que je peux, c'est pour ne pas être désagréable aux dames. Alors j'ai bien soin de me munir d'une bonne voiture, qui ferme bien, et dans laquelle je puisse au besoin, moi et les miens, me tenir à sec. Je laisse le plaisir de chevaucher sur ces affreux carcans de montagne aux petits jeunes gens qui veulent faire l'homme, et aux vieux qui veulent faire les petits jeunes gens.

D'ailleurs, je ne comprends les montagnes que d'en bas. Ma paresse y trouve peut-être son compte, mais je déclare que jamais une montagne n'est plus belle que lorsqu'on la regarde à son angle favorable, et qu'on la voit de la plaine. Alors elle conserve sa majesté et son ampleur. Si vous vous avisez de grimper dessus, vous la rapetissez d'autant que vous avez plus fait de chemin.

Si vous arrivez au sommet, la belle avance! Dans le cas où les nuages, les vapeurs ou la pluie ne vous couvrent pas tout l'horizon d'un voile qui dérobe tout à votre regard, vous voyez quoi?

Des pins gros comme des têtes d'épingle, des champs partagés en petits carrés comme les carreaux d'un mouchoir de poche, des montagnes comme des taupinières, des torrents et des cascades semblables à des bouts de fil blanc qui brillent çà et là perdus dans la brume, des villages ou des villes que l'on croirait sortis des boîtes de Nuremberg.

Tout cela me paraît mesquin et petit à force d'être étendu. Je pense malgré moi à l'Atlas de ce bon M. Cortambert, et cela ne m'amuse pas d'une façon beaucoup plus accentuée.

*
* *

Du reste, n'est-ce pas de la plaine qu'il est réellement beau et séduisant de contempler la montagne? Tandis qu'en grimpant sur la montagne, ce que l'on contemple principalement, c'est la plaine, — et on n'a vu que ça toute la vie.

Il y a là un brave ingénieur qui s'appelle Lézat, et qui a consacré, nous dit-on, quinze années de sa vie à reproduire, en liége et papier mâché coloriés avec soin, pic par pic, torrent par torrent, cascade par cascade, le plan général de toute cette partie des Pyrénées où sont les stations de bains, et où l'on se promène à qui mieux mieux.

Hâtons-nous de dire que cet homme, qui n'y était pas forcé, a mérité aussi d'éviter les feux du purgatoire. Eh bien, pour moi, quand je veux faire une excursion, je vais tout bonnement donner un franc à ce monsieur, je m'installe commodément sur ma chaise, et je regarde les cinq ou six mètres de montagnes réduites par cet ingénieux procédé Collas. J'éprouve exactement le même genre de satisfaction que j'aurais éprouvé en grimpant sur le modèle. J'en vois beaucoup plus à la fois, et j'économise les averses, les nuages, les brumes, et aussi les rhumes et les refroidissements. Tout est bénéfice.

*
* *

— Je viens de trouver ici un homme d'esprit et de talent qui est tout à fait de mon avis, et encore plus.

C'est l'auteur du *Testament de César Giraudot* et de la *Femme de feu*, M. Belot, un gros garçon jovial, qui est venu dans ces parages je ne sais pourquoi, car il ne peut souffrir les montagnes, qui le lui rendent bien.

— Figurez-vous, mon cher monsieur, me disait-il, que je ne peux monter sur une feuille de papier sans être pris d'un commencement de vertige. Eh bien, j'ai trouvé ici des gens charmants, des amis, mais malheureusement des enthousiastes, qui veulent absolument me condamner à l'admiration et me faire grimper de force dans leurs montagnes. J'ai eu beau leur dire quelle est mon infirmité, rien n'y a fait; une partie est combinée depuis deux jours pour demain, et depuis deux jours et deux nuits, je ne dors pas. Je ferai mon testament ce soir.

En effet, il est parti victime de ses imprudents amis. On l'avait, sur sa prière, bouclé et ficelé sur son cheval, le plus doux et le plus calme de tout Luchon, un vrai cheval de carton. On n'était pas plutôt engagé dans la montagne, sur une rampe au bas de laquelle à quelques mètres gazouille un tout petit torrent, que le vertige l'a pris, puis le mal de tête, les éblouissements et jusqu'au mal de cœur. En fermant les yeux il a pu calmer un peu la souffrance; mais fermer les yeux ne suffisait pas, de temps en temps un cahot les ouvrait, et le vertige recommençait de plus belle.

Il fallut lui mettre un bandeau sur les yeux et le coucher à plat dans une calèche. C'est ainsi qu'il a parcouru les sites les plus vantés des environs. Il est revenu fourbu, malade, n'ayant rien vu, que de temps en temps le pommeau de sa selle.

Depuis ce temps, rien que d'apercevoir un bout de montagne, le mal de cœur le reprend. Quand il déjeune ou dîne, il prend invariablement la place qui regarde le mur, et à l'hôtel il a changé sa chambre, qui était au premier, pour coucher au rez-de-chaussée.

* * *

Quant à moi, ce n'est pas par crainte de vertiges ou d'éblouissements, c'est par principe que je m'abstiens de ce travail pénible auquel se livrent ici une partie de mes semblables sous prétexte d'excursion.

Une fois jadis, j'ai eu la curiosité de monter en ballon pour contempler le spectacle, réputé prestigieux, qui se déroule au-dessous du voyageur. Eh bien, c'est encore pis que les montagnes. Quand les nuages permettent d'apercevoir quelque chose, ce qui n'est pas ordinaire, il semble qu'on plane au-dessus d'une immense carte de géographie, tachée, mal faite, et d'une mauvais mise au point.

C'était je ne sais plus quel jour d'inauguration. Un train d'honneur emportait le gouvernement en grande vitesse à l'endroit désigné. Il y avait M. Thiers, tous les ministres, les politiques et les orateurs les plus immenses de ce temps. Eh bien, ce train monumental était représenté par une toute petite ligne noire qui se tortillait péniblement sur le sol comme une petite chenille.

J'apercevais la foule enthousiaste représentée par trois ou quatre petits paquets de millet noir maigrement répandus sur le sol.

C'était navrant.

Aussi j'ai promis de ne plus monter en ballon, et cependant celui-là s'était élevé plus haut que le mont Blanc, ce but rêvé de tant de touristes. Par cela même, je me suis promis de ne plus grimper sur les montagnes, au moins pour mon plaisir!

Je n'aime pas à voir rapetisser les choses et les hommes, déjà assez petits par eux-mêmes.

J'aime à conserver quelques illusions.

On dira que je suis terre à terre, que je manque d'élévation et de poésie, cela m'est fort indifférent. J'ai ma poésie à moi. La montagne me paraît grande parce qu'elle est au-dessus de moi; si je l'escalade, je la supprime.

En ne l'escaladant pas, j'économise de nouvelles déceptions, ce qui est un avantage; beaucoup de fatigues et de chances dangereuses, ce qui en est un autre.

Jamais du reste je ne m'aviserais, pas plus que personne, de demander à un peintre, quelque talent qu'il puisse avoir, une vue prise d'un sommet quelconque, au besoin je me contenterai d'un topographe ou d'un géographe à volonté, mais la reproduction d'un coin intime aura pour tous et pour moi un charme et une saveur que nul ne saurait contester.

* * *

— Il n'y a nul besoin de se donner tout ce tracas, qui blanchit les cheveux des excursionnistes, pour passer le temps agréablement ici.

On rencontre à chaque pas dans cette population variée des types intéressants et curieux. Les Bourbons y foisonnent. Je t'ai dit que l'on rencontre à chaque pas sur la promenade le duc de Parme, un grand sec, d'un blond gris, qui a l'air tout à fait bon prince et même bon enfant, et ressemble quelque peu au duc de Nemours, combiné avec le duc d'Aumale.

Celui-là ne fait pas d'excursions. Dans ses courses, il ne dépasse pas d'un côté la promenade de l'établissement, et l'allée d'Étigny de l'autre.

Un peu plus loin c'est un autre duc de Parme, celui-ci tout jeune et le fils de l'autre sans doute. Celui-ci est toujours cavalcadant, excursionnant et devisant gaiement avec les dames.

Un autre Bourbon encore très-gentil, c'est un tout jeune, tout à fait sportsman, amateur des chasses et des courses, très-goûté par les dames du faubourg Saint-Germain et quelques Espagnoles de la grandesse qui s'asseoient chaque jour sur la droite de la promenade : c'est le comte de Bari. Ces deux jeunes Bourbons, il faut le dire, tout en étant parfaits gentlemen de tout point, n'ont guère le type et l'aspect de la famille.

* * *

Celui qui possède le plus le type connu de cette famille est un beau et vigoureux gaillard d'une soixantaine d'années, bien connu à Pau et dans toutes les Pyrénées, et qui ressemble, à s'y méprendre, à l'Henri IV légendaire qui figure dans le tableau célèbre de Gérard, l'*Entrée de Henri IV à Paris,* ainsi que dans tous les tableaux du temps. C'est la même prestance, la même barbe grise, le même nez accentué, la lèvre sensuelle et le grand œil affectueux du Béarnais.

Le comte de Barraute, c'est son nom, ne se fait pas faute d'être quelque peu fier, et de ses ancêtres et de sa ressemblance. On le serait à moins. Il a, nous dit-on, cinq ou six fils taillés sur le même patron.

— Voici ce que c'est que de rester dans nos montagnes, on ne dégénère pas, nous disait-il. Pour vous prouver que la race n'a pas faibli, je vous dirai que j'ai essayé un jour d'endosser une armure qui servit jadis au roi Henri IV, et que je n'ai jamais pu y entrer. Je n'ai pas été plus heureux avec celle du roi François Ier. Quand la mode en reviendra, il faudra m'en faire fabriquer une sur mesure.

* * *

— Et vous ne quittez jamais ce bon pays où l'on se porte si bien?

— Jamais, et je m'en trouve à merveille. Nous avons conservé quelques châteaux dans le Béarn et les deux Navarres, sans compter nos incomparables eaux de Saint-Christau, qui sont tout bonnement en train de damer le pion aux *Eaux-Chaudes* et aux *Eaux-Bonnes;* et rien qu'à visiter tout cela, de montagne en montagne, il y a de bonnes courses à faire qui profitent à la vigueur et à la santé.

Heureusement le pays est riche et hospitalier, et, ne vous en déplaise, les voyages dans les montagnes ont leurs satisfactions de tout genre.

L'an dernier j'étais parti en excursion. Tout en chassant l'isard, je m'étais attardé quelque peu dans la montagne. Le soir venait. Au détour de la route, un château se présente; je m'en fais ouvrir la grille. Le garde me salue avec politesse, me fait entrer dans une vaste salle à manger, où je trouve un feu réjouissant dans la grande cheminée. Il me sert un souper des meilleurs, arrosé d'un excellent vin de Jurançon, et me conduit après cela dans une très-bonne chambre, où j'ai dormi comme un bienheureux.

Le lendemain matin, en quittant le garde, après lui avoir remis quelque argent à titre de gratification, qu'il voulait absolument refuser :

— Mais mon ami, lui ai-je demandé, quel est le seigneur de ce château, et à qui dois-je une si bonne et hospitalière réception?

— Monsieur, m'a-t-il répondu, vous êtes chez le seigneur comte de Barraute!

— *Diou bibant!* je n'avais jamais vu ce château, je ne savais seulement pas que j'étais chez moi!...

On prétend que ce bon comte est un peu Gascon; il est bien dans son droit. Henri IV se vantait de l'être. Et, à tout prendre, son Sosie m'a fait l'effet d'être, comme lui, un aimable et joyeux compagnon.

* * *

On joue beaucoup à Luchon. Il y a une espèce de Casino où l'on ne fait que cela, et l'on cartonne le plus qu'on peut entre soi, en épluchant autant que faire se peut le personnel; car s'il vient ici des Italiens, des Anglais, des Allemands, des Espagnols, il s'y glisse parfois aussi quelques Grecs.

Une bonne scène, l'autre jour : deux messieurs nous paraissaient cartonner d'une façon fantaisiste.

Le professeur Brunnet, le successeur si habile de Robert-Houdin, était venu donner séance à Luchon, où, par parenthèse, il avait eu, comme toujours, le plus grand succès. Nous l'avons invité à venir le soir au Cercle.

Comme il est entré, justement un de ces messieurs, celui que nous avions

— Messieurs, faites votre jeu. Rien ne va plus!

nommé d'intuition le baron Saute-la coupe-hausen, était à la banque. Rien qu'à voir sa manière de tenir les cartes, le professeur Brunnet me dit à l'oreille : Ce monsieur en est, il en mange.

Je dois ajouter que la présence dudit Brunnet avait jeté comme un manteau de froid sur ces deux messieurs. Le jeu fut timide, et le banquier qui gagnait toujours se mit à perdre.

LA GAZETTE D'ÉTIGNY.

— Ici on taille les bavettes les mieux faites et les vareuses les mieux renseignées de tout le département.

La banque finie, les bénéfices en étaient infiniment plus modestes qu'à l'ordinaire. On interrompit un instant le jeu, pour donner des cartes à Brunnet, qui se mit à nous faire les tours les plus surprenants, retournant le roi à volonté, se donnant des neuf à tout coup, et arrosant les autres de deux, de trois ou de dix. C'était un charme.

Et il s'adressait à chaque instant et tour à tour à chacun de ces deux messieurs, en riant de son bon rire narquois, et les regardant du coin de son petit œil malin et railleur. C'était pour eux qu'il semblait faire la

Le professeur Brunnet.

démonstration, indiquant la façon de faire sauter la coupe sans que personne y pût rien voir, l'art de passer la carte voulue au moment donné et de faire couper au bon endroit.

— Voilà pourquoi je ne joue jamais, dit-il, c'est trop facile de gagner; mais je viens de temps en temps pour voir gagner les autres.

Et l'on reprit la partie.

Cinq minutes après, les deux messieurs en question s'étaient éclipsés; le lendemain matin ils prenaient le chemin de fer. On dit qu'ils sont installés à Biarritz.

Je conseillerai à Brunnet d'aller y donner une séance.

* * *

Au *Portillon,* frontière de l'Espagne, nous avons été l'autre jour, en bonne calèche s'il vous plaît, faire un petit tour, avec quelques dames et de joyeux drilles, qui avaient chargé la voiture de plusieurs pâtés et d'un vigoureux panier de champagne.

Au *Portillon,* il y a une roulette qui tourne gaiement dans une sorte de baraque en bois, pleine de promesses pour l'avenir, mais que le présent n'a pas permis jusqu'alors de parer. Ce sera pour plus tard. — On n'en perd pas moins son argent pour cela.

Ce n'est pas pour moi que je dis cela.

C'était un vendredi, 13. J'ai pris un louis dans ma poche. En entrant, je

Le banquier du Portillon.

l'ai jeté en plein sur le numéro 13, qui s'est empressé de sortir. On m'a rendu immédiatement mon louis, accompagné de trente-cinq autres. La galerie était enthousiaste. Deux petites dames sont venues aussitôt s'asseoir à mes côtés. Je les ai emmenées boire du champagne avec nous sur la pelouse, et nous avons donné princièrement la croûte de pâté et cinquante

centimes par personne à une douzaine de pauvres petits soldats carlistes, maigres et efflanqués, auxquels nous avons fait ainsi beaucoup de bien. Nous sommes repartis dans notre calèche.

La promenade était vraiment agréable, mais j'aime mieux mon petit bac de Luchon, c'est moins loin de mon hôtel.

*
* *

Bref, je suis ici, je m'amuse à ma façon, je vois des gens que je connais, je suis à Paris sans y être, je fais ma petite partie à loisir, je ne me marie pas, je ne fais pas d'excursions, tout est plaisir. Et qu'est-ce qu'on fait à Trouville?

A toi,

VICOMTE GUY DE TROIS-ÉTOILES.

— Dis donc, Nini, qu'est-ce que tu dis de cette petite-là?
— Ça me fait de la peine, parole d'honneur. Comme dit Dumas, c'est un capital qui dort.
— Ne le réveillons pas.

Le champ de courses à Luchon.

COURSES POUR L'AMÉLIORATION DE LA RACE FÉMININE

Août 1875. — Bagnères de Luchon.

... Faut-il vous l'avouer sans détour? cette mode qui consiste à faire tourner plusieurs chevaux très-maigres, surmontés de simulacres d'hommes vêtus de rose ou de bleu, sur une piste longue de quelques centaines de mètres, à faire courir à perdre haleine ces animaux efflanqués, de sorte qu'il leur devient impossible, pendant plusieurs jours, de faire seulement la moindre petite course à pied, tout cela sous prétexte d'*amélioration de la race chevaline*, me paraît une des bonnes plaisanteries de notre temps.

Notez que, au point de vue de la vitesse, aucun héros de ces courses n'est capable de lutter cinq minutes seulement avec la plus poussive de toutes les locomotives.

Ajoutez qu'il ne vient à personne l'idée d'atteler de pareils chevaux à son coupé ou à sa calèche, et qu'on s'empresse d'aller pour cela choisir autre part des types plus étoffés, plus souples, moins impressionnables et moins nerveux.

Que, au point de vue de la force, aucun de ces coureurs en renom n'est capable de porter des fardeaux, de tirer une charrue, un omnibus, ou bien même un tombereau.

Que, enfin, en temps de guerre, on prend grand soin d'écarter de la remonte tout animal qui se rapproche du type en faveur sur le turf, comme incapable de longs efforts, de patience et de privations, et qu'on est souvent forcé de demander à l'étranger les chevaux qui manquent à la France.

Que reste-t-il donc, après cela, de la prétendue amélioration de la race chevaline?

A ces réunions qui, sous prétexte de chevaux, semblent passionner tout un monde, enlevez les riches toilettes, les équipages brillants, les femmes belles et parées et faciles, les notabilités de tout genre, et surtout les *bookmakers*!, parieurs, turfistes, joueurs de toute sorte et piliers de tripots, il n'y viendra personne, pas même des chevaux.

Heureusement on n'enlèvera rien de tout cela, et l'on continuera, il faut bien l'espérer, à croire améliorer les chevaux en venant admirer les nouvelles modes et les nouvelles étoiles du jour, buvant du champagne frappé en l'honneur du gagnant, et en faisant çà et là, suivant sa fortune, de petites poules de quarante sous jusqu'à cent louis, ou des paris de dix à vingt-cinq mille guinées; mais, en somme, on n'améliorera rien du tout, si ce n'est les recettes des entrepreneurs, les notes de mesdames les couturières et les appointements de MM. les jockeys.

* * *

Ces réflexions, que je qualifierai de sages, me sont venues hier à propos des courses de Bagnères de Luchon.

Les guides forment, en cet endroit chéri des baigneurs très-précieux en quête de douches et d'inhalations, une corporation qui s'ingénie de son mieux à stimuler la curiosité du touriste, et à sonder la profondeur de son porte-monnaie.

Ils ont donc, comme partout, suivant le flot, organisé des courses, prétextes à déplacement, à voitures, à locations de toute sorte.

Il est impossible que vous ne connaissiez pas Luchon, par conséquent vous connaissez les allées d'Étigny et le café Arenative, où l'on mange, où l'on boit, où l'on fume, où l'on se réunit le soir pour les commérages et racontars dont la ville est inondée.

Hier, vers les huit heures du soir, grand fracas. Tous les guides de Luchon sont à cheval, tenant des piques aux banderoles flottantes; des porteurs de torches de résine éclairent le cortége fantastique que précède la musique des enfants de la montagne. La cavalcade s'arrête devant le café, et le chœur des cavaliers chante à l'unisson un chant montagnard, suivi d'une salve de coups de fouet qui claquent et crépitent, joyeusement agités par les bras vigoureux des cavaliers, répétés par les échos d'alentour. Singulier orchestre qui a son caractère.

C'est l'annonce des courses du lendemain.

* * *

Les guides de Luchon n'ont pas le vain préjugé de croire qu'on améliore les chevaux en les faisant courir plus que force, pour venir atteindre un but distant de quinze cents à deux mille mètres, et ils ont encore moins le désir de voir passer en d'autres mains que les leurs les quelques prix accordés par la ville et les propriétaires de l'endroit. Aussi se sont-ils bien gardés d'appeler du dehors quelqu'un de ces coursiers habitués aux luttes hippiques, suivant la belle expression de M. de Bornier, coursiers qui n'auraient pas manqué de prélever le plus clair des bénéfices et récompenses. Ils se sont contentés de donner un coup d'étrille à quelques-uns des chevaux qu'ils louent chaque jour aux cavaliers ou cavalières bénévoles, à raison de dix francs la course, et d'habiller de soie rouge ou bleue cinq ou six des guides qui, chaque jour, galopent par monts et par vaux sur la route du Portillon ou du pont du Roi.

On le sait, et cela ne nuit ni à la fête ni à l'empressement du public.

LUCHON.

Courses à la cruche.

Le lendemain, l'hippodrome de *Moustajon* se garnit de toutes les voitures et de tous les chevaux de Luchon, depuis le premier jusqu'au dernier. Cet hippodrome est ravissant, dominé de tous côtés par les montagnes couvertes de verdure jusqu'au sommet, avec un torrent qui court en grondant sur les roches, et deux ou trois cascades qui chantent dans le lointain. Un soleil éclatant, trop de soleil peut-être, pour couronner la fête, mais, de temps en temps, un peu de brise circule et fait doucement flotter les voiles blancs ou bleus des amazones et des cavaliers qui galopent çà et là sur la pelouse.

Toutes les voiles sont dehors : les femmes et les jeunes filles ont tiré des malles les toilettes en réserve; on chante, on rit, on boit, comme à certaines courses anglaises, et l'on se fait visite de voiture en voiture pour échanger un salut, un mot ou une coupe de champagne.

On ne s'occupe guère de ce qui se passe sur le turf. C'est le petit scandale de la veille qui fait les frais de l'attention : le succès de la merveilleuse petite blonde, débarquée récemment avec cet étrange banquier algérien; l'insuccès du baron qui s'est fait hier décaver de quatre-vingt mille francs, que sais-je? Tout et rien. Mais de l'air à pleine poitrine, de la couleur et de la fantaisie à réjouir le cœur et les yeux.

* * *

Allons, bon! que nous dit-on? Franchement, c'était bien la peine; on vient de courir, et parmi ces pauvres chevaux, qui courent comme des chevaux de la vallée de Montmorency, il en est un qui a poussé l'amour de son art, pour lequel il n'était pas né, jusqu'à tomber bel et bien et se casser la colonne vertébrale. Il est mort sur le coup. Le pauvre garçon qui le montait, et qui en était le propriétaire, est navré. C'est une perte sérieuse.

De bonnes âmes se réunissent, on fouille dans son porte-monnaie, on récolte cent cinquante francs, et on les remet au propriétaire, qui n'en croit pas ses yeux, tant il est joyeux. Il n'eût jamais tant espéré de son cheval, qui cependant était, nous dit-on, une des espérances du turf en ce jour.

Dans les Pyrénées, vous le voyez, les émules de *Gladiateur* sont pour rien. M. Delamarre ne sera pas jaloux.

* * *

Les autres courses se suivent et se ressemblent, sans autre inconvénient, cette fois, que de faux départs dont on ne se soucie guère. Les chevaux font bravement leur tour ou leur demi-tour d'hippodrome, à l'allure d'honnêtes chevaux de montagne qu'ils sont, ou de chevaux de fiacre qu'ils pourraient aspirer à devenir. On n'en rit ou ne s'en amuse pas moins, au contraire

*
* *

Mais on a annoncé, comme aux courses des *Eaux-Bonnes,* qui ont eu leur succès, une course de femmes de la montagne, et cela est, avec le soleil et le beau temps, une des attractions importantes de la journée.

« Ah! messieurs, nous disait un des organisateurs de la chose, j'eusse voulu pouvoir grouper les diverses races que nous possédons dans le Midi; nous n'avons pas eu le temps cette année, mais nous y penserons sérieusement pour l'année prochaine.

« Il eût été fort intéressant de pouvoir mettre en ligne une coureuse de la vallée des Eaux-Bonnes, une de celle de Cauterets, une de Saint-Sauveur, une d'Hendaye ou de Saint-Jean de Luz.

« Celles que nous avons aujourd'hui appartiennent toutes trois à la vallée et à la montagne de Luchon.

« Elles vont courir chacune avec un vase d'eau placé sur la tête. Les conditions des prix sont l'arrivée au but en première ligne, sans répandre l'eau contenue dans le vase. Celle qui verse quelque peu de cette eau, ou dont la cruche est cassée, est disqualifiée et ne peut plus concourir.

*
* *

« Il n'est pas un homme qui puisse fournir une course, avec un fardeau sur la tête, à côté de ces femmes habituées dès l'enfance à cet exercice.

« A mesure que l'on s'avance vers le Midi, vous voyez les femmes devenir plus énergiques, plus laborieuses et plus résistantes aux dures fatigues.

« Voyez ces trois femmes : l'habitude de la marche et du faix porté sur la tête leur donne une rectitude de formes, une pondération dans les mouvements et un équilibre qui frappent le regard par leur harmonie.

« Les proportions ont gardé leur juste mesure, et chacun des plis qui se dessine sur le corps prend du caractère et de la tournure, accusant, à la façon des statues antiques, les fermes rondeurs des hanches et les saillies de la poitrine.

« J'avais fait demander, à Saint-Jean de Luz, deux des femmes les plus célèbres de cet endroit, choisies parmi celles qu'on appelle les *Cascarotes.*

« Elles descendent, dit-on, d'une antique race venue d'Orient, et qui s'est continuée jusqu'à nos jours presque sans mélange. Leurs maris, ou leurs pères, ou leurs frères, pêchent la sardine, et, chaque matin, elles chargent la pêche sur leur tête et font, en courant, les quatorze kilomètres qui les séparent de Bayonne, pour refaire ces quatorze kilomètres au retour.

« La grande Marie Guethary est la première de toutes, la première à la course et au *fandago;* elle s'est mariée, et à la deuxième course, qu'elle a gagnée l'an dernier, elle était enceinte de sept mois.

« Nous l'aurons, je l'espère, l'année prochaine; mais, pour équilibrer les forces, nous serons sans doute obligés de lui donner une surcharge de plusieurs livres.

« Marie Guethary est grande, elle compte un mètre soixante-dix; les nôtres du pays sont, comme vous pouvez en juger, d'une taille moins élevée, un mètre cinquante-huit à soixante tout au plus, ce qui est encore un désavantage.

« Mais regardez comme le bras est net, d'un beau et franc dessin, puis comme la jambe sort nerveuse et fine de ce jupon à demi-retroussé.

« Vous aimez sans doute les petits pieds; ceux-là ne pourraient peut-être lutter, pour la petitesse apparente, avec ceux de cette jolie dame dont vous voyez les bottines à talon se profiler sur les banquettes de cette voiture.

« Mais regardez cette forme nette et pure, ces doigts en place, et ce pouce vigoureusement placé en avant, puis priez cette charmante dame à côté d'enlever le petit appareil qui comprime son pied, vous verrez l'orteil déjeté et ramené en dedans de sa forme, les doigts serrés et chevauchant peu ou ou prou l'un sur l'autre, les ongles ayant perdu leur forme.

« Ah! monsieur, si l'on pouvait obtenir de nos belles Parisiennes de porter sur la tête d'autres fardeaux que ceux de leurs faux cheveux, et de marcher la taille libre et le pied nu, quelle amélioration on obtiendrait pour la race!

« Ce qui est certain c'est que les enfants de ces femmes, qui courent les pieds nus sur les routes, et portent, sans sourciller, quarante kilos sur la tête tout en tricotant un fichu de laine, sont les plus vigoureux soldats de notre armée. »

* * *

Les voilà parties toutes les trois au signal de M. le maire. Elles courent d'un pas large et rhythmé, suivant une ligne presque parallèle. On les voit arriver presque en même temps. Il n'y a pas une cruche cassée ni une goutte d'eau répandue. La première au but n'a dépassé les autres que d'une demi-longueur. Elle touche un prix de cinquante francs, la seconde a trente francs, la troisième vingt francs, à titre de consolation.

Celle qui a gagné le prix s'éloigne, joyeuse, au bras d'un beau gars de vingt-cinq à vingt-six ans; on nous dit que c'est son promis. Elle a remis sa robe et son corsage, mais elle n'a point voulu se donner l'entrave de ses souliers, parure réservée pour la ville et les dimanches; elle les a posés sur sa tête; là ils la gêneront moins.

*
* *

Clic, clac! La fête est finie; les chars, les calèches, les voitures se mettent en mouvement sur la pelouse, et nous regagnons Luchon au galop de ces petits chevaux, qui sont décidément mieux à leur place sur la route que sur la piste des courses, pendant que les guides, ravis, font retentir la montagne des éclatantes fanfares de leurs fouets.

Ce petit curieux d'Ernest qui voudrait vérifier si réellement la cruche n'est pas cassée.

LE LAC D'OO.

— Ils appellent cela le lac d'O. En bonne conscience, s'il n'y avait pas d'o, ce ne serait pas un lac, n'est-ce pas, Ernest?

LA RUE D'ENFER.

— Et où cela mène-t-il?

— Vous prenez la première à gauche, la seconde à droite, vous suivez toujours tout droit, et vous arrivez au bois de Boulogne.

***

Luchon, 25 juillet 1875.

MA CHÈRE MARIE,

QUEL ravissement ici, et quelle merveille! Je n'en crois pas encore mes yeux. Il me semble être dans un pays de songes et de féeries. Quand nous étions petites et que nous allions voir la *Chatte blanche* ou la *Biche au bois,* tu te rappelles nos étonnements et nos admirations sans fin. Ces splendeurs de carton peint, d'arbres en toile et de ciels en papier, nous paraissaient l'idéal du beau et du charmant.

Je prends en pitié nos admirations d'autrefois. Comme je voudrais te voir ici à mes côtés, et jouir de tes impressions en même temps que des miennes! Depuis Montréjeau, on entre dans la vallée de Luchon, et la locomotive, qui va trop vite à mon gré, vous fait défiler devant les yeux une série de décors vrais dont je n'avais nulle idée. Malgré la vitesse qui fait glisser comme des fantômes pressés tout ce qui meuble le premier plan, les seconds, les troisièmes et les derniers plans restent assez longtemps en vue pour qu'on ait le loisir de les admirer.

C'est une série d'enchantements toujours nouveaux, des montagnes couvertes de verdure qui se dressent de toutes parts, surmontées çà et là de pics plus abruptes où la neige éclate aux rayons du soleil. De temps en temps, lorsque la route décrit une courbe, on voit s'étendre au loin la perspective magique de la vallée, au fond de laquelle court en écumant, et avec un bruit étrange, un torrent que l'on me dit être la Garonne. Tout autour des prés d'un vert riche et chaud, des moulins bizarres et des villages qui s'accrochent de la façon la plus fantastique aux rampes de la montagne.

Parfois un nuage qui passe projette son ombre, et change comme par magie l'aspect, la couleur et le ton de tout ce qu'on a devant les yeux. Survint un rayon de soleil qui illumina tout ce qui était dans l'ombre, éteignant tout ce qui éclatait en lumière, à chaque instant variant la tournure, le dessin et l'effet. Tout cela vit et respire. C'est une splendeur sans cesse renouvelée.

Maman, très-fatiguée, dormait. Mon bon oncle, que je tirais à chaque instant par la manche pour lui faire remarquer un aspect nouveau et inattendu, jetait tranquillement les yeux du côté que je lui indiquais.

— Charmant! charmant! me disait-il avec la bonté complaisante que tu lui connais.

Et il se remettait à lire son journal.

Deux messieurs, qui étaient dans les coins du fond, causaient bourse et reports. De temps en temps, l'un d'eux tirait sa montre et disait : Six minutes de retard! Ces chemins ne marchent pas; c'est une dérision, nous n'arrivons pas. Rien ne creuse comme l'air des torrents et des montagnes. Nous ne déjeunerons jamais.

— Ah! comme j'aurais voulu que tu fusses avec moi!

*
* *

Nous sommes arrivés à la gare. Il y a, au milieu de cette féerie, une gare qui ressemble à toutes les gares, à celle des Batignolles, comme à celle de Montélimar ou de Vernon : est-ce étrange! Il y avait dans cette gare des omnibus pareils à ceux que l'on voit partout, cela m'a quelque peu déconcertée, mais ces bons omnibus nous ont bien vite amenés à l'endroit qui nous était désigné par avance, ce qui m'a réconciliée sans peine avec eux.

Le temps de faire un peu de toilette et de réparer les injures, si injure il y a, du voyage, et nous étions sur la promenade à contempler le site merveilleux dans lequel s'épanouit cette jolie petite ville de Luchon. En un rien de temps, j'ai reconnu quarante personnes de connaissance, cinq ou six jeunes filles du cours, une dizaine de nos danseurs de cet hiver, et beaucoup de ces figures de messieurs que je voyais, autour des tables de whist et de bouillotte quand j'allais demander à mon oncle la permission de danser le cotillon.

J'ai vu Louise en amazone, qui, accompagnée de son mari, partait pour le port de Venasque. Ils étaient une douzaine, deux calèches à quatre chevaux, traînant les papas, les mamans et les paresseuses; les autres étaient à cheval, et les guides, à cheval aussi, faisaient claquer frénétiquement leurs larges fouets, pendant que l'équipage des calèches secouait joyeusement ses grelots.

C'était délicieux à voir.

* * *

Nous avons été en famille visiter l'établissement. C'est, dit-on, l'établissement le plus remarquable des Pyrénées; tout est ménagé avec le plus grand soin, et comme maman a besoin de ces eaux pour réparer quelques petits accrocs dont sa santé a été atteinte cet hiver, nous avons pris nos informations et nos mesures.

Nous savons maintenant le nombre de verres d'eau à boire, à quelle heure prendre son bain, sa douche, son inhalation. C'est une véritable étude à faire.

Au bout de la promenade qui s'étend au-devant de l'établissement, est une petite construction pittoresque, de façon rustique, où l'on va prendre son verre d'eau et se livrer à l'exercice du gargarisme. Cela s'appelle la *buvette du Pré.*

Les dames y sont privilégiées. Pour se gargariser, elles peuvent s'asseoir, et elles ont, par les claires-voies ménagées entre les branches munies de leur écorce, de la lumière et de l'air.

Quelques dames s'étudient à prendre pour cet exercice du gargarisme les poses les plus gracieuses et les plus variées, et bon nombre de messieurs le savent.

Aussi, vers les trois heures, on les voit se diriger assez volontiers du côté de la buvette du Pré pour voir *gargariser les dames.*

Le gargarisme à la buvette du Pré, côté des dames.

Deux d'entre elles y excellent, et surtout une jolie petite blonde, la marquise de D...

Les hommes qui ont recours au susdit exercice ne sont l'objet d'aucune curiosité ni d'aucun pèlerinage; aussi on les a relégués dans un petit coin noir, où ils sont debout, et travaillent leur santé dans l'ombre et le silence, qui n'est troublé que par eux-mêmes.

Côté des hommes.

* * *

Il y a à l'établissement un système de douches très-curieux, et étudié comme un jeu d'orgues. La douche se prend après le bain, en sortant de la baignoire

COMMENT ON PREND LES EAUX

LE DOCTEUR. — Le meilleur chocolat, c'est le chocolat Menier, c'est possible; mais les meilleures eaux sont les eaux de Luchon; c'est certain.

A LA BUVETTE DU PRÉ.

— Si seulement ça avait un arrière petit goût de Château-Yquem!

— Oh! mille pardons, mademoiselle, je vois bien que je me trompe; je croyais entrer chez le colonel.

INHALATIONS.

— Mais, mon cher colonel...

— Il n'y a pas de mais, mon cher député. Si vous les laissez chauffer leurs élections... vous êtes cuits.

Bain-marie.

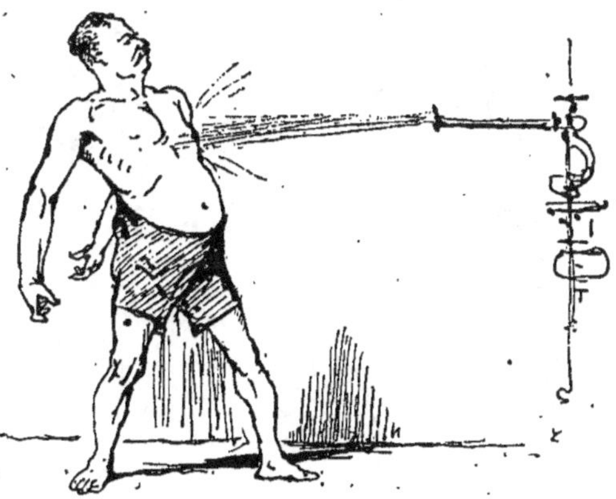

DOUCHES LOCALES.

Comment le bel Arthur soigne un cœur qui a trop aimé!

DIFFÉRENTES POSES AFFECTÉES PAR CES MESSIEURS POUR PASSER DE LEUR BAIGNOIRE DANS LA SALLE DES DOUCHES

Nota. Dans la galerie, il y a des dames.

LE DRAMATIQUE. — Les femmes ont toujours aimé ce qui sort du vulgaire.

L'IMPORTANT.

LE GRACIEUX.
Et la grâce encore plus belle que la beauté.

LE PENSEUR.

LE MARABOUT.
Ce ne serait pas la peine d'avoir l'œil noir et profond si l'on ne savait s'en servir.

LE SOLENNEL.
Celui qu'on appelle le sénateur.

LE POÉTIQUE.
Pensant que son biceps produira quelque effet sur les masses.

LE DÉSESPÉRÉ.
Le profil n'est pas joli, joli ; mais la petite Aglaé lui a dit qu'il avait la jambe bien.

DOUCHES ET INHALATIONS

A LA DOUCHE.
Le grand jeu d'orgues et à grand orchestre.

INHALATIONS.
Le *si* naturel de madame était parti; il commence à revenir.

DOUCHE EN PLUIE.
— Quand monsieur le président en aura assez, il sonnera.

DOUCHES POUR ORATEURS, PROFANES OU RELIGIEUX, *ad libitum*.
Se mettre cela dans la bouche, tourner le bouton, et ne pas avaler l'instrument.

DOUCHES POUR AUDITEURS, destinées aux députés qui ne sont pas orateurs et voudraient bien entendre quelque chose à la politique sur leurs vieux jours.

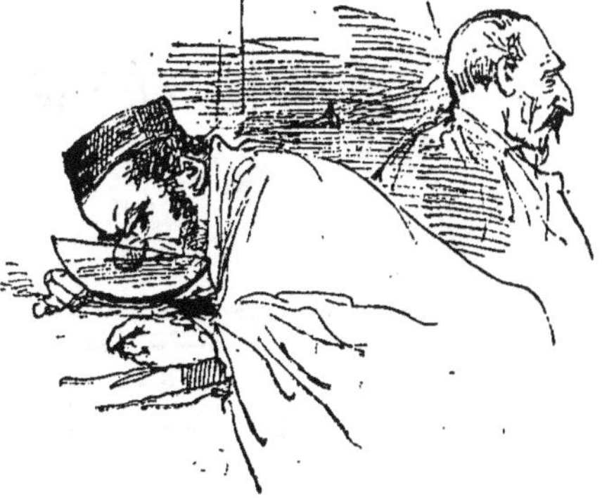

Pour éteindre son nez.

SUITE DU TRAITEMENT

LA PISCINE DE CES MESSIEURS.

Nota. Le sexe seul varie dans la piscine des dames.

Chaise à porteurs pour les dames qui ne craignent pas trop le soleil et le grand jour.

Chaise pour les dames qui préfèrent l'ombre.

LE VERRE D'EAU A DOMICILE. ON PORTE EN VILLE.
Ici tout est renversé. Voilà par exemple comme on porte les verres d'eau.

LE CONSERVATEUR DE LA CASCADE.
— Mon bon monsieur, c'est deux sous.

LES PETITES TABLES A L'HÔTEL SACCARON. SUITE DU TRAITEMENT.
Le docteur Saccaron pense avec raison qu'après avoir pris les eaux il est utile de prendre encore quelque chose. Les truffes et le champagne sont des toniques qui font le meilleur effet... sur la carte.

Un temps de galop après, et tout est bien.
All right!

On enlève le peignoir et l'on se place, dans le costume du Paradis terrestre, sur un petit tabouret de bois placé au milieu de la salle. Au signal donné, la préposée se met à son orgue, elle pousse un bouton : crac! vous recevez un jet d'eau chaude sur le dos. Un autre bouton, un jet d'eau froide sur les reins. Elle tourne quelque chose à droite, une eau brûlante vous inonde le flanc. Elle appuie des deux mains sur les touches du milieu, vlan! une cascade d'eau glacée s'épanche sur votre tête et sur vos épaules. Quand le grand jeu y est, il sort de l'eau de partout, par-dessus, par-dessous, par tous les côtés. On ne sait plus où l'on en est.

Cela est insupportable la première fois, mais on s'y fait. On prétend même que cela finit par être fort agréable. Il paraît que cela guérit toutes les maladies. On le dit du moins.

Dans tous les cas, ce doit être beaucoup moins pénible que de passer un quart d'heure dans les salles d'inhalation, où l'on est plongé dans une vapeur si épaisse, qu'on ne voit rien à deux pas devant soi. Il semble que l'on cuise au bain-marie. J'ai essayé un jour d'y entrer avec maman, je n'ai même pu y rester deux minutes. Enfin, c'est l'ordonnance du docteur, il n'y a rien à dire, et ma chère maman s'en trouve bien. Tout est donc pour le mieux.

* * *

Quand je vais attendre que cette chère mère ait accompli toutes les cérémonies prescrites, je suis assise dans la galerie, et je fais de la tapisserie ou lis un livre quelconque. Or les messieurs qui viennent de quitter leur salle de bain, sont obligés de traverser la galerie pour gagner la salle de douches, et nulle comédie n'est plus drôle que celle qu'ils nous donnent. Désireux sans nul doute de produire sur les dames ou demoiselles qui se trouvent sur leur passage une impression profonde, ils étudient préalablement avec soin et leur attitude et leur draperie. Nous sommes trois ou quatre qui nous retrouvons là chaque matin, et maintenant nous connaissons notre personnel comique.

Il y a celui qui pose en marabout, le fatal qui prend la pose de Brutus, le mélancolique, le gracieux, le follichon, le solennel, le dramatique, le sénateur, le prestidigitateur, etc. — Et note que de temps en temps ils varient leur mise en scène. Et si tu voyais ces jambes, ces pieds déformés, ces efflanqués ou ces poussahs! C'est à mourir de rire, si ce n'était pas un peu triste.

Parmi ces messieurs, le mari de Louise, qui n'a pourtant pas l'air trop mal en costume ordinaire, figure dans le rôle du gracieux. Quelle grâce, grand Dieu ! Il a des jambes comme des fuseaux, noires et maigres, avec des pieds qui paraissent gros et rouges. Pauvre Louise! Je persiste dans mon désir de ne pas me marier.

* * *

Nous reconnaissons ces messieurs à la promenade et en excursion, et nous leur donnons entre nous les noms sous lesquels nous les désignons le matin. C'est très-amusant, et nous avons bien de la peine à ne pas leur éclater de rire au nez en passant.

La comédie se donne à notre profit, aussi bien sur la promenade que dans l'établissement de bains.

Les docteurs foisonnent. Luchon est pour eux un pays de Cocagne. Ils n'ont pas tous la cravate blanche, et l'habit noir classique du temps passé. Mais il y a toujours l'air de profession, qui est d'uniforme. Un signe distinctif est l'usage invariable du chapeau tuyau de poêle. Les médecins sont les seuls qui en portent aux eaux, le petit chapeau rond passant apparemment pour manquer de gravité.

Il y a là des dames de tous les calibres qui croient nécessaire de faire trois ou quatre toilettes par jour; un luxe de dentelles, de rubans ou de fleurs à n'en plus finir. Si ça les amuse, rien de mieux, cela donne du piquant et de la couleur à la réunion qui se fait sur la promenade. Autour d'elles papillonnent de petits messieurs qui semblent sortir d'une boîte à pommade, et des vieux qui paraissent venir de quitter leur boîte à couleurs et à pastels.

Parmi ces derniers, un vieux monsieur, charmant du reste, à ce que disent toutes les dames, qui est mis comme s'il avait quatorze ans — il en a au moins cinq fois plus, — et qui porte une plume à son chapeau comme un bébé ou une petite demoiselle. Nous avons parié entre nous qu'il avait un corset.

Du reste, pour être juste, il faut dire qu'il ne manque pas d'un certain esprit, qu'il est très-complaisant, qu'il est toujours prêt à tout, et qu'il porte à merveille, au besoin, les ombrelles et les manteaux; tandis qu'il y a une série de petits gommeux, ornés d'extravagants faux-cols et de vestes quadrillées, qui nous abandonnent parfaitement, et qu'on ne voit qu'aux repas; le reste de leur temps se passe bêtement à remuer des cartes et des pièces de vingt francs. Notez qu'ils se lèvent pour déjeuner et qu'ils se couchent à deux ou trois heures du matin. Je vous demande un peu pourquoi ils viennent ici, si ce n'est pour dire qu'ils y sont venus et ont pris les eaux. Ils n'en auront pas bu une traître goutte.

Heureusement il y en a d'autres qui sont franchement jeunes et franchement vieux.

Moi j'aime qu'on soit tout bonnement de son âge. Cela tient peut-être à l'âge que j'ai, me diras-tu. C'est possible, mais je n'aime pas plus les petits jeunes gens qui posent pour les vieux, que les vieux qui posent pour les jeunes.

Autant il me plaît de causer avec quelqu'un de ces hommes à cheveux

Very beautiful indeed?

blancs, riches d'esprit, d'observation et de jugement, autant il me déplaît de voir un grand-père, teint, apprêté, pirouettant, qui semble viser à se faire passer pour son propre petit-fils.

* * *

De deux jours l'un, nous faisons, avec les amies dont je t'ai parlé, quelques parents et quelques jeunes gens, nos excursions dans les environs.

J'ai un petit cheval bai, nommé Pistolet, que j'aime beaucoup, et que l'on me réserve toujours. Il n'est pas très-beau, mais il est très-vif, très-

SUR LA PROMENADE.

— Toujours jeune, ce cher marquis!

— Toujours, toujours; c'est une vieille habitude que j'ai conservée. Je suis conservateur.

PETITE SOIRÉE DANSANTE A L'HOTEL.

— C'est un petit point d'Alençon bien modeste. Mais je suis désolée, je n'ai apporté que cinq ou six robes toutes simples. Pas une toilette, pas un costume! C'est-à-dire que j'en suis mal à mon aise.

vigoureux, et il a l'air de m'aimer. Il commence à connaître ma poche et savoir y demander les morceaux de sucre que j'y mets pour lui. Et il galope si bien! C'est si bon de se trouver emportée par cet être que l'on sent vivre et respirer sous sa main, qui a sa volonté et qui obéit! Cette brise aux saveurs étranges, ces senteurs enivrantes des pins, ce bruit des eaux qui tombent, courent ou jaillissent, cet air pur et vif, m'ont donné une force et une ardeur que je ne me connaissais pas.

* * *

J'aime à sentir cet air gonfler ma poitrine et caresser délicieusement mes cheveux qui flottent à tous les vents. Le petit cheval semble lui-même prendre plaisir au plaisir que j'éprouve, et galope follement comme je le désire, pour me complaire davantage.

Les autres ont peine à me suivre, ils ont la bonté de s'inquiéter à mon sujet, et le vieux monsieur, qui est fort empressé à coup sûr, mais qui nous obsède de ses gracieusetés, s'est avisé l'autre jour de barrer le chemin à mon cheval, sous prétexte de me sauver la vie.

* * *

On prétend que je suis imprudente. Mais je sais parfaitement marcher au pas quand il le faut et m'arrêter aux bons endroits, pour voir, admirer et bénir celui qui me semble avoir préparé pour moi toutes ces magnificences et toutes ces merveilles.

Maman et mon oncle nous accompagnent quelquefois, mais en calèche, et tout simplement pour ne pas protester contre notre plaisir.

* * *

Mon oncle, qui est un grand chasseur, ne peut supporter l'idée de marcher pour se promener, et sans avoir pour cela l'attrait de la chasse.

Nous avons trouvé ici, à Luchon, un artiste, un peintre charmant, qui réunit à cette spécialité celle d'être chasseur. Il s'appelle Daguzan, et il est aussi habile pour brosser une esquisse ou enlever facilement une aquarelle, que pour décrocher une perdrix et une palombe, ou démonter un isard.

Mon oncle et lui ne se quittent plus, et combinent des chasses merveilleuses pour l'année prochaine. M. Daguzan a été chercher bien loin et jusqu'en Normandie des cerfs, des chevreuils et des sangliers, qu'il a

— Ce que c'est que de nous, en France, mon cher monsieur Daguzan : en voilà qu'on accueille parfaitement aujourd'hui, on les chassera l'année prochaine.

amenés en voiture et en chemin de fer jusqu'ici, sous prétexte de leur faire prendre les eaux, et qu'on a lâchés dans la montagne, où ils vivent bien tranquilles maintenant, mais où l'on se propose de bien les tracasser l'année prochaine et les années suivantes.

Jamais, disent ces messieurs, l'on n'aura vu chasses pareilles. L'ours, le sanglier, le cerf, le daim, le chevreuil, l'isard, etc., etc., vont pulluler dans ces bois et ces montagnes. Ce sera une véritable ménagerie.

Comment suivra-t-on la chasse? comment les chevaux, et les chiens, et les piqueurs, s'y prendront-ils? C'est ce qu'ont négligé de me dire ces messieurs. Mais si les cerfs, les daims et compagnie ne sont pas trop bêtes, ils auront bien vite rompu les chiens et les chasseurs.

Mais ce n'est pas là mon affaire.

Quant à moi, je laisse venir avec patience l'année prochaine.

*
* *

En attendant, j'ai voulu aller partout. Je ne te décrirai ni le délicieux lac d'Oo, ni le port de Venasque, ni la vallée d'Oueil, ni la vallée du Lis, ni les cascades d'Enfer, ni, ni, ni... Je n'en finirais pas, il faut voir tout cela soi-même, et assister en personne à toutes ces fêtes de la nature, à toutes ces fantaisies adorables du Créateur.

Si tu étais ici, toi et mon cher cousin Paul, avec lequel nous avons toujours vécu depuis ce temps où nous jouions tout petits ensemble, comme je serais heureuse, et comme mon bonheur serait complet! Te rappelles-tu cette image du bon Bouilly, dans lequel nous avons appris à lire, et sous laquelle on lit ce mot : Ce que l'on possède a le double de prix quand on a le bonheur de le partager.

En attendant, ne m'oubliez pas, et tâche de m'écrire.

JEANNE.

La grotte de Lourdes.

LES EAUX DE LOURDES

Sur la route de Bagnères de Luchon à Pierrefitte et Cauterets, dans une situation adorable, adossée à de hautes, pittoresques et verdoyantes montagnes, au pied desquelles un torrent roule en écumant des quartiers de rocher, se trouve la petite ville de Lourdes, une ville d'eaux, elle aussi, mais d'eaux toutes différentes des autres, à ce que disent ceux qui les prennent. Les unes, en effet, sont pour les maladies du corps seulement, celles-ci pour les maladies du corps et aussi celles de l'âme et de l'esprit.

Il faut le dire, nulle affluence de visiteurs aux eaux sulfureuses, sodiques, arsenicales ou ferrugineuses ne saurait se comparer à celle qui se rencontre à ces eaux claires de la grotte. Il est vrai de dire qu'à peu d'exceptions près, les visiteurs ne sont pas les mêmes. — Nous ne sommes pas de ceux qui s'étonnent d'aucune des croyances qui, dans un moment donné, envahissent et subjuguent certaines fractions de l'humanité.

Et les haussements d'épaules dont certains accueillent les manifestations qui partent d'un sentiment en dehors des préoccupations purement matérielles, ne sont point de notre fait.

Le joueur de billard, le buveur d'absinthe et le coureur de mastroquets qui se gaussent des êtres faibles, disent-ils, qui vont s'agenouiller devant une idée ou un symbole surnaturel, me paraissent plus niais, plus sots et plus crédules que ceux dont ils rient, lorsqu'ils ajoutent foi aux paroles de ceux qui les entraînent, sous prétexte d'égalité de jouissance, de fortune assurée et de sinécures richement payées, aux aventures par lesquelles ils sont menés fatalement, et pour le compte d'autrui, à toutes les misères, à toutes les souffrances et à la mort, qui est pour eux la suprême clôture.

Les espérances et les croyances qui conduisent au delà de la vie sont plus douces au cœur, plus étendues et plus irréfutables que celles que l'on voit toujours nécessairement déjouées, parce qu'elles s'arrêtent à ce terme de la vie qu'elles ne sauraient dépasser.

* * *

Heureux ceux qui croient, a dit un sage.

Le derviche lui-même qui s'accroche aux crochets sacrés, en l'honneur de Vishnou et pour l'espoir d'une heureuse vie dans l'éternité, est plus sûrement heureux que celui qui vient d'attacher les cinq galons de colonel à son képi de barricadeur.

Et celui qui, plein d'une invincible foi, vient demander au nom du ciel la guérison de son mal aux eaux claires de Lourdes, est plus persuadé et plus près du succès que celui qui, au nom des médecins, les demande aux eaux sulfuro-iodiques de Baréges et de Cauterets.

* * *

La soif du surnaturel est innée dans l'esprit de l'homme, quoi qu'il fasse, et révèle en quelque façon l'essence particulière et immatérielle de son âme.

Celui qui traitera de mômeries toutes les croyances religieuses quelles qu'elles soient, sera l'adepte forcené du spiritisme, il croira à Saint-Simon, à Babeuf, à Fourier ou aux fétiches, fera tourner et causer des tables, et sera persuadé, comme on vient de le voir récemment, que l'ombre de son grand-père ou celle de M. de Voltaire viennent poser avec lui dans l'objectif du photographe.

*
* *

Ce qui est certain, c'est qu'il y a des jours à Lourdes où l'on refuse du monde, des nuits où les pèlerins couchent résolûment à la belle étoile, bien qu'il se soit élevé, pour les besoins de la cause, une ville tout entière d'hôtels et d'auberges de toute sorte, sans compter les couvents, asiles et hospices.

L'église, bâtie au-dessus de la grotte et de la source, est une construction remarquable d'élégance et de richesse.

Aux bas côtés sont pendus, comme les drapeaux de l'église des Invalides, les bannières armoriées venues à profusion de tous les pays qui ont envoyé des pèlerins. Sur un emplacement voisin, on creuse en ce moment les fondations d'une basilique dont la nef doit égaler celle de Notre-Dame de Paris, et dont les flèches dépasseront en hauteur toutes les flèches connues.

— Mon petit Anatole, je t'en prie, rien qu'un demi-verre. Je t'assure que cela te fera du bien.

Une longue procession de pèlerins, hommes, femmes et enfants, tenue de boutiquiers, de paysans, d'ouvriers, de petits bourgeois, — quelque gommeux ou gommeuses néanmoins entrent dans la troupe, — arrivent, s'agenouillent devant la grotte, chantent des cantiques et remplissent leurs bouteilles de l'eau consacrée de la source.

Puis ils s'éloignent leur bouteille à la main.

* * *

— Les crétins! murmure entre les dents un coulissier qui va faire une saison à Cauterets et qui a voulu voir la cérémonie en passant.

— Bah! reprend un gros et jovial capitaine qui est derrière nous, j'aime encore mieux leur voir ces bouteilles-là que des bouteilles de pétrole!

* * *

Une jeune fille, grands yeux bleus, longs cheveux blonds, visage pâle et recueilli, s'avance suivie de sa mère, de deux sœurs et d'un jeune homme, un frère ou un fiancé; elle porte deux béquilles, et demande au prêtre de garde d'ouvrir la grille qui sépare la grotte de l'assistance. Il s'agit de suspendre ces béquilles devenues inutiles en *ex-voto*, aux pieds de la statue de la Vierge.

— Pauvre chère enfant! dit la mère en joignant les mains, il y a trois ans qu'elle ne marchait pas. Voyez maintenant : qu'elle est belle, et comme elle marche!

Et toute la famille s'agenouille et se met en prière.

L'assistance reprend par un nouveau cantique.

* * *

— *Fortis imaginatio generat casum,* Montaigne l'a dit.

Je me retourne, c'est un monsieur qui a l'air d'un professeur. — Est-ce mensonge, est-ce folie? ajoute-t-il. Mais pour l'honneur de l'humaine raison, comme c'est triste!

— Triste, non, reprend le gros capitaine. Ces gens-là rayonnent, ils ont la confiance, ils croient. Je donnerais quelque chose pour pouvoir en faire autant.

* * *

— Ah! monsieur, la belle chose que le sentiment religieux! m'a dit le soir mon hôtesse avec des larmes pieuses dans la voix.

Nous ne suffisons pas. Aujourd'hui, nous avons eu trois cent cinquante dîners!

LE CROISÉ

LÉGENDE DU PAYS DE BIGORRE

La légende de Lourdes, qui raconte l'apparition de la Vierge à la petite bergère Bernadette, est une légende nouvelle, née en plein dix-neuvième siècle, en plein scepticisme. Un motif de plus, sans doute, au succès inouï qui l'a immédiatement accueillie. Non loin de Lourdes est Montaut-Bétharam, où une légende beaucoup plus ancienne amène aussi les pèlerins en l'honneur de la Vierge, mère du Christ. La grotte de Bétharam avait dans tout le pays une célébrité de premier ordre avant que Lourdes élevât autel contre autel, et produisît grotte contre grotte.

A voir ce pays prestigieux, étrange et tourmenté, on ne s'étonne pas qu'il ait semblé, de tout temps, devoir être le théâtre d'interventions surnaturelles venues du ciel ou de l'enfer. C'est le pays des légendes. On m'a conté en route, entre autres, la légende du croisé Bos de Bénac.

On l'avait racontée jadis à M. Taine, et on la lui avait racontée sans doute mieux qu'à moi. C'est pourquoi je ne saurais mieux faire qu'en la disant ici telle qu'elle lui a été dite.

Bos de Bénac fut un bon chevalier, grand ami du grand saint Louis; il alla en croisade dans la terre d'Égypte, et tua beaucoup de Sarrasins pour le salut de son âme. Mais à la fin, les Français furent défaits dans une grande bataille, et Bos de Bénac fut laissé pour mort. On l'emmena prisonnier le long du fleuve, du côté du soleil, dans un pays où la peau des hommes était toute brûlée par la chaleur, et il y fut dix ans. On le fit pâtre de troupeaux, et on le battait souvent, parce qu'il était Franc et chrétien.

Un jour qu'il s'affligeait et se lamentait dans un lieu désert, il vit paraître auprès de lui un petit homme noir, qui avait deux cornes au front, un pied de chèvre et l'air plus méchant que les plus méchants Sarrasins. Bos était si accoutumé à voir des hommes noirs, qu'il ne fit pas le signe de la croix. C'était le diable, qui lui dit en ricanant : « Bos, à quoi t'a servi de combattre pour ton Dieu? Il te laisse valet de mes valets de Nubie; les chiens de ton château sont mieux traités que toi. On te croit mort, et demain ta femme se marie. Va donc traire tes brebis, bon chevalier. »

* * *

Bos poussa un grand cri et pleura, car il aimait beaucoup sa femme; le diable feignit d'avoir compassion de lui, et lui dit : « Je ne suis pas si méchant que le disent tes prêtres. Tu t'es bien battu; j'aime les gens braves; je ferai pour toi plus que le Crucifié, ton ami. Cette nuit tu seras dans ton beau pays de Bigorre. Donne-moi en échange un plat de noix de ta table. Eh bien, te voilà embarrassé comme un théologien. Crois-tu que les noix aient des âmes? Allons, décide-toi. »

* * *

Bos oublia que c'est péché mortel de donner quelque chose au diable, et lui tendit la main. Aussitôt il fut emporté comme dans un tourbillon; il aperçut au-dessous de lui un grand fleuve jaune, le Nil, qui s'allongeait ainsi qu'un serpent entre deux traînées de sable; un instant après, une ville étendue sur la grève comme une cuirasse; puis les flots innombrables alignés d'un bout de l'horizon à l'autre, et sur eux, des vaisseaux noirs pareils à des hirondelles; plus loin, une île à trois côtés, avec une montagne creuse et pleine de feu et un panache de fumée fauve; puis encore la mer. La nuit tombait, quand une rangée de montagnes se leva dans les bandes rouges du couchant. Bos reconnut les cimes dentelées des Pyrénées, et fut rempli de joie.

Il traversa d'un élan la vallée de Pierrefitte, passa devant le Bergons et la montagne de Campana, reconnut la cime aiguë du pic d'Anie, sur laquelle une couronne de nuages sombres s'illuminait par instants des feux de la foudre, et retentissait du fracas infernal de la tempête.

Puis il se trouva tout d'un coup au pied du château de Bénac, et le diable lui dit : « Bon chevalier, va donc retrouver ta femme!... » Et se mettant à rire avec le bruit d'un arbre qui craque, il disparut, laissant derrière lui une odeur de soufre.

Le matin paraissait; l'air était froid, la terre mouillée, et Bos grelottait sous ses lambeaux, lorsqu'il vit venir une cavalcade superbe : des dames en robes de brocart couturées d'argent et de perles; des seigneurs en

harnois d'acier poli, avec chaînes d'or; de nobles palefrois sous des housses écarlates, conduits par des pages au justaucorps de velours noir; puis l'escorte des hommes d'armes, dont les cuirasses luisaient au soleil. C'était le sire de l'Angles qui venait d'épouser la dame de Bénac. Ils défilèrent longuement sur la rampe et s'enfoncèrent sous le porche obscur.

Bos courut à la porte, mais on le renvoya en lui disant : « Bonhomme, reviens à midi, tu auras l'aumône avec les autres. » Bos s'assit sur une roche, tourmenté de colère et de douleur. Il entendait dans le château des fanfares de trompettes et le bruit des réjouissances. Un autre allait lui prendre sa femme et son bien; il serrait les poings et roulait des pensées de meurtre; mais il n'avait pas d'armes. Il prit patience, comme il avait fait tant de fois chez les Sarrasins, et attendit.

Tous les pauvres du voisinage s'assemblèrent, et Bos se mit avec eux. Il n'était pas humble comme le bon roi saint Louis, qui lavait les pieds des mendiants; il eut grande honte de marcher parmi ces porte-besace, contrefaits, goîtreux, aux jambes torses, au dos voûté, mal couverts de méchantes capes rapiécées et trouées et de guenilles en loques; mais il eut bien plus honte encore lorsqu'en passant sur le fossé plein d'eau claire, il vit sa figure brûlée, ses cheveux hérissés comme le poil d'une bête fauve, ses yeux sauvages, tout son corps maigri et meurtri; puis il pensa qu'il n'avait pour vêtement qu'un sac déchiré et la peau d'une grande chèvre, et qu'il était plus hideux que le plus hideux mendiant. Ceux-ci criaient louange aux mariés, et Bos, de fureur, grinçait des dents.

Ils suivaient le haut corridor, et Bos vit par la porte l'ancienne salle du festin. Ses armures y pendaient; il reconnut les andouillers des cerfs qu'il avait tués à coups de flèches, les têtes des ours qu'il avait tués à coups d'épieu. La salle était pleine, et la joie du festin montait haut sous les voûtes; le vin du Languedoc coulait largement dans les coupes; les conviés portaient a santé des fiancés. Le sire d'Angles causait bien bas avec la belle

dame, qui souriait et tournait vers lui son doux regard. Quand Bos vit ces lèvres roses sourire et ces yeux noirs rayonner, il sentit son cœur mordu par la jalousie, bondit dans la salle et s'écria d'une voix terrible : « Hors d'ici, traîtres! je suis le maître d'ici, Bos de Bénac »

« Mendiant et menteur, dit le sire d'Angles. Nous avons vu Bos tomber mort sur le bord du fleuve d'Égypte. Qui es-tu, vieux ladre? Ta figure est noire comme celle des damnés Sarrasins. Vous êtes tous les amis du diable; c'est le malin esprit qui t'a conduit ici. Chassez-le, et lâchez les chiens sur lui. »

Mais la dame miséricordieuse demanda qu'on fît grâce au malheureux fou.

Bos blessé par sa conscience, croyant que chacun savait son péché, s'enfuit le visage dans ses mains, ayant horreur de lui-même, et ne s'arrêta que dans une fondrière déserte. La nuit vint, et la cloche du mont Capana se mit à tinter. Il entendit bourdonner les rouets des fées du Bergonz. Le géant habillé de feu parut sur le pic d'Anie. Des images étranges se levèrent en son cerveau comme les rêves d'un malade. Une légion de visages fantastiques chevauchait dans sa tête au bruissement des ailes infernales, et le ravissant sourire de la belle dame le piquait au cœur comme une pointe de poignard. Le petit homme noir parut près de lui et lui dit : « Comment, Bos, tu n'es pas invité à la noce de ta femme? Le sire d'Angles l'épouse tout à l'heure. Ami Bos, il n'est pas courtois!...

— Maudit de Dieu, que viens-tu faire ici?

— Tu n'es pas reconnaissant. Je t'ai tiré d'Égypte, comme Moïse ses badauds d'Israélites, et je t'ai transporté, non pas en quarante ans, mais en un jour, dans la terre promise. Pauvre sot qui t'amuses à pleurer! Veux-tu ta femme? Donne-moi ta foi, pas davantage. Au fait, tu as raison; demain, si tu n'es pas gelé, et si tu pries bien humblement le sire d'Angles, il te fera valet de chenil; c'est une belle place. Ce soir, dors sur la neige, beau chevalier. Là-bas, où sont les lumières, le sire d'Angles embrasse ta femme. »

Bos suffoquait et crut qu'il allait mourir. « Seigneur, mon Dieu, dit-il en tombant à genoux, délivrez-moi du tentateur! » Et il fondit en larmes.

Le diable s'enfuit, chassé par cette prière ardente; les mains de Bos jointes sur sa poitrine rencontrèrent son anneau de mariage qu'il portait à son scapulaire. Il tressaillit de joie : « Merci, Seigneur, faites que j'arrive. »

Il courut comme s'il avait des ailes, franchit d'un saut la porte, et se cacha derrière un pilier de la galerie. Le cortége s'avançait avec des flambeaux. Quand la dame fut près de lui, Bos se leva, lui prit la main et lui montra l'anneau. Elle le reconnut et se jeta dans ses bras. Il se tourna vers l'assistance, et dit : « J'ai souffert comme Jésus-Christ, et j'ai été renié comme lui. Hommes de Bigorre, qui m'avez maltraité et renié, je vous prie d'être mes amis comme autrefois. »

Le lendemain, Bos alla verser un plat de noix dans un gouffre noir, où souvent on entendait la voix du diable; ensuite il partit pour se confesser au Pape. Au retour, il se fit ermite dans une caverne de la montagne, et sa femme devint nonne dans un couvent de Tarbes. Tous deux firent saintement pénitence, et méritèrent après leur mort de voir Dieu.

CAUTERETS

Le chemin de fer de Pau à Lourdes court agréablement au milieu de la grande vallée, et côtoie le Gave qui roule et bouillonne à plaisir, entraînant des quartiers de rocher, des pins et, ce qui est invraisemblable, une quantité de truites qui trouvent moyen, dans ce flot furieux, de vivre, de grossir, de se créer une nombreuse famille, de se laisser pêcher, et d'être excellentes.

A Lourdes, on descend. Ceux qui n'ont pas confiance, pour leur guérison, dans les eaux de Lourdes, s'embarquent pour Pierrefitte dans le train qui correspond, et dont la locomotive attend tranquillement les voyageurs en fumant dans la gare.

On remarque nombre de prêtres à robe blanche, à robe noire et même à robe brune, des prédicateurs, m'a-t-on dit, qui, non contents des eaux réputées saintes de Lourdes, ne sont pourtant pas fâchés de les appuyer par les eaux plus spéciales des sources de Cauterets.

Aide-toi, le ciel t'aidera.

Et ils se trouvent bien de la sage application de cette maxime.

* * *

Le chemin de fer pénètre dans la vallée de Pierrefitte, circule entre deux montagnes couvertes de chênes, de pins et de verdure, accompagné presque tout le temps de l'inévitable torrent qui descend en chantant, et au grand galop, suivant l'habitude des torrents, le long de cette vallée accidentée de cascades, qui s'échappent çà et là des anfractuosités des montagnes.

* * *

A la gare de Pierrefitte, attendent en foule les omnibus, les calèches, les diligences, les coucous, les charrettes et les cabriolets de tout genre, pour transporter la foule altérée.

De Pierrefitte à Cauterets, la route serpente dans une fissure profonde qui a séparé dramatiquement la montagne. Elle s'accroche au milieu, tournant à chaque instant, surplombant des précipices, au fond desquels des eaux furieuses et blanches se détachent sur le fond sombre et dénudé de la roche.

On grimpe ainsi pendant trois heures, à grand renfort de chevaux, traversant de temps en temps d'un roc à l'autre sur un pont jeté comme par miracle au-dessus de cette tempête incessante. On l'entend mugir tout au fond, et l'on voit briller çà et là l'écume à travers les têtes sombres des grands pins accrochés au rocher par leurs racines noueuses et qui semblent se pencher pour regarder curieusement dans les profondeurs inexplorées de l'abîme.

Après une dernière convulsion de la route qui se contourne deux ou trois fois sur elle-même avant de quitter le précipice, dans un site des plus étranges, connu sous le nom du Limaçon, les montagnes qui pendant deux heures ont semblé vouloir à chaque instant se rapprocher pour briser la diligence comme dans un étau gigantesque, s'éloignent tout doucement l'une de l'autre.

C'est la vallée de Cauterets qui commence. Un temps de galop, et nous pénétrons dans le bourg. Nous descendons de voiture; nous passons un petit pont; nous voilà aux Champs-Élysées.

C'est encore la *Mère Angot, Orphée aux enfers, Giroflé, Girofla,* la *Marche de Faust,* qui résonnent et sortent gaiement des tubes de cuivre et des tubes de bois dans lesquels s'époumonnent les musiciens. Tout autour est assise en rond ou se promène sur la pelouse une foule bigarrée, élégante, venue de partout, de Paris surtout.

* * *

Ici les amis, les connaissances se rencontrent à chaque pas:

— Tiens, tiens, tiens, vous ici; par quel hasard!

— Quel plaisir de vous rencontrer!

— C'est une veine véritable.

— Mais c'est charmant, ici!

— Délicieux.

— Et on s'amuse!

— Si l'on s'amuse? c'est-à-dire que l'on n'a positivement pas le temps de s'ennuyer.

— Moi, mon cher, d'abord j'ai sur la planche quelques vieilles douleurs qui m'occupent beaucoup. Le bain, les douches, le verre d'eau, les inhalations, etc., ça prend une bonne partie de la journée, et l'on n'a réellement pas assez du reste pour suffire aux distractions et aux parties.

— Le matin, je vais à la source de *César,* que je vous recommande. J'y vois tous les jours le duc de Nemours, qui vient se livrer comme moi au petit travail prescrit par la Faculté. Je vous l'avouerai sans rougir, je n'ai pas été fâché de savoir qu'il avait des douleurs et des rhumatismes tout comme moi. Cela m'a fait même un certain plaisir. Je le vois tous les matins qui arrive là tranquillement en traînant un peu la jambe, et ça fait que je prends mieux mon parti de traîner un peu la mienne.

— Il y a un ministre égyptien et une foule d'Égyptiens très-sympathiques et fort enrhumés, qui logent ici, et chaque jour viennent se baigner, avaler leur verre d'eau, et se faire doucher comme moi et le duc de Nemours... Tout cela sans compter des Russes charmants, des Danois, des Danoises, qui sont des plus gracieux et des plus séduisants, et même des Allemands aimables.

— Tout ce personnel crie un peu et fait la grimace quand le temps change, et que les douleurs prennent la parole. Mais le lendemain il n'y paraît plus, et l'on est plus gai que jamais. Sans compter qu'il y a ici nombre de gens qui se portent comme des charmes, et n'ont point encore fait connaissance avec le moindre rhumatisme, ce qui ne tardera pas trop, je l'espère. Mais jusqu'à présent, ces gens-là sont tranquilles, et ont tout leur temps pour excursionner et s'amuser comme quatre.

*
* *

Les hôtels ne sont pas mauvais; on y mange et l'on y boit bien, en y mettant le prix, ce qui n'est pas comme à Luchon. Il y a un Casino sérieux, où l'on joue des pièces gaies. En ce moment, la fameuse *Vénus aux carottes* est dans nos murs. On attend Théo, et les frères Lionnet arrivent la semaine prochaine.

Tous les huit jours, le personnel artistique change et se renouvelle. Le théâtre est bien tenu par un impresario qui ne manque pas de goût, et qui joue fort bien lui-même n'importe quoi, suivant les nécessités du jour.

Tous les soirs, le théâtre est plein jusqu'aux bords. Signe caractéristique: chacun y suce gravement un sucre d'orge. Il y a dans le pays une fabrique

qui fait ainsi de très-bonnes affaires. Celui ou celle qui viendrait au théâtre sans son sucre d'orge serait mal vu.

Outre les artistes de passage, il y a ici à demeure, ou peu s'en faut, le célèbre Lamazou, le chanteur et poëte qui fait des vers et des chansons basques, puis l'improvisateur Colin, qui ressemble à M. Monselet comme une goutte d'eau de Cauterets ressemble à une goutte d'eau de Paris.

Ce brave Colin est atteint d'une diarrhée poétique, qu'il soigne à Cauterets, — pour la conserver, — car il en tire, dit-on, un certain petit profit.

L'improvisateur Colin.

Il fait d'assez agréables vers à l'heure et sur commande. Il opère lui-même et par tous les temps.

* * *

Le tambour de ville est aussi une curiosité de Cauterets. Ses roulements et ses boniments sont célèbres. Soit qu'il se perde un chien, soit une broche, soit un porte-monnaie, il trouve des accents douloureux, étranges et convaincus pour parler à la foule.

Les *speaches* de Larrieu, c'est son nom, sont une des distractions quotidiennes de Cauterets. Ses réclames sont des discours, et ses avis sont des conférences. Quand il daigne frapper de ses baguettes la peau d'âne de son tambour, les populations accourent pour l'écouter ni plus ni moins, que si c'était M. Thiers, ou M. Naquet, ou M. Gambetta.

Mais l'assistance est peut-être plus curieuse à voir.

Hier, dans son auditoire, j'ai compté trois ducs, une duchesse, quatre ou

Le tambour de ville.

cinq princesses, des marquis et des comtes, marquises et comtesses à foison; quant aux barons et baronnes, ils étaient innombrables.

Il était question d'un chien de la Havane qui s'était enfui, peut-être pour retourner dans son pays, pensait-on. Le tambour a trouvé des roulements si persuasifs et un boniment si douloureusement ému, que le soir même le fugitif était réintégré dans le domicile de sa maîtresse.

C'était l'amour qui l'avait perdu. Il était parti de son pied mignon chez la princesse du coin; il recherchait une alliance russe.

— Enfin, je vois que tout cela ne manque pas d'une certaine gaieté.

— Mais non, mais non, le pays est admirable et séduisant au possible, les excursions sont délicieuses. Quand, par hasard, on s'ennuie, on va faire

Pas content, le docteur Fritz.

un tour à Saint-Sauveur, ou mieux encore à Baréges, qui ressemble à un

Buvette de feu César.

Pour aller chez le marchand de vin, s. v. p.

sombre dépotoir, ne contient que des gens borgnes, boiteux ou bossus, privés de nez ou d'oreilles, bâtis sur pilotis, traînant péniblement les jambes, ou bien accrochant tristement leurs bras à des écharpes.

On revient à Cauterets, qui vous fait l'effet d'un paradis terrestre. Le résultat est certain.

De la fantasia, mon bonhomme, pendant cent mètres, c'est bien; mais dans cinq minutes, il faudra voir.

— Vous voyez, ici c'est comme au concert des Champs-Élysées, on ne peut faire un pas sans rencontrer une figure connue à Paris; voici là-bas madame Benoiton, que vous connaissez certainement. Elle vient de se lier avec la vieille duchesse de Maufrigneuse, qui est accompagnée de son petit neveu, le comte d'Escarbagnas, et d'un prince polonais, Ladislas Onnesaiki. Tous les jours ce sont des parties dans la montagne. Cette bonne madame Benoiton fait tous les frais, mais elle est ravie. Le prince polonais est vieux, on dit qu'elle veut lui faire adopter son fils Fanfan Benoiton, un gommeux de la plus belle eau, qui a maintenant vingt-quatre ans, et qu'elle voudrait faire prince.

Elle compte sur l'intervention de la vieille duchesse pour mener la chose à bien. Le père Benoiton est mort cet hiver, laissant une belle fortune. La quincaillerie lui a été favorable. Au besoin, la veuve Benoiton épouserait. Tout cela se mijote en se gargarisant à la *Raillère* et en buvant à la source de *Maou-Houra*.

On suit les progrès de l'affaire sur la toilette de la mère Benoiton. Son deuil devient folichon. Elle conserve le jais qui lui va bien, mais elle a renoncé au crêpe, et arbore les dentelles blanches et le col blanc.

— Le père Perrichon, lui, est tout à fait lancé. Nous l'avions vu commencer cet hiver à Nice et à Monte-Carlo, maintenant il va bien.

CAUTERETS

LE GARGARISME A LA SOURCE DE LA RAILLÈRE

A LA MONTAGNE.

Symphonie pastorale. Musique d'ensemble.

Fluate en *sol*.

Ici César a pris les eaux. S'il avait persisté... qui sait !

BUVETTE DE MAOU-HOURA.

Aux sources de l'éloquence profane et sacrée.

Il était ici depuis quelques jours avec deux ou trois messieurs et trois ou quatre dames. Hier ils sont partis pour le cirque de Gavarnie, avec un stock de pâtés, de viandes froides et de vins de Champagne, à nourrir toute une caravane.

Madame Éloa de Saint-Phar était du nombre.

— Gavarni, disait-elle au dîner de la table d'hôte, quel charmant artiste! N'est-ce pas lui qui a fait les *Enfants terribles?* On dit que c'était un homme si chic et de tant d'esprit! Et il avait un cirque ici? Je ne le savais pas. Je ne partirai pas sans avoir vu son cirque.

— Ces messieurs ont ri à se tordre les côtes, et ce matin on est parti.

*
* *

Bientôt il y aura ici du grabuge. Le petit Oscar, le gendre de M. Perrichon, est arrivé sans sa femme par la même diligence que vous. Il trouve que cela va trop vite, et que ces dames font trop sauter les écus du beau-père. Il vient le repêcher dans le torrent.

Heureusement pour le Perrichon, Oscar vient de rencontrer ici une ancienne, la baronne Ida de Vaugirard, qui l'a emmené sans coup férir au lac de Gaube et à Saint-Sauveur. Ce sera deux jours de répit.

Si le Perrichon est habile, il pincera le gendre avec la baronne, et c'est lui qui arrivera bon premier pour faire une bonne petite scène de père de famille outragé. La galerie attend avec impatience.

*
* *

Nous sommes ici au spectacle, rien de plus amusant. Il y a cinq ou six mariages en préparation et quatre ou cinq séparations prochaines en vue. Il n'y a pas encore eu de duels.

A notre hôtel, qui est le meilleur, fleurit un monsieur Phocion Bancopoulos, qui joue très-largement et gagne beaucoup d'argent. Il a un certain succès près des dames, des petites, bien entendu; car il décave proprement les autres messieurs, et ces dames pointent attentivement les bénéfices. Je le regarde jouer avec attention, je crois qu'il possède un truc, mais je n'ai pu encore le trouver. J'étudie.

Enfin tout cela est très-gai, très-intéressant; les montagnes ont un charme qu'elles n'ont pas autre part.

Le directeur de l'établissement vient de me parler d'un ascenseur et d'un chemin aérien, afin de supprimer les voitures et de monter sans peine dans la montagne pour boire son verre d'eau ou se gargariser à la Raillère.

Nous avons, vous avez bien fait de venir ici.

On dit que Luchon est triste et qu'il n'y a personne. Les Eaux-Bonnes, c'est navrant. Suivant leur habitude, les Eaux-Chaudes c'est un égout, Baréges un cimetière, Saint-Sauveur un trou, Bagnères de Bigorre un enterrement de première classe.

Il n'y a que Cauterets!

— Sans compter ceci, me disent trois médecins venus de Paris pour la saison afin de soigner leurs honoraires et leur clientèle, sans compter que les eaux de Cauterets sont les seules efficaces, et l'on ne se guérit qu'à Cauterets.

Par exemple, ce qui est ennuyeux et désagréable, c'est de voir à chaque bout de champ des fourbus, des éclopés; mais au bout de peu de temps, surtout quand on se porte bien-soi-même, on s'y fait.

— La vie est ben salissante à Paris, faut croire, pour qu'elles viennent se laver tant qu'ça cheux nous; pas vrai, Pulchérie?

LES BAINS DE MER DE LA MANCHE

Dilettanti. Stalles de balcon.

Le théâtre, qui n'est pas toujours, il s'en faut, l'école des mœurs, en est au moins l'écho.

C'est au théâtre qu'il faut s'adresser pour suivre les habitudes d'une époque et connaître la comédie du temps où florissait l'auteur.

Ainsi il y a cinquante ans, aller à Dieppe était une excentricité, et la pensée seule de la mer, dont à Paris l'on commençait à peine à découvrir l'existence, fournissait les situations les plus neuves et les plus comiques.

Le théâtre, en France, fut alors doté du *Voyage à Dieppe*, par l'excellent Picard. On voyageait alors en patache, en roulante, en berlingot et en diligence.

Un beau jour, la vapeur se mit à entraîner les wagons sur quelques chemins de fer, et les voyageurs et marchandises sur certains bateaux. Le théâtre reprit l'idée du *Voyage à Dieppe*, en l'élargissant, et nous donna le *Voyage en Chine*. Puis les chemins de fer couvrirent les terres et creusèrent les montagnes; les steamers coupèrent les isthmes et nagèrent sur les eaux avec la rapidité des locomotives terrestres. Le théâtre, suivant le mouvement, vient de nous donner : *Voyage autour du monde en quatre-vingts jours*... Voilà où nous en sommes actuellement.

Qui sait ce que le théâtre nous donnera dans l'avenir!

*
* *

Du temps de madame de Sévigné, certaines gens excentriques, mais riches et haut placés, allaient prendre des bains dans l'onde amère, comme disait alors ce polisson de Racine : « Ah! bon Dieu! Jésus! madame de Grignan, l'étrange chose d'être jetée toute nue dans la mer! » s'écriait, effrayée, l'amie de la séduisante marquise.

La mode ne prévalut pas. Il fallut attendre bien près de deux siècles pour qu'une autre femme plus haut placée, la duchesse de Berry, découvrit Dieppe, y prît des bains tout un été, et l'imposât comme mode à tous les gens de la cour.

Naturellement, la bourgeoisie riche s'empressa de suivre : la fortune de la mer était faite.

Dieppe resta bien longtemps seule en possession de la vogue créée par la duchesse de Berry. Le voyage à Dieppe était un lointain voyage réservé seulement aux bourses larges et bien garnies.

*
* *

Survint le chemin de fer, qui mit la mer à cinq heures de Paris.

Les Parisiens qui bornaient jusqu'alors leurs vœux à contempler les grandes eaux de Versailles et de Saint-Cloud, se décidèrent tout à coup à aller

SUR LA PLAGE.

Attendant avec calme le train des maris.

LA VÉRITÉ AUX BAINS DE MER.

— Costume trop chic!

— Dame, ma chère, je m'arrange un peu. On ne se baigne pas au fond d'un puits.

SUR LA PLAGE.

— Cocotte aime à galoper sur le sable; elle ne peut pas souffrir le galet.

visiter ces rivages inconnus. La vapeur leur permettait alors d'aborder les falaises en un temps à peine plus court que jadis les célérifères pour aller à Versailles.

Dieppe vit quintupler sa fortune et son succès, comme Boulogne qui l'avait imitée.

Quelques écrivains et quelques peintres avaient déjà pensé avec juste raison que la mer en ville, comme celle de Dieppe et de Boulogne, était moins attrayante et moins pittoresque que la véritable mer de campagne, et ils s'étaient promenés en curieux et en fantaisistes sur la côte, le long des falaises et le long des plages. Le peintre Mauzin avait été le Christophe Colomb de Trouville, où il avait construit un atelier, tandis qu'Alphonse Karr, son ami Léon Gatayes et Lepoitevin, le peintre de marine, découvraient les pêcheurs et les pittoresques rochers d'Étretat.

Ils redirent à quelques amis leur trouvaille, les amis arrivèrent, puis les amis des amis, puis tout le monde. On prit goût à venir chaque année se retremper dans la mer, et les médecins y aidèrent de leur mieux, pour grouper ainsi, en villégiature, une clientèle qui s'éparpillait trop précédemment.

Ce devint bientôt une rage. A l'imitation d'Alphonse Karr, de Mauzin, de Lepoitevin, les artistes se répandirent sur la côte normande et y plantèrent çà et là leur parapluie de travail et leur tente.

Il n'y eut pas de crique, pas d'anse, pas d'anfractuosité de falaise qui n'eût son Fernand Cortès ou son Pizarre. Saint-Valery, Veules, Fécamp, Yport, Sainte-Adresse, Villerville, Trouville, Deauville, Villers, Houlgate, Cabourg, Lion, Luques, Arromanches, etc., etc., durent leur éclosion successive au soleil de la publicité, à ces hardis navigateurs, missionnaires de la plume et du pinceau.

Les artistes et les écrivains étaient alors pourvus d'argent, comme les poissons de plumes. A mesure qu'ils découvraient un nouveau parage, où les paysans, race alors timide, faisaient la soupe et le reste aux voyageurs, pour trois francs par jour, survenaient les curieux, les curieuses, les bourgeois plagiaires et les boutiquiers ou commerçants à large bourse, qui gâtaient le métier, surexcitaient les ambitions locales, exaspérant les prix, qui devenaient inabordables aux gens de palette et d'encrier, lesquels allaient porter autre part et leurs personnes et leurs engins, au risque d'être chassés de nouveau pour aller se rejeter plus loin.

Maintenant tous ces endroits, découverts par ces gens qui vivent de leur esprit et de leur goût, sont devenus la promenade et la station favorite de tous ceux qui vivent de toute autre chose, de leurs rentes d'abord, ou de leur commerce et de leur industrie ensuite. Les côtes normandes sont devenues, grâce aux chemins de fer normands, de véritables faubourgs de Paris, dont quatre heures, le temps d'une promenade au Bois, vous séparent.

Il s'est créé naturellement plusieurs catégories de bains de mer. Les deux catégories les plus tranchées sont celles-ci : les bains de mer à galet, les bains de mer à sable. Cette disposition différente de la nature a déterminé des courants différents aussi dans la nature de ceux qui les visitent.

Le sable fin de certaines plages permet les bottines délicates et les souliers élégants, base indispensable de toute toilette de haut goût, donnant le champ libre à toutes les recherches de la nouveauté, à toutes les excentricités du moderne costume. Ces plages sont donc les favorites de la mode, les privilégiées du sport, du turf, de toutes les élégances, de toutes les coquetteries et coteries. C'est le faubourg Saint-Honoré, les Champs-Élysées, le Bois et le boulevard prolongés.

C'est Trouville et Deauville.

Villers et Houlgate, plages à sable également, mais d'une élégance moins tapageuse et plus discrète, sont quelque chose comme le faubourg Saint-Germain.

Le côté *chic* s'amoindrit à mesure que l'on descend vers la basse Normandie.

*
* *

Les plages à galet sont pour les gens moins pétris de prétentions ou plus modestes, gens à semelle carrée, qui aiment leurs aises, moins soucieux de la toilette que du bien-vivre, et plus charmés du sans-gêne, ou du pittoresque, ou du caractère, que de la pose et des jupes finement empesées.

Ces gens-là habitent les plages à galet comme on habite le Gros-Caillou, ou Clamart, ou Asnières. Quelques-uns sont artistes, d'autres les copient, tout en les enviant et en disant pis que pendre. De gros et riches boutiquiers viennent s'y reposer de leurs balances et de leurs grands livres, et les commerçants retirés s'y construisent des villas et des hôtels.

Les plages à galet commencent au Havre et mènent jusqu'à Saint-Valery, en passant par Sainte-Adresse, Étretat, Yport, Fécamp, les Petites-Dalles, Veules, etc.

Mais avant dix ans, le galet sera dompté. Sur ces plages, où florissaient uniquement jadis les vareuses et les capelines rouges et les jupes de grosse laine rayée, apparaissent depuis quelque temps les dentelles, les broderies et les robes à la duchesse. Le flot de la pose commence à monter, les gens prudents, et qui ne veulent pas être envahis, commencent, en passant par Granville et Saint-Malo, à descendre vers la Bretagne, que ses rochers, ses galets et ses rudes ajoncs protégent encore contre les souliers de satin, et contre les dentelles et falbalas.

Une exception de premier ordre parmi les plages à galet, en faveur de Dieppe qui a conservé sa faveur première, et reste toujours comme le salon à la mode sur la côte normande. Il est vrai que le galet roule tranquillement sur la plage en bas du Casino, et n'est pétri que par les pieds des baigneurs ou des baigneuses en costume de bain.

Le reste du temps, la toilette que l'on désire, quelle qu'elle soit, est possible, car on ne marche que sur les trottoirs, le bitume, le sable fin des allées, ou les parquets cirés par les soins de l'établissement.

LA SAISON DES BAINS DE MER

DIEPPE, TROUVILLE, DEAUVILLE, VILLERS

Immédiatement après les courses du printemps et le grand prix de Paris, le signal est donné, les malles sont bouclées et bourrées de toutes les inventions éditées nouvellement par les faiseuses ou par les faiseurs, et l'on s'éparpille sur toutes les plages pendant que bon nombre gagnent les eaux thermales et les montagnes.

Les tapis se roulent; les meubles se couvrent de housses; les tableaux et les bronzes s'abritent sous des toiles gommées ou des mousselines protectrices. Les mouches et les concierges deviennent maîtresses du logis. Le vide se fait à Paris, d'un côté, pendant que les étrangers en voyage font équilibre de l'autre, en remplissant les hôtels, les maisons garnies, les boulevards et les promenades.

Quelques coups de piston, le temps de lire le quart du roman nouveau, les faits divers de quelques journaux, le dernier numéro de la *Vie Parisienne* ou des grands journaux illustrés, l'on est à la mer que l'on a choisie, et l'on se promène sur la plage de son goût.

Nous voici à Trouville. A la bonne heure, le tout Paris des premières représentations est là. Voici bien le prince de A..., la marquise de B..., la comtesse de C..., le vicomte de D..., etc., etc.; la belle miss W..., la splendide lady Y..., la princesse de Z...; tout l'alphabet y passe, et il n'y en a pas assez pour la consommation des curieux.

Voici le clan de ces petites dames adorables et adorées, disent certains, qui

gravitent depuis longtemps ou depuis peu sur le firmament parisien partout où il daigne se transporter.

Ces dames sont nombreuses, c'est une légion.

Dans cette légion, il y a la *vieille garde* : celles qui se sont appelées jadis lionnes, puis biches, puis cocottes, puis gommeuses, puis tout ce qu'on voudra, femmes d'adresse et de tact, qui savent prolonger habilement leur succès et remplacer à propos la fraîcheur passée par les trésors de l'expérience.

Puis la *jeune garde*, composée d'une troupe moins fraîche, moins instruite, mais qui sait se calquer sur l'ancienne par les côtés pratiques, et soigne avec art sa mise en scène, s'étudiant à placer utilement son capital, en le prêtant à de gros intérêts.

Çà et là quelques personnages grincheux prétendent bien, en causant sur la plage, que l'erreur principale de notre temps est le mauvais goût qui consiste à attirer l'attention sur ces créatures agréables à regarder, mais malsaines, qui devraient rester dans l'ombre cachées derrière des persiennes fermées, au lieu de se pavaner sur les théâtres, dans les romans ou les racontars de toute sorte.

Ils le disent et n'ont pas tort; mais cela n'empêche pas un certain nombre d'entre eux, côté des hommes, de les tenir plus que de raison au bout de leur lorgnette, et les autres, côté des femmes, de regarder avidement et curieusement leur toilette, et de copier presque servilement leurs costumes.

DE LA PÊCHE AUX BAINS DE MER

LA PÊCHE AUX ÉQUILLES, LA PÊCHE AUX CRABES, LA PÊCHE AUX MARIS, LA PÊCHE AUX FEMMES

— Tu disais que tu allais te déshabiller, est-ce que tu vas dans le monde?

Dans les différentes stations de bains de mer, l'occupation favorite des baigneurs et des baigneuses est naturellement celle de la pêche. Les matelots et pêcheurs de profession pêchent le turbot, la barbue, la sole, le cabillaud, le chien de mer, etc., et aussi le *chatrou*, plus connu maintenant sous le nom de *pieuvre*, et dont les morceaux détachés servent d'appât pour pêcher les autres poissons.

Les gens venus du dehors et vivant de la vie hors de chez soi, qui ne sont ni pêcheurs ni pêcheuses de profession, au moins au point de vue de l'ichthyologie, choisissent un genre de pêche où l'on se mouille moins et qui rapporte plus.

Parmi les hommes, ceux qui se déplacent en ce moment, où dans Paris rien ne va plus, courent ainsi tout le long des plages fréquentées pour des pêches dont ils ont la spécialité. Ceux qui n'ont pas de femme à eux cherchent à pêcher la femme du voisin. Les banquiers cherchent parmi les visiteurs étrangers des emprunts à placer; les agents de change et les coulissiers pêchent des clients; les fabricants, des débitants; les chevaliers d'industrie, des décorations étrangères; les lanceurs d'affaires, des gogos; les grecs, des innocents; les mineurs et les viveurs, des usuriers; et les vautours, des pigeons. Ils trouvent ici, réunis sur un petit espace, les échantillons de la race humaine, dispersés à Paris pendant les autres saisons, et qui se présentent d'eux-mêmes sous la main, promettant des pêches miraculeuses.

Les femmes ne le cèdent point aux hommes pour leur habileté à la pêche. Les unes se livrent à la pêche des gendres, d'autres à celle des maris, les autres à la pêche des amants, d'autres à la pêche des rentes sur le grand livre, ou des successions, ou des titres et des armoiries.

La pêche aux équilles est la pêche favorite sur les plages à sable. Il y a différentes façons de procéder. C'est une pêche qui prépare adroitement les autres, et qu'affectionnent particulièrement les belles pécheresses, auxquelles les équilles servent de prétexte pour exhiber sous les yeux de jeunes pécheurs, et de pécheurs endurcis, les fines bottines à barette, à talons d'argent, les fins bas de soie à broderies de couleur, et les dentelles affriolantes des jupes nuageuses et des prestigieux pantalons.

Il n'est pas rare qu'au lieu d'équilles, elles reviennent ayant pris dans leur nasse quelque coulissier en rupture de ban, quelque gros commerçant en rupture de femme légitime, quelque banquier en goguette, quelque mineur affolé ou quelque noble étranger en quête de distractions.

Le soir, au Casino, la pêche commencée le matin en costume de bain, continuée dans la journée par le costume de pêcheuse, se termine le soir par le costume décolleté à grand orchestre.

Le but est le même, les appâts seuls varient. Les exhibitions se succèdent et ne se ressemblent pas, et l'on soumet aux appréciateurs bénévoles, par fragments séparés comme en un triple prospectus, ce que l'on ne peut convenablement présenter en une seule fois dans tout son ensemble.

LA PÊCHE AUX MARIS.

Ça ne serait pas la peine d'être bien faite si on ne savait pas le montrer un peu.

Sur les plages à galet, la pêche aux équilles est remplacée par la pêche aux crabes, qui a aussi son intérêt, mais présente moins d'avantages à cause de la difficulté et de la lourdeur des costumes *ad hoc*.

*
* *

La pêche aux gendres, qui se confond naturellement avec la pêche aux maris, suit, à peu de chose près, les mêmes phases, les mêmes développements et les mêmes exhibitions intelligentes que la pêche aux amants.

Lorsqu'un ban d'épouseurs possibles est signalé sur une plage, les mères et leurs filles nubiles, avec ou sans capital suffisant, se présentent à l'envi.

Il est des mères qui reviennent plusieurs années de suite sur ces plages hospitalières, espérant trouver l'oiseau rare qui n'arrive pas.

Les filles qu'elles promènent ainsi vainement sur tous les sables, sur tous les galets de la côte, ont des vices ou des tares rédhibitoires qui les rendent impossibles.

BARCAROLLE.
Il va venir!.. (Paroles et musique de Monpou.)

Elles ont trop de qualités ou n'en ont pas assez. Trop de passé, pas assez de présent, partant pas d'avenir.

Elles sont laides, ou disgracieuses, ou sottes, ou pis encore; elles n'ont aucune dot, ce qui est plus grave.

Elles chantent dans le vide. Ce sont les rossignols de la plage.

Parfois un ennuyé, un désabusé, ou bien encore un officier de marine, qui a de lointaines missions et ne veut pas avoir d'inquiétude pour son foyer conjugal pendant son absence, allume la torche de l'hyménée en faveur de quelqu'une parmi ces pauvres délaissées, que la laideur attache si longtemps et si périodiquement à ces rivages.

Cela donne du courage aux autres et aiguise la persistance des mères.

* * *

Ces années-là, un *ex-voto* de plus est suspendu aux murs de l'église voisine, pour être joint à ceux dont les voûtes et les murs sont garnis, car les *ex-voto* sont nombreux dans les régions de la mer; les pêcheurs et les marins sont religieux, en dépit des citoyens libres penseurs.

Les gens des villes qui ne sont exposés qu'aux tempêtes ou aux ouragans qu'ils font eux-mêmes, et qui se traduisent par quelques coups de fusil et le soulèvement de quelques pavés pour barricades, n'ont pas l'idée de ces tempêtes et de ces ouragans déchaînés par d'autres que par la main des hommes, où la prétendue raison n'a qu'à s'incliner et s'agenouiller devant des forces surnaturelles, mystérieuses et inconnues.

A Marseille, comme à Nantes, comme à Bordeaux, comme à Honfleur, comme à Trouville, comme à Étretat, nous avons vu souvent de vigoureux marins au teint bronzé, au visage énergique, gravir pieds nus les côtes pour porter à la Notre-Dame de l'endroit, l'offrande qu'ils ont votée pendant la tempête, à laquelle ils croient avoir miraculeusement échappé par son aide.

* * *

Les montagnes et la mer, c'est-à-dire la grandeur, la puissance implacable et l'infini dans la vie et dans le mouvement, rapprochent plus l'âme humaine de la volonté suprême et inconnue qui nous dirige, que le spectacle des boutiques, des trottoirs et des omnibus, dont les villes sont fières.

On se moque maintenant de tout dans la ville. On prie encore dans les montagnes et en mer, tout au moins au moment de ces convulsions qui les agitent, brisant la vie des hommes et balayant les engins dont ils s'enorgueillissent, aussi facilement que le vent entraîne les poussières des vallées et les sables de la plage.

Il n'y a plus de légendes dans les villes que celles des brasseries et des cafés chantants. Dans les montagnes, dans les campagnes et au bord de la mer, il en est encore que l'on conserve et que l'on raconte. Nous avons donné celles de la montagne à Lourdes, à Bétharam et à Bigorre. Voici celle que l'on nous a racontée sur le bord de la mer à Étretat.

LE MOULIN D'ÉTRETAT

CONTE-LÉGENDE DU PAYS NORMAND

ÉTRETAT n'a pas toujours été ce joli petit endroit si coquet où l'on se baigne, où l'on danse, où l'on fait de la musique, où le piano et les chants et les valses résonnent et le jour et la nuit.

On ne s'y promenait pas sur le galet en falbalas, en étincelantes jupes constellées de dentelles et de guipures, en vareuses brodées des plus miroitantes fantaisies.

Depuis trente années au plus, toutes ces merveilles ont apparu pour la première fois sur cette plage qui depuis de bien longues années n'avait connu que les vigoureux marins aux voix dures et rauques, les pêcheurs et leurs femmes et leurs enfants au teint rougi par la bise, tannés par le soleil et l'air salin, vêtus de bure grossière, ou de toiles goudronnées.

*
* *

Il y a bien longtemps, bien longtemps de cela, si longtemps, que le souvenir en est presque disparu du pays, Étretat n'avait pas besoin pour vivre des citadins, des étrangers et des étrangères qui accourent chaque année apporter leur argent en échange de l'air vivifiant qu'ils viennent respirer durant un ou deux mois sur la plage.

Ces gens-là apportent de l'eau au moulin, comme dit un vieux dicton; or ce qui manque maintenant à Étretat c'est de l'eau, cette bonne eau bien fraîche, bien limpide, qui brille si claire dans le cristal des verres et des carafes. L'eau, il faut la boire telle qu'elle est, parfois trouble, parfois saumâtre; il faut compter sur la pluie pour la récolter à grand'peine dans les citernes, et s'en priver quand le temps n'en donne pas.

Si bien que nombre de gens du pays ont complétement renoncé à boire de l'eau qu'ils trouvent mauvaise, et la remplacent à leurs repas, et même en dehors de leurs repas, par de bons pichets de cidre et de fortes lampées d'une vigoureuse eau-de-vie.

Jadis l'eau ne manquait pas à Étretat.

Vers le milieu du pays, presque à mi-chemin entre la côte d'aval et la côte d'amont, coulait à travers les saules, les peupliers et les pommiers à tête arrondie, un ruisseau charmant qui bruissait, caquetait et murmurait gaiement, en courant sur les petits cailloux, sur les cressons et les herbes, puis allait se mêler aux eaux de la mer, non loin de l'endroit où maintenant s'élève la maison de la mère Hauville, là où l'on mange de si bon poisson frais et de si délicieuse sauce à la crème.

*
* *

Il y avait alors à Étretat une pauvre femme qui s'appelait la mère Coquin; elle était restée veuve avec deux enfants.

Son mari Ludwigg, homme d'armes du seigneur de Criquetot, était si beau, si fier et si brave sous la cuirasse et le casque, que ses compagnons l'avaient nommé Ludwigg le Coq..., et de là Ludwigg Coquin; un beau nom, dont il était fier et heureux.

Mais Ludwigg Coquin, qui avait accompagné son maître le seigneur de Criquetot à la seconde croisade, après avoir fait des prodiges de valeur, et renvoyé aux enfers nombre d'infidèles, était mort en Terre sainte, ainsi que le seigneur de Criquetot, et l'on n'en avait plus entendu parler dans le pays.

Sa pauvre femme Clotilde, celle que l'on appelait la mère Coquin, vivait bien péniblement avec ses deux petits enfants, en attendant le retour de celui qui ne pouvait revenir.

Sur le bord du ruisseau, à la pauvre cabute qu'elle possédait de par la générosité du seigneur de Criquetot, faite avant d'aller combattre les Sarrasins, se rattachait une sorte de petit hangar. Là se trouvait une lourde meule à l'aide de laquelle on broyait le grain destiné à faire le pain pour les gens du pays.

Mais cette meule, il fallait la tourner et la virer, à la façon dont on tourne et vire encore maintenant les cabestans sur la plage.

C'était bien quand de sa poitrine puissante le beau Ludwigg poussait vigoureusement la barre; mais depuis qu'il était parti, depuis que le père de la pauvre Clotilde, un pêcheur, était resté en mer enseveli par la tempête, c'était un trop pénible labeur pour la pauvre femme, et ses forces ne pouvaient suffire, bien que son fils aîné, le petit Ludwigg, essayât de l'aider de toute la vigueur de ses petits bras.

Aussi c'était à grand'peine si elle pouvait gagner à ce travail de quoi subvenir à la vie et aux nécessités de chaque jour. Mais la pauvre femme prenait son mal en patience, et pleine d'espoir dans l'avenir, elle attendait avec résignation le retour de son cher Ludwigg, et le développement des forces de ses deux petits.

*
* *

Mais la somme de ses douleurs n'était pas épuisée, car le dernier, qui avait quatre ans à peine, fut pris d'une de ces maladies cruelles qui souvent atteignent les enfants en Normandie, maladie qui les amaigrit, les fait dépérir progressivement, et les tue; cette maladie se nomme *le carreau.*

*
* *

C'était un soir; le petit Jehan, pâle, sans forces, le visage creusé par le mal, était couché dans son berceau, et la pauvre Clotilde, les yeux rougis de

larmes, poussait la barre de la meule, aidée tant bien que mal de son aîné le petit Ludwigg, quand sur le banc de galets ronds disposé près de la porte, un vieillard vint péniblement s'asseoir.

Il s'abritait tant bien que mal contre le vent aigre du soir, dans les plis d'un vieux morceau de manteau, et ses pieds nus, couverts de poussière, semblaient épuisés par la fatigue d'une longue marche.

Il ne parlait pas, mais son attitude, son air de besoin et de souffrance en disaient plus que tout. Clotilde cessa de tourner sa meule; et s'approchant du vieillard : « Mon père, dit-elle, vous êtes fatigué, vous semblez avoir faim; j'ai bien peu pour mes enfants et pour moi, mais, je vous en supplie, entrez et prenez, buvez et mangez, le peu que j'ai est à vous.

— Soyez bénie, ma fille, répondit le vieillard, d'une voix douce comme le murmure de la brise dans les feuilles des peupliers blancs, vous êtes la seule dans ce pays qui ne m'ayez pas repoussé de votre porte. Ici la misère effraye les gens, mais Dieu bénit ceux qui lui viennent en aide. »

Et il entra, s'assit à la pauvre table, but et mangea, non sans jeter ses regards sur la bien modeste demeure.

Il avait vu tout d'abord et le berceau du petit Jehan, et son visage où la mort semblait avoir écrit sa triste sentence. Il s'avança vers lui, le prit dans ses bras et le plaça sur la table; puis il imposa sa main droite sur son ventre ballonné et durci par le mal, en prononçant une courte prière.

« Allez, femme, dit-il en embrassant Jehan, dont le visage reprenait subitement les teintes roses de la vie, allez, votre enfant est guéri; » et désignant de la main la lourde meule : « Ceci est trop pénible pour vous : vous avez trop travaillé jusqu'alors; désormais, cette eau qui coule devant votre porte, et qui ne fait que suivre la volonté de Dieu, cette eau travaillera pour vous. Elle vous enrichira, vous et les vôtres, tant que vous et les vôtres resteront ce que vous êtes, pieux, compatissants, secourables et confiants en Dieu. »

En ce moment la pauvre chambre s'emplissait comme d'une lumière céleste. Le vieillard s'était transformé, il semblait jeune, un casque d'or rayonnait sur son front, sa cuirasse lançait comme des flammes, et il apparut monté sur un cheval lumineux qu'un ange vêtu de blanc avait amené sur le seuil. Ses épaules portaient seulement la moitié d'un manteau, le même qui enveloppait tout à l'heure le vieillard.

Clotilde tomba à genoux, tenant pressés contre son cœur ses deux chers petits, reconnaissant le grand saint Martin, qui se montrait souvent en Normandie, où, suivant la tradition, vivaient depuis longtemps des membres de sa descendance et de sa famille.

Saint Martin étendit la main vers le ruisseau, vers la hutte, le cheval s'élança, et toute la vision disparut dans un rayon lumineux.

*
* *

Le lendemain, quand Clotilde et ses enfants se réveillèrent, ils ne pouvaient en croire leurs yeux : le ruisseau, qui coulait si petit et si délicat au milieu des herbes et des arbrisseaux, était devenu rivière, le hangar s'était changé en un bâtiment grand et vaste. Les eaux de la rivière, resserrées à souhait, se précipitaient avec force sur une grande roue, qui tournait avec une merveilleuse vigueur, remplissant l'air de ses harmonieux tic-tac, et faisait tourner et virer six meules admirables, qui donnaient une farine si belle, si fine, si délicate, que jamais dans toute la Normandie on n'avait rien vu de pareil.

Sans compter que la rivière qui s'était si vigoureusement accrue arrosait à ravir et engraissait les prairies; de façon que les moissons se triplaient, que les foins étaient en abondance et que les bestiaux avaient une double valeur.

Le moulin d'Étretat devint célèbre dans toute la contrée; il n'y avait pas dans la région de pays si lointain qui n'envoyât son grain à moudre au moulin d'Étretat. Si bien que la pauvreté fit place à la richesse, et que Clotilde et ses enfants purent mourir riches et heureux et pleins de jours, après avoir fait beaucoup de bien sur la terre et ne jamais avoir rien refusé aux pauvres et aux abandonnés.

* * *

Longtemps après, le possesseur du fameux moulin d'Étretat, descendant de Clotilde et de ses fils, était naturellement de la famille Coquin. Il était riche comme pas un, mais il n'avait pas les qualités de ses pères. Il était dur aux serviteurs, âpre au gain, rogue et hautain avec ses inférieurs, sans pitié pour les pauvres et malheureux. « S'ils souffrent c'est par leur faute, disait-il; qu'ils subissent leur punition, c'est justice. » Et malheureusement tout le pays suivait ce triste et cruel exemple, tant il était devenu à la fois riche et insoucieux d'autrui.

C'était un soir encore, Guillaume Coquin prenait le frais sous la tonnelle, au murmure de la rivière et au joyeux tic-tac du moulin, dont les meules ne chômaient ni jour ni nuit; sur sa table deux beaux pichets de cidre dans des cruches de Flandre, un beau pain blanc de fine fleur de froment, et une jatte de cette fine crème normande que l'on nomme fleurette.

Survint timidement un vieux pêcheur, mais si vieux, si vieux qu'il paraissait cassé en deux morceaux; si tanné que sa peau semblait un vieux cuir hors d'usage; si mal vêtu, que ses vêtements semblaient des lambeaux.

« Maître, dit-il en s'approchant du meunier, un morceau de pain, un peu de cidre,... je viens de bien loin, je suis épuisé, j'ai fait naufrage, et je n'ai rien,... donnez et je prierai pour vous. »

Le meunier entra dans une rage épouvantable. « Hors d'ici, vieux chien, misérable va-nu-pieds. Qui t'a permis, vieux fainéant, menteur, d'oser passer la porte de mon enclos? Va-t'en. Si tu t'étais bien conduit tu n'en serais pas réduit à pénétrer chez les autres. Subis ta punition, vieux drôle, et va au diable! »

Et comme il insistait, il le fit jeter à la porte par deux garçons du moulin.

Mais à peine le vieillard avait-il touché le seuil de la barrière, qu'un vent terrible s'abattit comme une tempête sur les arbres, sur le moulin, sur le pays tout entier. La terre tremblait, les éléments s'étaient confondus, les vagues furieuses de la mer avaient envahi les champs, pendant que des débris de terres, de maisons et d'arbres se répandaient dans la mer.

Le vieux pêcheur n'était autre que le grand saint Martin.

Son cheval blanc, sur lequel il apparut monté, jetait des lueurs sinistres. La cuirasse du saint brillait comme l'éclair dans l'ombre de la nuit.

« Tu as manqué à la parole et à la foi de tes pères, dit-il d'une voix implacable. Le bien et la fortune que Dieu t'avait donnés, tu en as fait mauvais usage, tu n'as été ni bon ni indulgent pour les malheureux et les pauvres qui sont les amis de Dieu, tu deviendras plus pauvre et plus malheureux qu'eux-mêmes, et ton nom même, jadis si béni et si honoré, deviendra le symbole de ce qui est méchant et de ce qui est mal. »

Il dit et disparut au grand galop de son cheval, dans un éclair qui illuminait comme d'une lueur sinistre tout le pays bouleversé.

Le méchant meunier était resté prosterné et anéanti.

Le lendemain, il n'y avait plus trace ni de moulin, ni de meules, ni de rivière, ni même de ruisseau.

L'histoire assure que le meunier, qui n'avait plus rien, fut réduit à une si affreuse misère que pour se nourrir il allait disputer aux porcs les pommes gâtées dont on ne voulait plus. Il disparut du pays normand un certain jour et il n'en fut plus question.

Suivant la prédiction du grand saint, le nom de Coquin a pris une signification bien triste, et quand on dit de quelqu'un qu'il est un *coquin,* il n'y a plus grand'chose à dire.

Il reste cependant, assure-t-on, à Étretat une famille d'excellentes et braves gens, qui descendent de ces Coquin de la légende, et qui n'ont de coquin que le nom.

Quant à la rivière, si vous allez jamais à Étretat, vous verrez qu'il n'en reste plus trace, partant plus de moulin, et plus d'autre richesse au pays que la visite, une fois par an, des étrangers curieux qui viennent s'ébattre sur la plage.

Seulement, à la marée basse, saint Martin ayant eu pitié des pauvres femmes et mères qui avaient besoin de laver leur linge, a permis que la rivière d'eau douce se montrât un peu à travers les galets, et leur laissât le moyen de travailler pendant six heures par jour, ou par nuit, pour le bien-être de leur famille.

A la marée haute et dans tout le pays, il n'est pas plus question de rivière que s'il n'y en avait jamais eu.

Quant au grand saint Martin, il y a bien, bien longtemps qu'il n'a fait une apparition quelconque. Est-ce le chagrin de n'avoir pas mieux réussi? On ne sait; mais ce que l'on sait, c'est qu'il existait encore au commencement du siècle dernier une famille qui descend de lui, suivant la tradition, et qu'il en existe sans doute encore.

Ce qu'on sait, c'est qu'il n'y a pas plus de quarante années, dans trois des châteaux appartenant à leur descendance, aux environs de Neufchâtel et de Lions-la-Forêt, habitaient des membres de cette famille, à laquelle, depuis les temps les plus reculés, le grand saint Martin avait légué la grâce de pouvoir guérir, par l'imposition des mains, les enfants atteints de la maladie dite du *carreau.* Malgré tout, cette tradition singulière avait persisté, et de tous les côtés de la Normandie, au mois de septembre, les marins et les paysans apportent leurs enfants pour les mettre sous la protection du saint par l'entremise de leur descendant.

Telle qu'elle est, voilà la légende du moulin d'Étretat et de saint Martin.

Cette tradition étrange s'est perpétuée dans la famille des comtes de Limoges, marquis de Saint-Saens, seigneurs de Saint-Just, Perruel, Saccanville, Beuzeville, etc., qui, suivant la légende, descendent de saint Martin.

Théâtre du bain de mer. Stalles de balcon.

LE CHOIX D'UNE FEMME

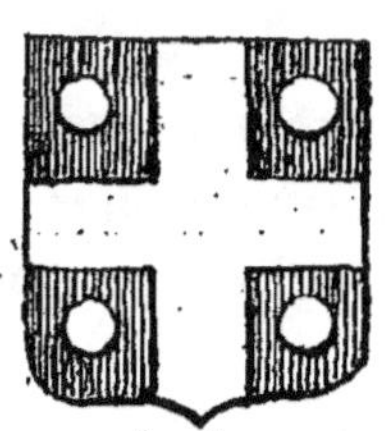

La Rochecise porte de gueules à la croix d'argent cantonnée de quatre besans de même.

A M. le vicomte de Trois-Étoiles, à Luchon.

Tu t'amuses à Luchon, mon bon ami; moi je travaille à Trouville, Deauville, Villers, Cabourg, Houlgate, etc.

Ce travail ne manque pas d'agrément, il est vrai, mais c'est un travail. Si je ne cueillais pas de temps en temps quelques fleurettes sur mon chemin, cela m'attristerait. Sois tranquille, j'ai conservé ma gaieté. J'en ai peut-être encore pour si peu de temps!

Ainsi que je te l'ai dit en quittant Paris, j'ai été quelque peu secoué par la mer orageuse des passions et des dépenses folles; aussi le mariage m'apparaît comme un port. C'est pour cela sans doute que la mer m'attire, et que je vais étudier la plage.

Cette plage est abondamment garnie, je t'assure. Il y a là de tout, des brunes, des blondes, des rousses, des vigoureuses, des mignonnes, des longues, des courtes, des trapues, des gracieuses et des paquets, des élégantes et des vulgaires. C'est une exposition véritable, c'est un marché de filles à marier, sans compter celui des filles qui ne se placent que d'une manière provisoire et qui conservent la liberté de changer quand cela leur plaît.

* * *

Celles-là, je n'en parle que pour mémoire; tu sais que malheureusement elles m'ont coûté assez cher, et j'y renonce.

Bref, nous sommes en ce moment sur la côte quelques-uns qui nous promenons en regardant attentivement à droite et à gauche, comme des cuisinières qui font leur marché.

J'ai lu attentivement ce que M. Dumas fils a écrit dernièrement à propos des femmes, et du capital que leurs charmes et leurs qualités représentent. Tout cela est très-joli, sans aucun doute. Je vois là beaucoup de femmes qui font vigoureusement fructifier ce capital et en tirent un bel intérêt. Quant à moi, jusqu'ici je ne me suis adressé qu'à celles dont le capital est pour ainsi dire un fonds de roulement; je n'ai donc pas de reproches à me faire, suivant la théorie, d'autant plus que mon capital roulant, à moi, s'en est allé tout doucement grossir le leur. Je ne leur en veux pas, c'est chose faite. Dans le moment même, cela ne m'a point été un désagrément.

Mais maintenant je dis résolûment comme la sagesse des nations : Adieu, paniers, les vendanges sont faites. C'est ma revanche que je prends, et je veux faire aussi fructifier mon capital.

Car j'en ai un encore, tout comme les petites filles dont parle M. Dumas.

J'ai trente-trois ans, l'âge vrai de l'homme, mes dents, presque tous mes cheveux, les manières élégantes et pas bourgeoises. Je sais m'habiller, je valse convenablement, je chante un peu, et je suis comte authentique. Mon capital, le voilà.

Ce n'est pas à toi que je le dirai comme je le dis ici à ceux qui l'ignorent. Je porte *de gueules à la croix d'argent cantonnée de quatre besans de même.* Cela surmonté de la couronne à neuf fleurons apparents sur la fasce, produit un effet agréable aux panneaux d'une voiture, sur les services de table et les mouchoirs de poche. Les La Rochecise sont bien posés, je m'en flatte, depuis quelques centaines d'années.

C'est là un capital sérieux, et ce ne serait vraiment pas la peine qu'un de mes ascendants se soit fait couper en morceaux à Saint-Jean d'Acre, un autre à Malplaquet, et qu'un dernier ait perdu les deux jambes à Denain, et que mes grand'mères se soient fait traîner dans les ennuyeux carrosses

AMIES DE PENSION.

— Quel est cet imbécile, qui a l'air d'une oie?

— Mais, ma chère, c'est mon mari.

— Il faut dire aussi qu'il a l'air bien distingué.

— Mon cher député, ne craignez rien des événements; un homme comme vous doit surnager.

du roi, pour que celui de leurs descendants que je préfère, ne profite pas un peu de tous ces sacrifices, et ne s'en fasse dans le besoin quelques milliers de livres de rente.

Moi d'abord je n'ai pas de préjugés. Je vis naturellement de la vie de mon siècle, je n'en ai pas d'autre à mon service. Si les circonstances m'ont donné quelques avantages, je me trouverais prodigieusement sot de ne pas en profiter.

Tout ce qu'écrivent ces bonshommes qui font des comédies ou des opérettes pour les théâtres, ou des nouvelles ou des articles pour les journaux, ne produit pas le moindre effet sur la place. On aura beau dire et beau faire, on n'empêchera pas qu'un monsieur qui a gagné beaucoup d'argent en vendant du sucre, ou de la chandelle, ou du bœuf fumé, ou n'importe quoi, ne soit désireux de léguer à ses petits enfants la seule chose qui lui manque, et ne soit ravi de faire astiquer ses écus par un gendre marquis, ou comte, ou duc, ou même baron, ce qui les consacre pour ainsi dire, et leur donne un prix nouveau.

Or ces choses-là se payent, et cela a une valeur supérieure, à coup sûr, aux denrées que les braves gens ont répandues çà et là sur la place, et dont ils ont touché le bénéfice. Il est plus facile de devenir millionnaire en vingt ans, que d'acquérir des parchemins qui datent de quatre ou cinq cents ans.

En mariant les deux choses ensemble, nous faisons tout simplement un échange, et c'est moi qui gagne encore le moins au marché.

*
* *

Ma vieille tante que tu connais s'est exténuée à me chercher une femme dans le faubourg Saint-Germain. Il y a encore çà et là quelques grandes familles riches, mais dont les héritières ont des prétentions inabordables. Aussi elle n'a rien trouvé, naturellement, que des petites filles très-gentilles, très-bien élevées, à coup sûr, et avec lesquelles j'ai grand plaisir à danser un cotillon, mais dont les dots sont si minces, qu'avec elles il faudrait passer trois saisons sur quatre dans un vieux trou de manoir en province, et la quatrième saison dans quelque appartement fraîchement décoré, au cinquième, à Paris, ce qui n'est pas gai et qui ne me va pas. J'ai donc renoncé carrément à l'avantage de mettre des écussons accolés sur les mouchoirs de ma future conjointe, et je viens ici à la pêche d'une femme, comme je vois beaucoup de femmes amener leurs filles à la pêche d'un mari.

A vrai dire, la concurrence est grande, tant d'un côté que de l'autre. Il y a ici des jeunes gens de toute sorte, des clercs de notaire qui cherchent une dot pour acheter le panonceau de leur patron, des commis de commerçants qui visent à épouser une commandite, des intéressés d'agent de change qui désirent acheter la charge de leur agent, etc., etc.

Et quelques bonshommes dans mon genre, qui apportent au marché des qualités sérieuses d'éducation, de famille, et, en outre, des titres ou armoiries plus ou moins bien posés. Je dois dire que nous semblons tenir la corde sur les autres.

Quelques-uns d'entre nous ont déjà trouvé leur affaire.

* * *

Ces plages sont charmantes pour cela. C'est un lieu public, relativement restreint, où tout le monde se connaît bien vite, où les cancans les plus instructifs circulent avec une facilité merveilleuse, où chacun peut venir, sans qu'il y ait un empêchement quelconque, où se rencontrent tous les mondes, quels qu'ils soient, et où l'on peut se montrer sous tous les aspects les plus favorables et les plus décisifs.

Moi, j'ai commencé par examiner avec soin la place et la plage. Tu sais que j'aime assez que les femmes soient jolies, bien faites, ou tout au moins fort agréables. Je ne serais pas intraitable en dehors de ces qualités très-désirées, mais alors il me faudrait de bien énergiques compensations.

Aidé de mon cousin Amaury, qui est un homme de vieille expérience, chaque jour j'examine, ou plutôt nous examinons ensemble, la lorgnette à la main, le stock disponible en ce moment. Nous procédons par voie d'élimination, suivant que les renseignements obtenus, et ce que nous voyons par nous-mêmes, nous paraissent acceptables ou non.

Nous avons mis tout d'abord de côté deux belles personnes, filles de gros fermiers, qui, dit-on sur la plage, ont beaucoup de foin dans leur dot.

Mais les beaux-pères portent la blouse bleue et le bonnet de coton.

Il en est une que nous avons dû écarter impitoyablement et que réellement je regrette. Elle est charmante, grande, bien faite, des jambes adorables et greffées sur des hanches superbes, la taille nette, fine et vigoureuse, les accessoires d'un dessin pur et franc; en plus de la tournure et de l'esprit : comment diable cela se fait-il? enfin une merveille, et avec cela douze cent mille francs de dot.

Malheureusement, hélas! le père a fait sa fortune dans une industrie qui ne s'exerce à Paris, et par ordre, qu'à partir de onze heures du soir. Le nom de la maison de ce père est si connu, qu'il serait impossible de passer la chose sous silence, et j'en aurais pour ma vie à entendre les quolibets les plus variés sur le fruit de ses veilles. J'ai donc été forcé de renoncer.

Le petit René de X... a été plus audacieux, grâce aux douze cent mille francs. On dit même que le mariage est pour le mois d'octobre. Il prend les choses gaiement, ce qu'il y a de mieux à faire en ce cas. Il m'a invité, et toi aussi tu recevras ton invitation. La noce sera belle, m'a-t-il dit, le dîner sera exquis et abondant, nous mangerons le plus que nous pourrons. Il faut bien faire aller le commerce du beau-père.

Nous en avons éliminé encore une autre petite, brune, accorte et bien faite, pourvue d'une dot présentable; il n'y aurait pas de belle-mère, ce qui est un charme. Mais le père est doué d'un commerce presque aussi impossible que celui du précédent.

Tu te souviens des racines grecques :

ἀμίς, pot qu'en chambre on demande.

Depuis trente ans il en vend avec acharnement. C'est là dedans qu'il a trouvé la fortune.

Finalement, nous en avons choisi trois, sur lesquelles nous hésitons : une blonde très-gentille, minois piquant et éveillé, une de ces petites natures vivantes et potelées à la façon de mademoiselle Théo, des *Bouffes;* c'est charmant en costume de bain, et au Casino, le soir, en robe décolletée.

Il y a douze cent mille francs et des espérances. Le père est dans le commerce des grains; c'est nourrissant et pas autrement désagréable, une fois le commerce admis.

La seconde est belle, une brune de style, des jambes de Diane chasseresse et le torse à l'avenant, quelque chose de mademoiselle Perret, la Diane d'*Orphée aux enfers,* à la Gaîté. Un million de dot. Un père qui est dans les spiritueux, ayant un beau château du côté de la Rochelle; gai, bon vivant et légèrement apoplectique. Deux oncles, vieux garçons, et sans autres héritiers que la petite.

La troisième a quatre millions de dot! Quatre millions, entends-tu bien! Le père a gagné tout cela, et d'autres encore, avec les cotons. Ah! par exemple, elle est longue, maigre, pâle... Mais à tout prendre, l'air distingué, quelque chose de décent et de réservé. Elle ne se décollète jamais. Quatre millions! cela me donne à réfléchir...

J'ai, je dois le déclarer, un certain succès près de ces demoiselles. Je crois, sans fatuité, pouvoir le dire, je suis en mesure de choisir, et, nouveau Pâris, je décernerai à celle que je voudrai la pomme, qui ne sera point refusée. J'hésite beaucoup. J'incline vers les quatre millions. C'est bien lâche, mais c'est comme ça. Les affaires sont des affaires. Cependant, je ne suis pas encore fixé.

Je fais des tours de force et d'adresse pour flirter sur ces trois points, sans que l'éveil soit donné dans aucun des trois camps. Mais cela ne peut durer longtemps. Voici la saison qui s'avance, et dans huit jours j'aurai pris mon parti. Mon cousin, qui est un homme sérieux, penche pour la maigre. Elle engraissera, dit-il. Mais c'est égal, j'aurai bien de la peine. Figure-toi donc qu'elle rendrait des points à Sarah Bernard. Ce tout petit marquis d'Aigues-Vertes, qui a été repoussé avec perte, comme insuffisant, crie partout et sur tous les toits qu'on n'épouse pas un paratonnerre. Je sais bien que c'est de dépit, mais ça me gêne.

*
* *

Ce qui est divertissant au possible, ce sont les petites manœuvres des papas et surtout des mamans pour parer et présenter sous le jour le plus favorable la marchandise qu'ils veulent écouler, et pour laquelle il faut trouver preneur.

C'est une comédie sans fin ni cesse.

Les poses des petites filles, les rivalités de toilette, de costume, de couleurs, d'arrangement. Ce sont des jalousies et des haines que l'on voit poindre et surgir dans chaque groupe différent, et c'est nous autres hommes qui en sommes la cause; rien n'est plus flatteur.

Sans compter que nous sommes visés en même temps par les petites dames plus ou moins légères qui viennent là pour faire des récoltes ou des regains, et qu'il n'est pas facile de s'en garer complétement.

Il y a des femmes du monde à saluer, de vieilles femmes à soigner çà et là pour qu'elles ne disent pas du mal de vous; des hommes à voir, des parties à faire, des courses à suivre, car toute la population hippique est venue ici, comme elle va partout.

Je retrouve sur ces parages, sans compter un public nouveau qui vient pêcher des femmes ou des maris, tout le public des premières et des courses de Paris. Voici le baron d'Étreillis, qui donne les départs comme à Paris et

UN ONCLE DE LA FORCE DE SIX CENT MILLE FRANCS.

On l'épousera pour elle — et aussi un peu pour son oncle.

ailleurs. Voici les inévitables frères Dennetier, que l'on retrouve partout, puis le personnel tout entier des courses, depuis les premiers éleveurs jusqu'aux derniers, depuis les princesses et marquises jusqu'aux grandes cocottes, depuis les Parisiens de haute volée jusqu'aux plus infimes book-makers.

C'est la semaine des grandes courses de Deauville. Il y a tant de monde ici, qu'on ne sait où se loger. Hier, le gros Victurnien, arrivé par le train de minuit, a été forcé de coucher sous un billard. Il y avait déjà un couple venu de Paris qui occupait le dessus.

Et au milieu de tout cela, il faut trouver le temps de réfléchir et de faire son choix. Tu connaîtras le mien dans huit jours.

Tibi.

RAOUL DE LA ROCHECISE

AUX BAINS DE MER

PÊCHE DE TOUTE SORTE. PÊCHE PERMISE ET PÊCHE PROHIBÉE
RECHERCHE DE CAPITAUX DISPONIBLES ET PLACEMENTS VARIÉS
CURES ET GUÉRISONS

AVIS DU DOCTEUR.

— Le meilleur des chocolats, c'est le chocolat Menier, c'est possible ; mais le meilleur des bains, c'est le bain de mer. J'en suis certain.

UN JOLI COUP DE FILET.

Que celui qui n'a pas péché aux bains de mer lui jette le premier galet.

— Tout ça, mam'zelle Justine, c'est des idées de Parisiens. Moi, je ne me lave jamais et je me porte un peu mieux que votre dame. Je m'en flatte.

PRENANT SON COURAGE A DEUX MAINS

— Elle sautera, elle ne sautera pas.

PEU DE COURAGE.

— Elle ne sautera pas!...

BEAUCOUP DE COURAGE.

— Bravo!... elle a sauté!

MARÉE BASSE. PLAGES A SABLE.

— Voilà trois quarts d'heure que nous marchons et nous n'en sommes encore qu'au bain de pied.
— Encore un peu de courage. Dans vingt minutes nous serons au bain de siége, et tu pourras t'asseoir.

MARÉE BASSE.

— Vous venez pour voir la mer?... Impossible. Elle n'est pas visible en ce moment. Elle s'est retirée dans ses appartements, à trois lieues d'ici; mais elle reviendra dans deux heures.
— Mais nous serons reparties.
— Alors laissez votre carte.

LE BAIN A LA LAME.

— Ce petit monsieur de là-haut qui disait comme ça que vous étiez une femme un peu légère !

Excusez ! !...

UNE FEMME A LA MER.

ÉTRETAT

Mademoiselle Flore enlevée par Zéphyr.

GENS QUI NE CHERCHENT PAS A SE MARIER.

LA TOUPIE HOLLANDAISE.

Petite dame donnant dans l'œil d'un gros monsieur. Qui peut répondre des suites?

PARTANT POUR LA PÊCHE.

— On dit que ça mord.

GENS QUI NE CHERCHENT PLUS A SE MARIER.

MER DE FAMILLE.

Arromanches, Cabourg, Lucques, Lion-sur-Mer, etc., jusqu'à Nantes.

CEUX QUI CHERCHENT A SE MARIER.

QUELQUES JEUNES GENS A PLACER : CARTE D'ÉCHANTILLONS.

Vicomte Guy de Martinsec du Maine. — René de Goisfreville, gentilhomme normand. — Le *prince* de Z... — Le comte de V., du 10e cuirassiers. — Le beau baron de Deux-Étoiles, a fait parler de lui sur le *turf*. — Le vicomte Alain de *Roneuc*, du Finistère, jeune homme bien pensant.

QUELQUES DEMOISELLES A ÉTABLIR.

FORMATS VARIÉS.

DOTS ET FORTUNES ASSORTIES.

SUCRES. — On sait ce qu'on vaut. Une couronne fermée ne la gênerait pas. Irait au besoin jusqu'au *marquis garanti* bonne souche.

SPIRITUEUX. — Santé et modestie *garanties*. *Esprit* de conduite. Accepterait un comte.

PAS DE DOT. — Mais quel cœur et quels yeux! Ne tient pas à un titre, ce qui *pourtant ne* serait pas un obstacle.

COTONS. — *Pas jolie, mais si* distinguée. Désirerait un duc.

PATES ALIMENTAIRES. — Bonne pâte. Enjouement et gaieté. Se contenterait d'un baron.

Alphonse de M..., décavé de première classe, épouserait n'importe qui, pourvu qu'elle ait n'importe quoi.

LE PRINCE RUSSE.

Bien vu sur la plage. Dit à ces messieurs qu'il ne veut pas se marier définitivement. Se contenterait d'un bail de trois, six, neuf.

A MARIER.

— Mais, mon bon ami, c'est une planche.
— Avec un million de dot : une planche de salut.

A MARIER.

— Écoutez, mademoiselle, c'est pas pour vous dire, mais vous avez joliment forci depuis l'année dernière.

MARÉE BASSE. VOYAGE A LA RECHERCHE DE LA MER.

— Allons, bon voyage, tu nous écriras.

LE COUP DU BATEAU. — *Fishing for a compliment.*

Est-ce par la dot qu'elles pêchent? On se le demande.

— Mademoiselle voudrait-elle m'accorder la première contredanse?

— C'est Emma, c'est notre fille! Songez donc, à peine dix-sept ans, et déjà quatre cent mille francs de dot. Il ne lui manque rien.

Quand on a de vrais cheveux, on les fait voir; *les messieurs* les admirent, et ça met en fureur les dames qui ont laissé *les leurs* dans leur cabine.

— Une! deusse!! troisse!!!

UNE MER UN PEU FORTE.

Le flot qui l'apporta recule épouvanté.

LES TRAVAILLEURS DE LA MER.

Bain à la lame — quand la mer est forte.

LES TRAVAILLEURS DE LA MER.

Quand la mer est faible — alors elle emprunte une force nouvelle au bras vigoureux de Zéphyr.

SORTIE DE L'EAU.

— Attends un peu que le monsieur blond d'hier ait essuyé sa lorgnette.

— Mais, sapristi, garçon, le poisson n'est pas frais.
— Impossible, monsieur; il arrive de Paris par le train de ce matin.

PETITES PLAGES. A LA BONNE FRANQUETTE.

— Allons, allons!
— Le temps de me déshabiller, et je suis à vous.

— Ma bonne amie, c'est le général; je l'ai invité à dîner pour aujourd'hui. Il te prie de l'excuser s'il n'a pas d'habit.

VILLERS ou bien HOULGATE. — Madame la marquise voudrait-elle accepter mon bras?

SUSANNE AU BAIN — DE PIEDS.

Le dernier voile.

SUITE DE SUSANNE AU BAIN.

— C'est l'heure du déjeuner, vois donc un peu si ta femme est prête.
— D'abord je te dirai que ce n'est pas ma femme; c'est la tienne. Elle est même très-bien, mais elle n'est pas prête du tout, au contraire.

SORTANT DU COUVENT.

Ferait le bonheur d'un mari qui n'exigerait qu'une dot un peu mince. Capital garanti intact.

LE CHOIX D'UN MARI

I

Ma chère Jeanne,

Tu ne saurais te figurer comme la vie est ici mouvementée, curieuse, bizarre, je dirai même un peu folle.

D'abord, je te l'avoue, rien ne m'amuse comme cette plage, où l'on rencontre tous les gens que l'on connaît, mêlés avec une foule d'autres que l'on ne connaît guère, mais qui ont tous leur physionomie et leur tournure, et sentent leur Paris d'une lieue.

Mon père m'a menée cet hiver à une première représentation aux *Variétés*. La plage m'a rappelé cette soirée avec avantage. Il semblait, de plus, qu'acteurs et spectateurs y fussent confondus ensemble, et que surtout les spectateurs, hommes et femmes, fussent, encore plus que les acteurs de profession, disposés, costumés pour jouer un rôle.

* * *

On a l'air ridicule et provincial quand on paraît, j'allais dire sur la scène, disons sur le sable, avec des ajustements de pensionnaire. Heureusement je ne suis pas dans ce cas. Ma tante a pensé à tout, et j'ai emporté quelques costumes tout à fait réussis, de sorte que je suis à peu près comme tout le monde.

Moi qui n'ai plus depuis si longtemps ma pauvre mère, morte si jeune, hélas! ma tante Elphége me sert de chaperon, ce qui ne l'amuse guère, je crois, car je vois que je l'entrave. Le fait est que ce ne doit pas être très-divertissant de traîner partout avec soi une petite demoiselle devant laquelle on est obligée parfois, je le vois bien, de se taire ou de mettre une sourdine à sa conversation.

Aussi, je suis portée à croire que ma chère tante est très-désireuse de voir se terminer ce rôle fastidieux, et qu'elle ne demanderait pas mieux que de me faire allumer ce que l'on appelait dans notre *Recueil poétique*, au cours, le flambeau de l'hyménée.

Mon père, qui est fort occupé de sa banque, de ses chemins de fer, que sais-je, moi, vient nous voir tous les huit jours avec mon oncle, par le train dit des maris. Il est toujours aussi charmant, excellent et prêt à tous mes caprices que tu l'as toujours connu; mais au bout du compte, je ne le vois qu'un jour par semaine, et il a bien d'autres chats à fouetter, je crois, que de s'occuper uniquement de moi.

Déjà l'année dernière, par hasard, je l'ai entendu dire à ma tante : « Ah çà! ma bonne sœur, il est temps de marier cette petite. Tu sais mes idées là-dessus, et fais pour le mieux. »

Elle a fait ce qu'elle a pu, mais je ne m'y suis prêtée en aucune façon, et tous les messieurs qui papillonnaient autour de nous en ont été pour leurs frais.

Cette année, ce n'est pas la même chose. J'ai regardé beaucoup autour de moi, cet hiver. J'ai lu ce que j'ai pu à droite et à gauche, j'ai beaucoup réfléchi, et je suis arrivée à penser que si je prends le parti de me marier, ce sera une bonne chose pour mon père, pour ma tante et aussi pour moi. Nous pourrons ainsi conquérir notre liberté tous les trois, ce qui fera plaisir à chacun.

La fortune de ma mère réalisée maintenant, et dont le chiffre était problématique l'an dernier, est évaluée maintenant à quinze cent mille francs... c'est là ma dot, sans compter ce que mon cher père se réserve d'y ajouter.

Ma tante n'a pas laissé tomber son cœur sur la plage, comme dit la romance, mais elle y a laissé traîner négligemment ce chiffre, qui a produit un effet magique.

Tu ne saurais croire comme depuis ce moment je suis entourée, pressée, adulée, complimentée. Suis-je jolie? je n'en sais rien, mais si j'en croyais mes oreilles, je serais un véritable trésor de grâce et de beauté. On me fait des vers, on me dédie de la musique, on me consacre des albums. Ils sont là une douzaine qui roulent des yeux tendres à me faire éclater de rire, si j'osais, ou poussent des soupirs à faire tourner des moulins, ou s'escriment à faire de l'esprit et de jolis mots, chacun suivant ses facultés, pour produire sur ma personne une impression déterminante.

Quand je vais prendre mon bain, dans un petit costume assez coquet, rédigé pour la circonstance, toutes les lorgnettes de la plage sont braquées sur moi. Quoique je ne sois pas trop mal faite, j'aime à le croire, j'en suis parfois réellement embarrassée. A la promenade, ma voiture est escortée comme celle du lord-maire. Au bal, le soir, je ne suffis pas aux invitations.

Tout cela me laisse parfaitement calme, car j'ai, à part moi, une petite balance dans laquelle je pèse la sincérité et le désintéressement de toutes ces comédies qui se jouent devant moi.

J'aime assez à me divertir, il est vrai; mais je crois posséder avant tout, cependant, l'étoffe d'une femme pratique et sérieuse.

On veut faire un marché, soit. Mais je veux que ce marché ne devienne pas seulement une bonne affaire pour la partie adverse. Partie adverse! Vois donc un peu comme je pose les situations. Je ne suis pas poétique comme toi, ma bonne Jeanne. Et c'est par là que tu pécheras, je le crains bien.

Je désire donc conserver le plus d'atouts possible dans mon jeu, et même en prendre quelques-uns de l'autre côté.

Tu sais que notre amie, la grande Berthe, a épousé l'année dernière un petit baron, grand comme un chien assis, et qui n'a plus que trois ou quatre cheveux. Figure-toi que l'autre jour, aux courses, elle a pris avec moi de petits airs de protection qui m'ont été fort désagréables. Je ne me contenterai pas d'être baronne, je vaux mieux qu'elle, et mieux que cela.

AU CASINO.

CES DAMES DU FOND.

— Oui, oui, tu as beau parer ta marchandise, tu ne t'en déferas pas plus cette année que l'année dernière.

— Avec ça qu'on ne sait pas pourquoi.

Mon père, avec lequel, du reste, j'ai eu à ce propos une conversation sérieuse; m'a dit bien nettement qu'un gendre titré, mais bien titré et bien contrôlé, ne lui déplairait pas. Les relations lui sont et lui seront fort utiles pour ses affaires, et la famille d'un gendre bien posé ne peut que les faire prospérer, surtout maintenant qu'on voit bon nombre de gens bien nés et sans le sou, orner de leur nom des prospectus pour quelques billets de mille francs.

Quand on a beaucoup d'argent, ce qui est le principal bien clairement de nos jours, il est souverainement déplaisant de se trouver en infériorité relative devant des valeurs de convention, valeurs surannées, et qui n'ont plus qu'un cours nominal et factice. Comme tout cela se paye, il serait très-sot de ne pas l'avoir en portefeuille, et de se priver volontairement d'un complément agréable, que l'on peut facilement s'offrir.

J'ai vu avec mon père, au théâtre *Français,* le *Gendre de M. Poirier*. Mon père est loin d'être un imbécile, et il prétend que M. Poirier n'est qu'un sot. Je ne suis pas inquiète pour mon père. Et quant à moi, je saurai faire ce que comportera la situation.

*
* *

J'ai donc trié mentalement sur le volet ceux qui ne me déplairaient pas trop.

A bon chat, bon rat.

Je joue de la lorgnette comme ces messieurs. Quand ces messieurs se baignent, je fais comme tu fais à Luchon, et nous sommes quelques-unes à éplucher ces messieurs, qui s'imaginent être les seuls à se moquer du pauvre monde.

Que de cagneux, que d'efflanqués, de boursouflés, ou de ventrus, ou de tortus, ou de boiteux, ou de bossus, ou de bancals! Des prétentieux, des grotesques à n'en plus finir. Décidément, le sexe le plus fort n'est pas le plus beau, encore moins en costume de bain qu'autrement, ce qui n'est pas peu dire. Il y en a trop qui abusent de la permission, que les hommes se sont généreusement octroyée, d'être laids.

J'ai naturellement éliminé tous les grotesques, puis les apprentis notaires, les aspirants agents de change et banquiers, les industriels et les commerçants. Il n'en faut pas, comme dit mon père. Je viens d'élaguer un petit duc complétement ankylosé, un marquis efflanqué, dont la barbe et les cheveux sont outrageusement teints; trois comtes poussifs et quatre barons fourbus. Je ne veux pas de princes russes. On reste à Paris quelque temps, puis on part un beau jour, et l'on n'entend plus parler de vous. Les lords anglais sont fort bien, mais ils sont trop riches et n'ont pas besoin de notre argent. Lorsque par hasard ils se mésallient, ils n'épousent que des danseuses.

* * *

Il reste en présence un comte qui est capitaine et décoré, ce qui ne me déplaît pas; un vicomte passable, un peu trop infatué de lui-même, qui ne fait rien du tout, mais qui est pur-sang et monte parfaitement à cheval; enfin un marquis assez bien tourné, qui a des alliances dans les ministères et la haute finance. Si j'épouse celui-là, ce sera pour mon père. Mais il a des armoiries d'un joli style, et la couronne de marquise fait très-bien sur les verres mousseline.

Quel que soit mon choix, des exemples récents me dictent ma conduite. Système dotal, séparation de biens, réserves de toutes façons. Je vois trop souvent que dans le mariage, quand il y a brouille, ce n'est pas comme dans la maison qui n'est pas au coin du quai : on ne rend pas l'argent, — si l'on peut. Je prends mes précautions.

Dans quinze jours au plus tard, le choix sera fait. Je t'aviserai. Tu seras ma demoiselle d'honneur. Mon frère Paul est enragé. Il travaille son examen d'ingénieur comme s'il en avait besoin. Il m'a beaucoup parlé de toi la semaine dernière. Adieu, chère; à bientôt. Je te trouverai un petit vicomte de derrière les fagots.

Garde tout cela pour toi.

Pour toi seule toutes mes folies, comme aussi toutes mes sagesses.

TA MARIE.

UN CHALET AU BORD DE LA MER

A Monsieur Hix.

Cher ami, tu reconnais, par l'en-tête de mon papier, que je suis au bord de la mer, dans ma propriété. Tu vois que c'est charmant, coquet, opéra-comique au dernier degré; toutes ces dames trouvent la chose délicieuse, et moi je l'envoie de tout cœur aux cinq cent mille diables.

Tâche donc de me trouver quelque acheteur bénévole capable de m'en débarrasser. Quel service, mon bon ami, tu me rendras le jour où tu m'aideras à liquider mon opération !

Tu n'ignores pas que j'ai été et que je suis encore agent de change.

Toujours est-il qu'il y a environ six mois, après une fin de mois où les comptes avaient été richement alignés et les courtages sérieux, je suis venu me promener dans ces parages.

* * *

Le ciel, ce jour-là, était adorable, la mer, verte et bleue, bordée de délicieuses petites franges d'argent; des toilettes rouges, jaunes, violettes, couvraient la plage de sable fin où jouaient des myriades d'enfants roses de santé, et le soleil se couchait radieux, entouré de nuages de pourpre, d'or et de feu.

C'était splendide.

« Et dire que, à raison de dix francs le mètre, on peut acheter le terrain qui est derrière vous et y faire bâtir pour rien quelque chose comme une loge de spectacle, où des représentations gratuites vous seront données chaque jour. »

Ainsi s'exprimait M. Dufour, l'un de nos anciens clients du parquet. Le lendemain même, j'avais acheté les quinze cents mètres à dix francs. — J'ai su depuis que le brave Dufour les avait payés, trois jours auparavant, six francs cinquante, et qu'il me substituait à son marché.

* * *

Nous étions dans l'enthousiasme; nous voilà donc courant les architectes, voyant les chalets et les maisons du voisinage, faisant les plans, combinant, retournant, aménageant de notre mieux. — Il y a, tout d'abord, divers modèles à éviter.

Un pharmacien enrichi par des pilules digestives a construit sur le haut de la côte un manoir style Framboisy, dont les tourelles à poivrière rappellent vaguement l'arme de Pourceaugnac.

Un maître d'hôtel garni de Paris a bâti une retraite très-confortable dans la forme des pâtés de Strasbourg.

Des marchands de mousseline, de laine en gros, ont des demeures dans le style composite Benoîton de Ville-d'Avray.

Des cafetiers, des bijoutiers ont sacrifié au chalet genre Gymnase.

Un fort restaurateur a élevé un hôtel en similipierre, avec des similibecs de gaz et du similigaz.

Enfin, nous sommes arrivés à imaginer un modèle original, destiné à émerveiller les honorables débitants nos voisins.

Notre programme est celui-ci : la combinaison savante du chalet suisse avec la maison normande du quatorzième siècle. Des toits pointus, des saillies, des retours, des balcons en bois, de larges fenêtres à petits carreaux, des poutres apparentes et dessinant légèrement le squelette de l'armature sur l'épiderme de la maison.

A travers le souvenir normand et suisse, une vague évocation de Bâle et de Nuremberg.

Un architecte retour de Rome, où il a étudié sous les inspirations de Garnier le style néo-confiseur du nouvel Opéra, devient notre complice.

Nous avons un très-joli dessin représentant ce que sera notre édifice. La porte d'entrée, l'antichambre, la salle à manger vont être décidément dans le style flamand du quatorzième siècle.

Tous nos devis sont faits : seize mille francs environ de terrain, vingt à vingt-cinq mille francs de construction, dix ou douze mille francs de mobilier. Avec cela on arrivera au bout de son affaire. Il faudrait ne pas avoir quelques Suez sur la planche pour ne pas aller gaiement au-devant des maçons.

* * *

C'est ce qui fut fait.

Diable! diable! tout ce qui n'est pas de modèle ordinaire, il faut le faire venir de Caen, du Havre ou de Paris : les poutres, les poutrelles apparentes, les chevrons historiés, les plombs des fenêtres, etc. La construction marche lentement, mais cela sera réellement bien; on y jouerait déjà un acte de *Guillaume Tell*.

Décidément, les vingt-cinq mille francs sont dépassés depuis longtemps. Il a fallu faire des mouvements de terrain : à remuer la terre, on dépense bien vite quatre à cinq mille francs. Nous voici bientôt à la toiture, les plombs sont bien difficiles à fabriquer et à placer, les quarante mille francs se dépassent, puis les cinquante, et, pendant ce temps, les Suez baissent.

Enfin, voici le bouquet, il est posé au sommet du toit. Dix louis de bouquet, ce n'est réellement pas ruineux. J'ai fait faire une cheminée en bois, qui me revient à deux mille francs, pour mon salon. C'est une véritable merveille de sculpture à la mécanique; seulement, il faut refaire un pan de mur pour la placer. Notre salon a du chic. De jolis papiers, de style, sont tendus sur les murs; des vitraux simili-flamands garnissent les croisillons de la grande fenêtre. C'est réellement bien, et deux ou trois des gros mousseliniers ont été réellement enthousiasmés. M. le comte de R..., qui habite une vieille carcasse de château à deux lieues d'ici, est venu voir mon œuvre. Il a trouvé évidemment la chose réussie. Ses compliments avaient une légère petite saveur de dépit qui n'était pas sans charme pour moi, je l'avouerai. — « A votre place, m'a-t-il dit, je ferais faire une boîte suffisante, et j'emporterais tout cela à Paris pendant l'hiver; ce serait un meurtre de livrer une pareille œuvre au vent d'ouest de la mauvaise saison. » — Charmant, charmant; j'ai beaucoup ri.

Il n'en est pas moins vrai que nous avons franchi les cent mille, et qu'avec les faux frais, les voyages, les modifications, les plantations, l'écurie et les communs qui sont par derrière, nous irons aux cent dix mille; mais mon architecte néo-confiseur est satisfait, il reçoit des félicitations dont je suis fier : il est lancé.

* * *

Enfin nous avons couché dans notre merveille. Ça sent vigoureusement la peinture. On s'y résigne facilement lorsque, comme nous, on possède un goût réel pour les arts.

Le troisième jour il a fait un vent du diable; la maison craque dans tous ses joints; l'air siffle à travers les portes, par les serrures et par les gonds. Ce sont des harmonies sauvages, des cris déchirants, des notes violentes et courroucées; il semble parfois que la maison s'ébranle, se soulève, et qu'elle va s'élancer dans la mer, pour se briser le long des côtes. Je préfère encore l'odeur de la peinture.

Décidément je crois que ces imbéciles de paysans, qui se soucient de la vue de la mer comme d'une guigne, n'ont pas tort de tourner le dos de leur maison à la plage et de n'avoir que des ouvertures étroites du côté de la terre.

Cela m'explique leur air goguenard et normand lorsqu'ils voyaient travailler

AU BORD DE LA MER.

— C'est bon, la pipe?

— Si c'est bon! dans une soixantaine d'années tu verras, mon poulot!... La pipe et les petits verres, il y a que ça!

mes menuisiers, et l'air normand et goguenard des menuisiers lorsqu'ils voyaient piocher les paysans.

Le lendemain, tout est fini; quarante ou cinquante ardoises par terre, tout simplement; cela se remet dans la journée, le soir on n'y pense plus.

Nous venons de faire poser sur la plage une cabine bien aménagée : trois compartiments avec les petites armoires contenant les objets de toilette, les nécessaires, les peignes, etc.; des bancs, des portemanteaux : chacun lutte d'élégance sur la plage. Il y a une concurrence pour toutes ces armoires, où chacun va dépouiller les vaines superfluités du costume. Il y en a de sévères, de gaies, de joviales, de prétentieuses, de religieuses, de païennes, de grivoises.

En voyant toutes ces silhouettes se dresser inégales au-dessus de la plage avec des formes qui cherchent à se distinguer les unes des autres par leur effet ou leur exagération, on pense aux caveaux de famille, au dernier refuge des prétentions humaines; il n'y manque que les exergues, les noms et les sentences. Je ne suis pas bien sûr qu'il n'y ait sur la plage quelque cabine où le nom des propriétaires ne se lise entouré d'arabesques, et une ou deux autres qui ne soient surmontées par des armes ou des trophées.

* * *

Nous avons eu huit jours de très-beau temps, le bois des fenêtres et des portes se retire un peu et semble prendre un réel plaisir à jouer au soleil.

Hier, il a plu; le vent d'ouest, dont le comte de R... nous avait si bien parlé, a fait merveille. Quel chassepot, mon Dieu! ce vent d'ouest pourchasse la pluie furieusement devant lui et la fait pénétrer de force par tous les pores de la pierre et du bois! Les vitres elles-mêmes semblent être traversées par cette eau, qui perce tout comme une vrille implacable. Les cataractes tombent du ciel et se précipitent horizontalement sous les portes, par les joints des fenêtres, des tuiles et du bois. Nous sommes dans un véritable aquarium.

Heureusement le lendemain il n'y paraît plus; le vent a disparu, la pluie se sèche; le piano seul de ma femme semble atteint d'une bronchite. Mais je commence à penser plus sérieusement aux gouailleries du comte et au sourire normand de mes menuisiers.

La saison, du reste, s'est très-bien passée. Nous avons eu cinq semaines charmantes, et, en partant, nous avons confié la garde de notre délicieuse demeure, j'ose le dire, une des attractions de l'endroit, au père Onésime Trouillard et à la mère Dorothée Trouillard, deux types réussis de Normands et choisis de manière à ajouter par leur présence au caractère de la construction.

* * *

L'année suivante nous sommes revenus fin juillet; le père Onésime et la mère Dorothée sont toujours les mêmes : l'un a toujours l'aspect du homard combiné avec le chien de mer; la mère Dorothée ressemble à un garde champêtre. Ils sont bien heureux de nous voir, les braves gens; leur quatorzième enfant est né il y a six semaines. « Et la maison? — A va bien, votre maison : seulement, v'là justement, il y a huit jours, le vent d'ouest est venu à fraîchir, et vers le mitan de la nuit il a enlevé la moitié du toit; l'eau a rempli quasiment la maison, il a fallu tout déménager, la vaisselle et les meubles; mais du reste, point de mal. »

* * *

Le couvreur est venu avant-hier, il y en a pour huit cents francs.

Nous voilà devant la maison. Peu de chose à faire à l'extérieur : des raccords de maçonnerie, les bois ont joué et se sont éloignés les uns des autres, mais on en viendra parfaitement à bout.

On ouvre; ça sent bien un peu le moisi, il n'y a pas à dire.

Aïe! voici le piano de madame; cette fois la bronchite est devenue une véritable extinction de voix. Nous n'entendrons pas le *Baccio* de quelque temps. Tiens, il y a des champignons! nous ne perdrons pas tout.

Les toiles données par le beau-père pendent couvertes de moisissures et leurs clous sont rouillés. Ce n'est pas grand'chose à réparer. Antoine, Joseph, Marguerite ont découvert les différents engins de leur profession, — triste, triste!

Le père Onésime a remué vigoureusement notre vaisselle pour la garer de l'eau; il reste cependant encore une soupière passable, deux verres et quelques assiettes.

Je n'avais pas voulu par amour-propre imiter mon voisin, un madré compère, lequel m'avait conseillé de faire ce qu'il avait fait : tendre tous les murs de ma maison d'une sorte de tenture, le *feutre Pavy,* dont les dessins reproduisent ce qu'il y a de plus merveilleux comme étoffe ou tapisserie, et qui, posée d'une certaine façon, est tout à fait inattaquable à l'humidité, me disait-il, — c'est la providence pour les habitations au bord de la mer. — Il est venu visiter mes papiers qui pendaient lamentablement, pourris et déchirés, le long des murs, puis il m'a conduit en triomphe visiter son *feutre Pavy*, qui est encore exactement comme s'il venait d'être posé.

Les parquets sont soulevés par places, il faut refaire un mur, — renouveler les tentures; enfin, avec quatre mille francs de dépense, sans les contributions, tout est réparé.

Cette fois nous passons deux mois. Le comte de R... est venu nous donner des conseils pour la première fois que nous aurons à bâtir, et les menuisiers normands rient dans leur barbe.

*
* *

Notre chalet passe néanmoins pour un des réussis de la côte, les marchands de mousseline de laine sont furieux. J'ai su que trois imbéciles d'artistes, qui viennent passer là quelque quinze jours à partager les puces de messieurs les pêcheurs, prétendent que je suis un bourgeois prétentieux. — Chacun d'eux assure qu'il a du talent, et que ses amis sont des crétins; cela me venge un peu; cela semble donc se passer chez ces rapins comme dans le monde de la banque.

Ma femme est arrivée de Paris avec quelques costumes bien trouvés qui ont fait les délices de la plage. Les femmes de deux gros bijoutiers ont été indignées et se sont liguées avec la femme d'un notaire et celles de deux marchands de coton. L'autre jour, mon neveu, qui a vingt et un ans, est venu nous voir : ces dames semblaient se permettre de petits rires; ce pauvre Anatole, je ne pourrai plus l'inviter l'année prochaine.

*
* *

Il y a ici la femme d'un riche fabricant : elle est jeune, potelée, elle a de jolis yeux noirs, de beaux cheveux, la jambe est souple et bien faite; j'aime assez la voir descendre de sa cabine pour aller se jeter dans l'onde amère. Cette cabine a comme une vague ressemblance avec le Petit Moulin Rouge. Cela m'amuse.

Ma femme prétend que le poisson est hors de prix; l'autre jour nous avons eu du monde, le poisson piquait; il était venu naturellement de Paris, mais il avait fait de l'orage pendant la nuit.

Hier nous avons eu enfin un merlan frais, il était délicieux; nous l'avons payé sept francs. Il n'y en avait que deux dans le pays, l'autre a été enlevé à dix francs pour le prince russe du coin.

Il n'y avait qu'un gros poulet au marché; la bonne du curé et celle de G..., le banquier de la rue Chauchat, se le sont disputé de la bonne sorte; la bonne du curé l'a emporté.

Marguerite n'a pas essayé de lutter; nous frappons vigoureusement sur le bœuf et le gigot. Si nous voulons des légumes, nous en faisons venir tous les jours un panier de Paris. La vie ne coûte guère qu'une moitié en plus que dans la rue Tronchet.

*
* *

Tous les ans c'est la même chose, la marée des marchands de coton et des épiciers en gros continue à monter. Ma femme se laisse aller à des toilettes très-simples mais bien agencées, qui scandalisent fortement un monde féminin parmi lequel les figures en gargouille, en bec d'oiseau, en nez de poisson, les tournures de sac ou de manches à balai sont en majorité.

On a prétendu, l'année dernière, que ma fortune était due à l'usage intelligent de trois faillites. Les artistes auxquels j'ai eu la faiblesse de ne pas acheter de peinture, puisqu'ils ne sont pas encore cotés à la bourse des arts, assurent que mon chalet n'est qu'un pot-pourri de prétentions, sans caractère ni tournure.

*
* *

Tous les ans la femme du riche fabricant prend un nouvel et sérieux embonpoint; je n'ai plus de plaisir à la voir sortir de sa cabine, qui se fendille, se lézarde, et ne me rappelle plus que le père Latuile.

Chaque année c'est quatre ou cinq mille francs de réparations, de mobilier, de dépenses nouvelles. Il vient d'y avoir un mois de sécheresse, la citerne était vide, il fallait faire venir de l'eau de Trouville.

Il est temps de filer, mon bon ami; quatre ou cinq mille francs par an de réparations, quatre ou cinq mille francs d'intérêt, cela fait dix mille francs, Sans compter la dépense journalière en sus.

Et puis, voir tous les ans les mêmes têtes de phoques, de marsouins et de pingoins; les mêmes femmes, avec un an de plus, des rides ajoutées, des cheveux en moins, les tailles effondrées ou boursouflées; des gens que l'on voit vieillir, et qui dressent le bilan de votre vieillerie;

Quelle chose terrible!

Tous les ans être forcé de revenir au même endroit, toujours le même; quelques gens d'esprit çà et là clair-semés, mais une majorité qui n'en a guère!

A quoi bon alors les chemins de fer qui vous transportent rapidement, commodément, à l'endroit quelconque désigné par votre fantaisie ou votre caprice? A quoi bon que des hôtels, des maisons garnies, où tout est prévu, vous attendent, hérissés de bras ouverts et garnis de sourires les plus attrayants?

Par le temps qui court, et qui, grâce à la vapeur, court si rapidement, je crois qu'avoir une maison à soi est à la fois une bêtise et une folie.

Ceux qui prennent leur maison au sérieux, et se considèrent comme condamnés à l'habiter, n'ont qu'une maison; ceux qui n'en ont pas, les ont toutes.

Les chemins de fer ont inventé la vie hors de chez soi, et provoqué partout l'installation de tout ce qui peut la rendre agréable.

Sachons vivre avec notre temps, profitons de ces avantages, et ne nous condamnons pas à rester tristement fichés à la même place, comme des blocs de rochers ou de vieux troncs d'arbres.

Tout bien réfléchi, je consens donc à perdre sur mon marché, et j'y gagnerai encore.

Trouve-moi un acheteur, je serai coulant sur les prix.

ADOLPHE R.

L'établissement des bains. Dix heures du matin.

AIX-LES-BAINS

Aix est la plus gaie des villes sérieuses et la plus sérieuse des villes gaies.

Aix possède un Casino modèle, où l'on chante, où l'on danse, où l'on rit, où l'on joue, où l'on aime si la chose vous plaît, et un établissement de thermes de première classe, machiné comme les salles d'inquisition du moyen âge, où l'on subit toutes les questions insidieuses et toutes les tortures variées qu'inventa jamais la médecine sous prétexte de guérir le genre humain.

Enfin on s'y guérit parfois, c'est le nécessaire.
Et l'on s'y plaît toujours, c'est le superflu.

* * *

Celui qui souffre de quelques douleurs n'a qu'à se présenter à la salle du jugement. On le regarde, on le toise, on le jauge, on lui tâte le pouls.

— C'est bien, dit d'un air sinistre le juge de garde, qu'on livre cet homme ou cette femme à l'exécuteur. Et il indique le programme du supplice.

C'est la question de l'eau, savamment combinée avec la question du feu.

D'abord la question de l'eau. On fait boire au patient des séries d'eau chaude à le gonfler comme un ballon, puis on se jette sur lui, on le dépouille de ses vêtements, on l'asseoit triste et nu sur une sellette de bois, on lance sur lui de toutes parts des jets d'eau de toutes les températures, depuis celle presque bouillante qui l'échaude, jusqu'à celle presque glacée qui le pénètre comme la lame froide d'un poignard. Puis deux tourmenteurs se précipitent sur la victime, pétrissent en furieux ses membres et ses chairs, font craquer terriblement ses os et jouer avec rage ses articulations.

Quand on l'arrache à ce lieu d'épreuves, c'est pour le jeter dans un endroit en forme de cuve, intitulé le bouillon. Là il cuit dans une vapeur épaisse, où respirer est un problème. Tantôt on l'enferme dans une boîte fermée, d'où sort la tête seule, pendant que le corps est bouilli comme dans une marmite. Tantôt on introduit son bras, ou sa jambe, ou quoi que ce soit de son corps, dans un instrument de supplice qui rappelle la cangue des Chinois, et l'on darde sur ses membres endoloris des jets ardents d'eaux écumantes, bouillonnantes et terribles.

Lorsque la victime est épuisée, pantelante, sans souffle, on l'enveloppe, on l'emballe dans la laine comme un paquet inerte, on confie le colis à deux commissionnaires qui l'emportent dans une chaise enveloppée de toiles épaisses, et vont replacer le tout dans le lit d'où on l'a arrachée une heure auparavant.

Tel est le traitement devant lequel les vieux rhumatismes et les douleurs les plus invétérées reculent avec effroi. Ce traitement a des allures homœopathiques. *Similia similibus curantur*. La douleur est vaincue par la douleur.

Ce système nous paraît un peu semblable à celui qu'employait jadis ce

Provençal souffrant cruellement d'un *agacin;* c'est ainsi que l'on appelle un cor en Provence. Il marchait furieusement dans les cailloux et dans les pierres. — *Tron de l'air de bagasse!* qué tu me fais du mal, mais qué je te le rends bien! disait-il.

Je ne sais pas ce que devint au bout du compte l'agacin de notre Provençal. Ce qu'on m'a dit à Aix, c'est que bon nombre de douleurs sont mises en fuite, exaspérées par les mauvais traitements dont on les abreuve, et que souvent il arrive qu'on n'en entend plus parler.

Aussi les directeurs et les docteurs de l'endroit prennent-ils en grande pitié les eaux des Pyrénées, des Cévennes et de l'Auvergne, et leur système de bains, qu'ils considèrent comme de simples trompe-l'œil et des amusettes pour les malades et la galerie.

* * *

A vrai dire, il vient à Aix régulièrement une personne malade contre trois qui se portent bien. Et pendant que, pour le bon motif, on torture et l'on tourmente les uns, les autres se torturent l'esprit pour trouver des recettes nouvelles de plaisirs et d'aimables folies.

Dans le parc on se retrouve comme aux Champs-Élysées et au Bois, puis on monte en voiture pour faire le tour du lac, autour du lac du Bourget, ce lac chanté par Lamartine, avant que M. Haussmann eût conçu l'idée de creuser le sien. Et l'on y reconnaît tout un personnel que l'on a vu il y a quelques semaines faire le tour du lac à Paris. Le soir on s'habille, on arbore ses toilettes, on entend de la musique, on danse jusqu'à une heure du matin, on fait son baccarat jusqu'au jour, tout cela comme à Paris, et pendant ce temps, on continue les rigueurs du traitement, en déchirant tant qu'on peut sa prochaine ou son prochain, toujours comme à Paris.

Il n'y a rien de changé, que quelques figurantes de moins et quelques douches de plus. Le décor seul varie.

Tout cela est plaisir et aide merveilleusement à la cure.

* * *

Un certain jour, dit la chronique, deux de ces bons Savoyards qui font l'office de porteurs de chaises, étant venus chercher de bon matin à son hôtel un monsieur pour le porter à son bain chaud et à sa douche, se trompèrent au retour. Ils le déposèrent alors avec précaution dans une chambre et dans un lit qui n'étaient pas les siens, à côté d'une femme qui n'était pas la sienne, et qui dormait profondément, les volets bien clos, pendant que son mari était parti pour le même voyage.

La chose ne se découvrit qu'une heure après, lorsque le véritable propriétaire fut rapporté à son tour.

Tableau d'intérieur.

L'histoire eut le plus vif succès dans la colonie, car la dame endormie et confiante, était la plus belle blonde de la saison. Les héros de l'aventure partirent aussitôt pour d'autres climats. L'affaire se passant entre maris, et la préméditation, d'ailleurs, ne pouvant être admise, on n'eut point à déplorer de suites fâcheuses.

On sût seulement un jour que Pierre et Antoine, les porteurs du monsieur en question, avaient reçu une riche gratification.

*
* *

Il est bon de ne pas fonder quelque espoir sur de pareilles erreurs, elles sont des plus rares. La saison des bains a d'autres moyens de s'égayer.

Les personnes sentimentales peuvent aller se promener sur le lac du Bourget, en récitant ou chantant les fameuses stances, *le Lac* de Lamartine, composées par le grand poëte sur ces bords charmants. Quelques dames de notre hôtel paraissent fort satisfaites de ces inhalations poétiques qui se prennent à deux, dans une barque, au moment où le ciel et les montagnes commencent à se fondre dans la brume du soir, se continuent dans la calèche qui ramène au petit trot les couples jusqu'à Aix, sur cette jolie route où la brise gazouille en caressant les feuilles des frênes et des peupliers, et se terminent dans quelque longue valse, où l'on se berce au son d'un orchestre choisi. Ce traitement semble plus satisfaisant à bon nombre de voyageurs que celui qu'on se fait infliger le matin à l'établissement. Il est vrai qu'il convient surtout à ceux qui se portent bien.

Certains, vigoureusement doués, prennent les deux, mais ne cachent pas leurs préférences.

*
* *

Les personnes pieuses ont à visiter la fameuse abbaye de Hautecombe, où reposent les anciens princes de Savoie. Quelques coups de piston de locomotive et quelques heures de diligence les séparent de la Grande Chartreuse. En route, on peut contempler la fameuse vallée du Grésivaudan, la plus belle de France, disent les Dauphinois, pour de là grimper à travers les sentiers les plus étranges et les plus pittoresques, qui rappellent en petit certains passages des Pyrénées à Cauterets, à Luchon et aux Eaux-Bonnes, et arriver au célèbre couvent.

A la Grande Chartreuse, on déjeune assez médiocrement de poisson, de légumes et de fruits. On boit à sa volonté de la liqueur du cru, jaune ou verte, qui se vend au même prix que dans les cafés, et un petit vin de pays qui ne manque pas d'un certain piquant. Puis on visite avec un frère lai les chapelles et les merveilleuses galeries du couvent.

C'est très-bien et très-intéressant, disaient deux de ces messieurs, nos compagnons d'excursion, Parisiens renforcés, et qui sont venus pour revoir un instant mademoiselle Théo, la diva des *Bouffes*, laquelle prend des inhalations à Aix, pour favoriser la création nouvelle de l'hiver; ah! oui, c'est très-bien, mais ça manque de femmes.

En effet, les dames ont été laissées outrageusement à la porte du couvent, comme au bureau des cannes et parapluies. Elles sont furieuses.

Une d'elles surtout, une bonne grosse maman, haute en couleur et pourvue de petites moustaches un peu grises, ne tarit pas en invectives contre les religieux. Jadis, elle a joué sans doute quelque part les Dorines.

Vous êtes donc bien tendres à la tentation?

déclame-t-elle en mangeant des lentilles au salon des refusées; et elle récite toute la tirade de Dorine au bon monsieur Tartufe, au grand scandale de la bonne petite religieuse qui préside au repas.

Le fait est que c'est désagréable de rester ainsi à la porte, mais il faut bien en prendre son parti. Dans tous les cas, on n'y reste pas longtemps, et l'on retourne à Aix le plus vite qu'on peut. Mais à tout prendre, la route est adorable, et l'intérieur du couvent est une merveille. Entre nous, je dis cela principalement pour accentuer cet avantage si rare, à signaler aux populations, du masculin sur le féminin.

Une très-agréable excursion à faire est encore celle d'Uriage, un aimable petit endroit qui rappelle le Luxembourg comme aspect et comme population; c'est honnête, bourgeois, tranquille. On y trouve, dit-on, la santé grâce au calme qui y règne. Une petite comédie de famille bien douce; le drame n'y réussit pas.

D'Ennery vient y séjourner cependant; c'est à coup sûr pour s'y reposer.
— Les gens qui aiment le jeu trouvent à Aix, outre la promenade du *Gigot*, où l'on va jouer ou voir jouer aux boules, des tables bien garnies et bien fournies en joueurs et en billets de caisse ou louis d'or. On me montre le même Allemand étrange vu dernièrement à Luchon, toujours orné de cet

LE BARON DE FIDELAUBACH.

— Rien ne fa plus. —

énorme monocle lumineux qui lui donne l'apparence fantastique de quelque personnage échappé des livres d'Hoffmann. Il gagne presque toujours, et ne parle jamais que pour dire avec une voix de crécelle : *Rien ne fa plus!*

Nous l'avons appelé d'acclamation le baron de Fidelaubach.

Ce doit être son nom.

*
* *

Les gens qui aiment la bonne chère trouvent ici plusieurs endroits où l'on fait des repas comme à Paris, au Grand Hôtel et dans quelques maisons privilégiées. Ceux qui ne sont pas difficiles rencontrent à chaque coin d'épouvantables gargotes ou de suffisantes tables d'hôte. La gamme est complète depuis la gourmandise jusqu'à l'abstinence.

*
* *

Pour les personnes charitables qui veulent faire le bien, les occasions ne manquent pas; et depuis plusieurs années, au *chalet de Solms,* placé dans une situation prestigieuse à l'entrée de la ville et près de la gare, vient chaque année la gracieuse maîtresse du logis qui n'a pas sa pareille pour extirper des porte-monnaie les louis d'or les plus casaniers, et en grossir l'escarcelle destinée à soulager les misères, à faire soigner les malades et élever les enfants orphelins.

Il n'y a qu'un théâtre à Aix, et c'est le sien. Elle ne craint pas, pour grossir de quelques billets de banque la part des pauvres, de représenter avec quelques amies ou amis dévoués, de petites pièces jouées avec grâce et esprit. On vient l'applaudir ou la critiquer, peu lui importe. On apporte en même temps l'argent pour ses malheureux, cela lui suffit.

Les tableaux vivants sont à ce théâtre un élément de succès. Vu cette année une jeune comtesse italienne, parente de la maîtresse de la maison, qui représentait, avec une grâce et un sentiment exquis, la composition faite par M. Chapu pour le monument de Henri Regnault, tué à Buzenval : *la Jeunesse.* A nos côtés on se disait : — C'est l'âme de l'artiste qui, sans qu'il le sût, a certainement animé cette statue... S'il était ici, pourrait-il se défendre d'imiter feu Pygmalion?

Vous voyez qu'à Aix on va bien. On se permet tout, même le madrigal Ici, du reste, il avait son excuse.

*
* *

On quitte Aix avec regret. Le traitement cruel du matin réussit sans doute, grâce au prestige connu des mauvais procédés. Les malades s'en trouvent bien, dit-on, et aussi les médecins, qui s'en trouvent encore mieux. Les traitements que l'on s'inflige soi-même à droite et à gauche dans le jour et dans le soir accentuent le mieux. Quand on a été à Aix une fois, disent les hôteliers, on a bien chance d'y revenir.

LES EAUX D'AIX

COMMENT ON TRAITE LES GENS

L'AVIS DU DOCTEUR.

— Oui, madame, le meilleur chocolat c'est le chocolat Menier, c'est possible, je n'en sais rien ; mais les meilleures eaux, ce sont les eaux d'Aix, j'en suis sûr.

LA MASSEUSE.

A qui le tour, là, mesdames?

— Dis donc, Ernest, pourquoi donc qu'il vient ici tant de curés?
— T'es bête, c'est sans doute pour leur cure.

COMMENT ON TRAITE LES GENS.

LA BOITE A SURPRISE.

— Puisque je te tiens, tu vas me dire pourquoi toute la journée, hier, tu as excursionné avec cette grue d'Adèle?

LA BOITE A SURPRISE.

— Cher docteur, puisque vous êtes là, vous seriez bien aimable de me moucher.

ÉTABLISSEMENT DE BOUILLON.

— Et ma femme est là-dedans, cher docteur? Eh bien! quand elle sera tout à faite cuite, veuillez lui dire que nous l'attendons pour déjeuner.

SUPPLICE DE LA CANGUE.

La jambe de madame la marquise.

COMMENT ON TRAITE LES GENS.

SUPPLICE DE LA CANGUE

Le bras du capitaine.

SUPPLICE DE LA CANGUE,

Le dos du général.

Encore une vingtaine d'années de ce traitement-là, et nous serons content, n'est-ce pas, grand-père?

INHALATIONS.

Duo à bouche fermée.

Ils ne se disaient rien, mais leurs regards...

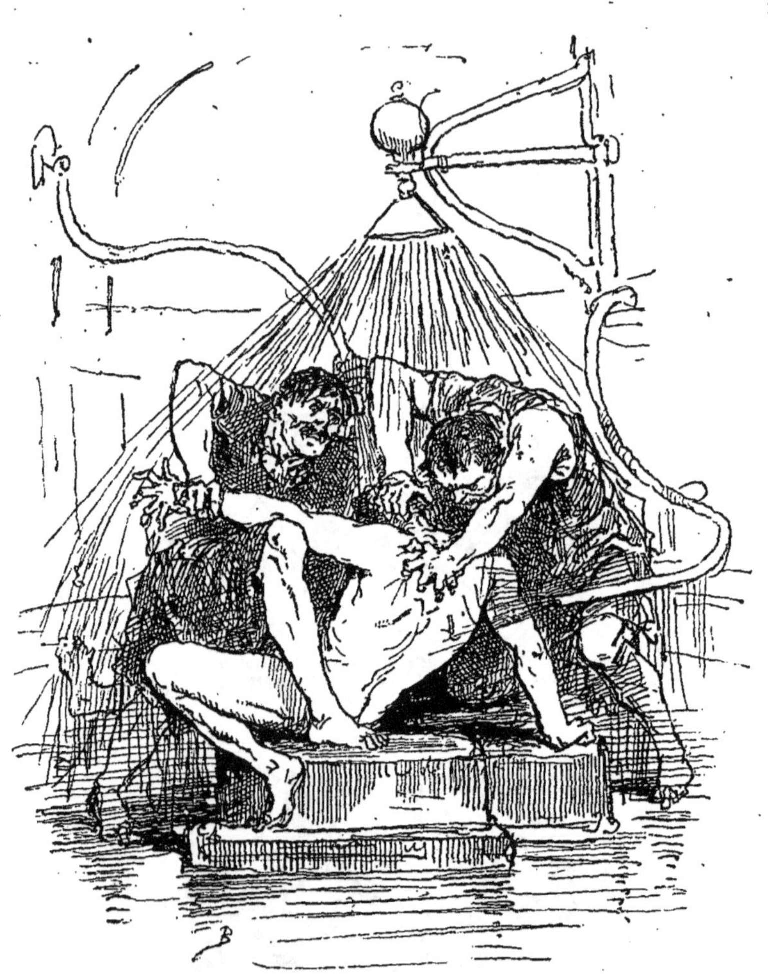

EST-CE UN MAUVAIS TRAITEMENT?

(Le docteur dit que non.)

— Dis donc, Pelot, c'est notre ancien colonel. Il a toujours passé pour un dur à cuire. Eh bien! on va voir.

— Aussi tu vois ce gros-là, c'est Antoine : je lui paye des cigares, je l'inonde de petits verres, je le traite comme s'il était mon frère, et cela parce qu'il est masseur!

COMMENT ON TRAITE LES GENS.

INHALATION SULFUREUSE A MARLIOZ.

— Souffrons-nous ensemble... c'est encore du bonheur.

— Deux heures d'inhalation avec la marquise, heureux coquin.

— J'étouffais, je suis innocent.

BALLOTTAGE.

Trop de pourboire... ou pas assez.

LA DOUCHE DE MADAME LA BARONNE.

Qui s'y frotte s'y pique.

Voilà du moins ce que dit sa devise.

TRANSPORT.

— Adorable colis!...

— Que monsieur se méfie; ce n'est pas madame, c'est monsieur.

GRANDE CHARTREUSE.

Ce qu'il y a de mieux dans le musée du comte Lepic.

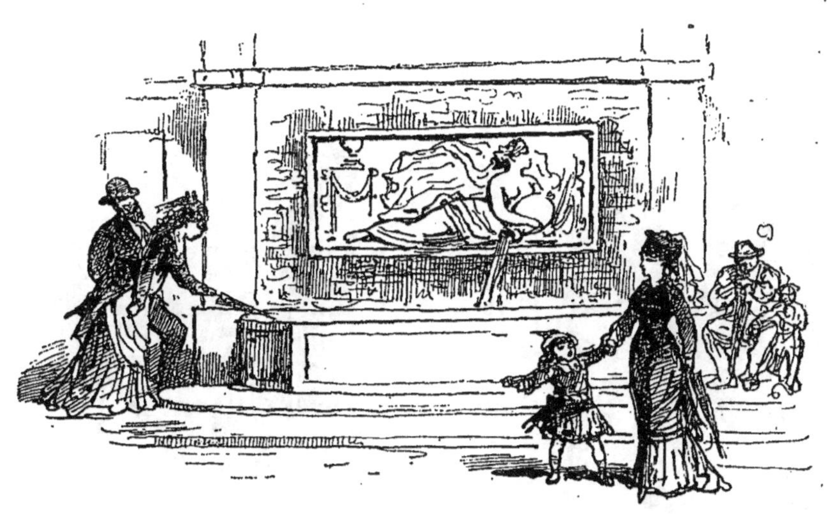

LES EAUX D'URIAGE.

EXCURSIONS

COURSES DANS LES MONTAGNES ET AU SAINT-BERNARD

Quand le soleil est trop ardent à Aix, les préparatifs sont bientôt faits. On prend le chemin de fer jusqu'à Genève, le bateau jusqu'à Villeneuve, et l'on file dans les montagnes, pour voir un peu de neige et un peu de glace. Ça rafraîchit toujours un peu, et on rencontre là tout Paris.

— Pour porter tout ça là-haut, il faut deux hommes de renfort. Ça fera trente francs de plus que pour la dame là-bas. Mais monsieur peut se vanter d'avoir une bien belle femme!

HÔTEL DE MARTIGNY.

— Hélas, oui! c'est bien ça. Cette petite baronne avec son butor de mari. C'est navrant!

Si les guides n'étaient pas des hommes sûrs et d'une moralité éprouvée, ce n'est pas M. Durand qui permettrait d'enlever ainsi Eudoxie. Oh! non!

LE CAVEAU DU SAINT-BERNARD.

— Qu'est-ce que c'est que ça? Des nègres empaillés
— Non, ma petite Nini. Des parents pauvres. Il y en a là qui attendent depuis cent cinquante ans. Pas de danger qu'on les réclame.

QUATRE HEURES DE MONTÉE.

— Dites donc, vieux, l'hiver vous ne devez pas vous amuser ici.
— Dame, je ne sais pas, je suis cocher de fiacre à Paris.
— Comme ça se trouve. Eh bien! arrêtez-nous donc chez Peters.

LE CHIEN DU MONT SAINT-BERNARD.

— Quelles sont ses intentions? Je penche à croire qu'il voudrait me sauver. J'aurais bien envie de me sauver moi-même.

ÉGARÉS DANS LA MONTAGNE.

Un sauvetage.

— Nom d'un chien! je vous demande un peu de quoi il se mêle, cet animal-là!

HOTEL MARTIGNY.

INDISCRÉTION.

— Mon cher René, ta tante est encore rudement bien ! Il y a de certains moments où je me plairais à être ton oncle — par alliance.

HOTEL MARTIGNY.

INDISCRÉTION.

La chasse aux flambeaux.

LE CANON DE LA VALLÉE.

— Dites donc, garçon, un petit coup de canon comme ça cinq francs, savez-vous que c'est un peu roide!...

— Je ferai observer à monsieur qu'il y a eu une petite avalanche et qu'elle n'est pas portée sur la note. A Paris, monsieur n'est pas si regardant. C'est égal, je diminuerai vingt sous, parce que je connais monsieur. C'est moi que je fais les tables du fond chez Brébant, dans la grande salle des soupers.

— Allons, bon, encore un de flambé! Adresser ses réclamations au préfet des Bouches-du-Rhône.

— Et qu'est-ce que vous faites pendant la mauvaise saison, ma bonne petite?

— Il faut bien s'arranger, ma bonne dame. Je suis dans un bouillon Duval, boulevard Montmartre, et le soir je vends des fleurs à Valentino. Voilà!

On ne se figure pas combien au milieu des horreurs et des convulsions de la nature, il est rafraîchissant d'entendre un brave Savoyard moudre l'air de la *Belle parfumeuse* ou de la *Vénus aux carottes!*

Et nous qui croyions que les religieux du mont Saint-Bernard portaient encore le costume et les accessoires d'ermites du torrent.

LE FRÈRE CHEVANDIER.

Eh bien! pas du tout!... Les voici, ils portent des faux-cols, ils sont rasés de frais et lisent le *Figaro* pour être au courant des choses.

MISS AURORA KELDÉGUEN.

Les bas sont bleus, mais il n'est pas un homme qui puisse se vanter d'avoir pu contempler la couleur de ses jarretières.

GONTRAN.

— Les montagnes, ce serait gentil, pendant deux heures après son dîner, mais trop de pierres, trop d'eau, pas assez de trottoirs et trop peu de restaurants.

En voici même un qu'un de nos petits compagnons, un collégien, reconnaît avec plaisir. Il était encore pion à Charlemagne l'année dernière. Il était même assez chien, dit le petit garçon. C'est peut-être pour cela qu'il s'est mis au Saint-Bernard.

LE GRINCHEUX.

Pas assez de sel dans les plats et les notes trop salées.

M. DU MONT.

— Les montagnes, beau spectacle! Sur ces âpres sommets on juge sainement ses intérêts. On voit plus clair dans ses actions, et l'on comprend mieux ses obligations.

JOHN SMITH ESQ.

— La première chose en voyage, c'est le déjeuner; la seconde, c'est le dîner. *You know.*

LA DÉSABUSÉE.

— Quand on a vu les hommes d'un peu près, comme on préfère les montagnes!

L'HOSPICE DU MONT SAINT-BERNARD.

Opinion du petit Gontran.

— Il ne faudrait réellement pas y rester deux ans. Mais pendant deux jours, en plein été, ça ne manque pas de chien. N'est-il pas délicieux de geler un peu quand à Paris et à Aix les autres cuisent? Et puis, c'est plus drôle que le mont Blanc.

Comme au bout du compte on ne voyage que pour dire qu'on a voyagé, ces dames font inscrire sur leur bâton tous les sites célèbres. Comme ça, on n'a pas besoin d'y aller, et ça ne coûte que deux sous la pièce.

Source de la Grande Grille.

VICHY

L'AVIS DU DOCTEUR.

— Le meilleur chocolat, c'est le chocolat Menier, je ne dis pas, mais les meilleures eaux sont les eaux de Vichy. Je le dis.

Vichy, 30 juillet 1875.

MON CHER GUY,

VICHY me revoit en ce moment dans ses murs, et cela grâce à une petite gastrite, collectionnée gaiement dans ma garnison à Paris, et qui date peut-être de ce bon moment où nous nous sommes connus, quand le *grand seize* à la Maison d'Or recevait nos confidences, il y a quelque dix ans. J'étais venu jadis ici, non pas comme gastritard, mais comme officier escortant mon chef suprême.

Était-ce gai, alors; était-ce étincelant, coquet, mouvementé, rempli de fanfares, de bruit, de chevaux piaffant, d'équipages riches, de toilettes merveilleuses!

On ne pouvait faire un pas n'importe où sans rencontrer un visage ami, ou célèbre, ou connu; les plus jolies femmes étaient là, comme aussi les plus riches et les plus vantées, les plus commodes comme les plus hérissées de difficultés.

C'était charmant!

Il est vrai que j'étais alors sans la moindre gastrite, que j'étais lieutenant et garçon, et que maintenant je ne suis plus rien de tout cela, puisque je suis marié et que j'ai donné ma démission.

* * *

Maintenant, quand on arrive à ce parc de Vichy, on éprouve l'impression que l'on ressent en entrant dans la place Royale, au Marais. Il y a là un vaste parallélogramme entouré de maisons, planté d'arbres, avec des enfants qui jouent à la balle et au cerceau; des kiosques où l'on vend des journaux, des sucres d'orge, des toupies et des ballons; des pavillons où deux fois par jour on fait de la musique; sur les chaises, assise et devisant, une population d'un ordre particulier, avec des costumes exotiques, modes de l'année dernière, ou d'il y a vingt ans.

On cherche en vain les têtes que l'on est accoutumé à voir sur le boulevard, aux Champs-Élysées ou au Bois.

C'est cependant plein, et il n'y a personne.

On est tout seul dans cette foule bigarrée et cosmopolite, dont le teint

jaune et les traits tirés indiquent la situation physique et morale. Sur toute la promenade, il y a comme un crêpe et un vague parfum d'hospice.

Comme partout, en ce moment, les orchestres s'époumonent à jouer la *Mère Angot*, *Giroflé-Girofla*, la *Belle Parfumeuse* et *Orphée aux Enfers*. Un cercle de gens navrés écoutent mélancoliquement ces gaietés célèbres, en se tenant douloureusement le côté ou l'estomac.

C'est bien triste.

Il faut avoir bien envie ou bien besoin de boire à la source de la *Grande-Grille* ou de l'*Hôpital*, pour affronter ce désert si garni, et tout ce vide si plein.

Aussi je vais boire consciencieusement chaque jour mes verres, et j'aspire

Source de l'Hôpital.

au dernier. Comme figure de connaissance, je n'ai vu que l'ombre du bon vieux Strauss, qui se promène pensive entre les boutiques de sucre d'orge. Il me rappelle le coucou obstiné.

*
* *

Il faut dire cependant qu'il vient d'y avoir une exception. On a fait des courses, et les sportsmen obligés sont venus pour la circonstance. Décidément le *sportsmanat* devient un sacerdoce. L'infatigable baron d'Étreillis est venu donner les départs avec sa conscience accoutumée. Quelques jolies femmes élégantes sont accourues des châteaux environnants dans leurs calèches, faire un tour à l'enceinte du pesage. Et il s'est constitué pour quelques jours un tout petit noyau un peu *chic,* mais qui faisait tache dans l'ensemble.

NYMPHE DE LA SOURCE.
— A votre santé!

— Ce n'est pas comme à Aix, au moins on voit clair dans leur boîte, n'est-ce pas, madame?

Les courses ont été au niveau du reste. Les chevaux brillaient par leur rareté.

J'ai vu, de mes propres yeux vu, le consciencieux baron aller d'un air

DUO DIABÉTIQUE.

lugubre déployer son drapeau de départ, pour deux courses de suite, dans chacune desquelles il ne partait qu'un seul cheval.

Signe caractéristique, MM. Dennetier et de Craquelot n'y sont pas.

Les péripéties de cette lutte chevaline, se réduisant à un simple monologue, intéressaient médiocrement les spectateurs. On le comprendra sans peine. S'il n'y avait eu çà et là quelques jolies Américaines et Anglaises, fraîches et roses, et des Mexicaines dorées magnifiquement par le soleil, on serait mort positivement de chagrin.

Le retour des courses a été assez mouvementé. Cela a eu comme un vague ressouvenir du temps passé, bien que les équipages un peu éloignés fussent une rareté, ce qui n'était pas jadis.

Il n'y a pas jusqu'aux danseurs et aux danseuses, au Casino, qui n'aient l'air de porter le diable en terre.

* * *

Un seul rayon dans toute cette brume.

Mademoiselle Judic est venue là un beau jour, c'est le mot. On ne sait pas pourquoi. C'est par charité, sans doute. Cette grâce spirituellement amoureuse, cette décence à la fois égrillarde et pudique ont ému et charmé jusqu'aux diabétiques les plus endurcis.

Elle a paru, chanté et disparu au plus vite. On ne saurait lui en vouloir. En restant, elle eût subi l'influence du milieu, elle eût pris la maladie du pays.

* * *

Je finis demain mon dernier verre et mon dernier bain.

Décidément, ce pays que j'ai vu si gai, si exubérant et si mouvementé jadis, me paraît actuellement distiller l'ennui.

Si une ville doit regretter le dernier régime, c'est assurément Vichy.

Quelle différence à dix ans de distance! Moi aussi, je regrette ces dix ans. D'abord j'aurais dix ans de moins, ce qui en vaut la peine. Et ensuite, je venais ici pour mon plaisir, tandis que c'est absolument le contraire.

* * *

Il faut le dire néanmoins, si la qualité des visiteurs s'est amoindrie, la quantité n'a pas décru, au contraire. Vichy est plein jusqu'aux bords de gens venus de partout, de l'étranger surtout. Les hôteliers ne s'en plaignent pas, et en profitent pour grossir leurs notes tant qu'ils peuvent. Vichy profite du mouvement donné jadis, et qui est un mouvement acquis. Et Vichy a ses pastilles qui voyagent pour lui d'un bout du monde à l'autre bout.

René de Zédde,
Ex-capitaine de hussards.

L'homme de bourse et l'homme d'argent.

La source du parc, à Royat.

ROYAT

L'AVIS DU DOCTEUR.

— Le meilleur chocolat, c'est le chocolat Menier, je l'ignore ; mais les meilleures eaux sont les eaux de Royat. Il n'y a pas de doute.

Du même au même.

Je ne saurais trop m'applaudir d'être venu à Royat pour me reposer de ma cure à Vichy.

Il semble qu'au sortir d'un hospice, on entre dans une véritable maison de plaisance. C'est petit, c'est coquet, c'est charmant; un nid de verdure et de gaieté placé dans un creux, appuyé sur trois jolies petites montagnes, assez hautes pour n'être pas des collines, assez basses pour ne point écraser le village, enlever la lumière et diminuer le ciel.

Les cascades obligées ne manquent pas. Le pays est une réduction Collas des Pyrénées. Seulement, ceux qui voudraient exiger de la neige et des glaciers sont obligés de renoncer à cette prétention, et de se contenter du Puy-de-Dôme, totalement dépourvu de neige, et dont la construction carrée, à l'allure vigoureuse et auvergnate, domine le fond du paysage.

En arrivant de Clermont par l'omnibus, qui met vingt-cinq minutes à ce trajet, on n'est pas plutôt sur la promenade que l'on se voit appelé de tous côtés. En un clin d'œil on reconnaît deux ou trois douzaines de personnes de connaissance, des gens du monde, des écrivains, des artistes à foison, des avocats, des députés, des préfets, etc., etc. Le petit cercle obligé des baronnes, des comtesses et des marquises.

Et il y a moyen de faire de jolies parties de promenade avec les femmes de son monde, et des parties de bac avec les hommes du même cru.

A Vichy l'on était perdu. Ici l'on se retrouve.

On me montre un des Rothschild qui prend des bains à la piscine comme le premier indigent venu, et, me dit son baigneur, il n'est pas plus fier que s'il avait tout bonnement douze cents livres de rente.

A côté de lui, assis sur un banc, un brave paysan auvergnat, fort économe, qui, envoyé à ces eaux par son médecin, et voyant que l'on payait deux sous pour chaque verre délivré à la source, apprit de l'Hébé préposée au breuvage salutaire que, pour ses deux sous, il pourrait boire en une même séance autant de verres d'eau qu'il voudrait. Et il en a bu vingt à la suite l'un de l'autre, espérant ainsi économiser la dépense de vingt jours de son traitement.

Il a failli en crever, et est resté vingt jours au lit. Mais maintenant, il se porte tout aussi bien que M. de Rothschild. La vertu est toujours récompensée.

*
* *

La construction du pays est étrange, le Casino est bâti sur pilotis et semble marcher sur de longues béquilles. A l'hôtel Chabassière, le premier et le plus bel hôtel du département, on grimpe un, deux, trois, et jusqu'à huit étages; enfin au huitième, on trouve la salle de bal qui est au rez-de-chaussée de l'autre côté, et à laquelle on accède par la route qui, de son côté, a grimpé dans la montagne.

Dans cette salle de bal, qui est immense, deux ou trois fois par semaine il y a bal, bal des plus gais, et qui retient les danseurs et les tapisseries jusqu'à deux et trois heures du matin.

* * *

C'était hier, à l'un de ces bals, il pleuvait consciencieusement dans la montagne. Les habitants de l'immense hôtel étaient tous partis, et se livraient, avec la fougue habituelle aux buveurs d'eaux, aux charmes de la valse et de la contredanse.

Tout à coup, deux vigoureux Auvergnats, en blouse bleue, vinrent placer au milieu du salon une de ces petites chaises dans lesquelles on se fait porter à la douche et rapporter chez soi.

La porte s'ouvrit, et il jaillit de la boîte la plus séduisante surprise que l'on pût rêver, blonde, suave, entourée comme d'un nuage de blanches mousselines, couronnée des fleurs délicates de la montagne.

C'était une de ces jeunes filles anglaises, svelte, élégante, jolie, réussie, comme sont les miss lorsqu'elles s'en mêlent. C'était une apparition. Ce fut un coup de théâtre, et chacun applaudit spontanément devant cette gracieuse surprise.

Et vera incessa patuit dea,

dit à mes côtés un poëte que je soupçonne vivement d'être académicien

C'était, en effet, comme la déesse de ces eaux.

Ce fut un succès complet, non pas seulement pendant toute la soirée et tout le bal.

On en parlera longtemps à l'hôtel Chabassière.

* * *

Je vous fais grâce des bains, des piscines et des douches, cela se ressemble à peu près partout.

Disons seulement qu'à Royat, le côté anacréontique est plus soigné

qu'autre part; le gargarisme lui-même est entouré de poésie. On se gargarise dans les bosquets, au milieu de la verdure et des fleurs.

Il y a une nouvelle source nouvellement mise au jour, remarquable, et qu'on appelle la source du *Baiser*. On y vient en pèlerinage.

* * *

Décidément, je suis fâché de ne pas avoir pour le moment une cure à faire à Royat. L'an prochain, si je me découvre quelque petite douleur qui soit dans son programme, je m'empresserai d'y revenir.

Mais, avant de partir, je ne veux pas oublier de vous signaler une *grotte du Chien*, toute pareille à celle si célèbre de Naples. Cela économise le voyage, qui est une dépense sérieuse. On peut amener son chien qui se trouve mal en deux minutes. On a pensé aux personnes sensibles qui ne veulent pas faire de la peine à leur chien. Un chien est attaché à l'établissement, et moyennant un faible déboursé de un franc, entre dans la grotte, avec quelque résistance, il est vrai, et fait la démonstration à la volonté des personnes.

Cette grotte du *Chien*, en train de devenir célèbre comme sa rivale, a été découverte par un jeune médecin, le docteur Petit, fort en faveur dans l'endroit, et qui se recommande de lui-même.

Cela ne m'empêchera pas de vous le recommander si vous êtes malade, et tout autant encore si vous vous portez bien. Il connaît à merveille tout le personnel et tout le pays; il en parle savamment. Il a de l'esprit, ce qui, même pour un médecin, ne gâte rien. Il n'a qu'un travers, bien naturel, il est vrai. Il déclare que les meilleures eaux sont les eaux de Royat, et que la grotte du *Chien* de Royat est supérieure à celle de Naples.

A cela rien à dire, il est dans son droit.

R. de Zedde.

La source du *Baiser*.

Le mont Dore pris du petit pont.

LE MONT DORE. LA BOURBOULE

L'AVIS DU DOCTEUR.

— Le meilleur chocolat, c'est le chocolat Menier, ça m'est égal; mais les meilleures eaux sont les eaux du mont Dore. Qu'on se le dise!

ALLER à Clermont sans aller au mont Dore, ce serait un crime, et je ne le fais pas.

Place de Iande, là où se débitent par millions de kilos les pâtes d'abricots célèbres, dont la recette fut léguée par les vieux Arvernes à leurs petits-fils auvergnats, on rencontre de vieilles guimbardes ou diligences qui vous transportent et vous cahotent vigoureusement jusqu'au mont Dore, à travers des chemins pittoresques et mouvementés, où malheureusement il ne manque pas de pierres.

Ah! monsieur Thiers, monsieur Thiers! combien vous avez eu tort, jadis, de vous moquer si vertement des chemins de fer! J'aime à croire que vous avez changé d'opinion depuis ce temps; sinon un petit voyage au mont Dore en diligence apporterait avec lui sa conviction.

En chemin de fer, ce serait l'affaire d'une petite heure. Il faut six heures en guimbarde, et l'on arrive moulu, mais transporté de joie, devant les jolies montagnes du mont Dore et la jolie petite ville qui est couchée à ses pieds.

Par opposition à l'ennui et à la fatigue du voyage, cela paraît d'autant plus charmant.

*
* *

Il y a là, malgré tout, une vie, un mouvement tout particuliers. Si vous connaissez l'aimable et savant docteur Richelot, vous serez bien vite au courant.

Naturellement, l'opinion du docteur sur les eaux du mont Dore est des plus satisfaisantes, la conviction découle de ses lèvres et vous pénètre. Les bains, les douches, les inhalations sont combinés avec art et avec un soin qui promet l'efficacité.

Il y a surtout une espèce de salle où l'on respire l'eau de la source vaporisée à une chaleur de cinquante degrés; cette salle est une curiosité. Quand on pénètre dans ce bienfaisant étouffoir, on voit des malheureux vêtus de flanelle qui se promènent au milieu de la vapeur, marchant sans cesse et sans relâche en rond, parce que l'affluence est telle que l'on ne peut s'asseoir. Il paraît qu'après avoir étouffé pendant une demi-heure en tournant dans ce cercle qui rappelle un des cercles de l'enfer du Dante, les plus asthmatiques respirent avec une facilité merveilleuse. Il le faut bien, puisque tous ces gens y retournent, et qu'une fois venu au mont Dore, on y retourne nécessairement jusqu'à la fin.

Les paysans auvergnats savent à merveille faire suer le baigneur, et lui soutirer, avec un art naïf, les pièces de deux sous comme les pièces de vingt francs. Par exemple, les possesseurs du sol ne brillent pas par l'hospitalité comme leurs confrères écossais.

Si, pour se reposer, quelques dames ont l'audace de s'asseoir au bord d'un champ, à l'ombre des arbres qui l'entourent, le propriétaire ne manque pas d'arriver furieux et indigné. « Je viens pas chez vous, venez pas chez-moi! » dit invariablement le maître en roulant de gros yeux. Heureux s'il n'ajoute pas quelques-uns de ces rares *fouchtra!* que, je dois le dire, on n'entend plus que rarement dans ce bon pays.

Avec les chemins de fer, s'il y en a jamais par ici, tout cela, je l'espère, pourra s'arranger.

*
* *

Les chaises à porteurs du mont Dore ont un caractère particulier, et les porteurs, qui sont plus vigoureux sans doute que dans les autres villes d'eaux, ont aussi une allure plus vive et plus énergique.

Ils ont ce qu'on appelle en langage hippique les actions hautes, et trottent énergiquement pour porter ou rapporter les baigneurs du bain à l'inhalation, de l'inhalation aux douches, et des douches au verre d'eau, qui couronne, ou plutôt qui arrose finalement l'opération.

*
* *

Il y a naturellement au mont Dore un Casino, où les comédiens en tournée viennent se succéder pour jouer ou chanter, suivant leur spécialité, à la grande joie du public, dont les distractions ne sont pas nombreuses.

Dans le jour, les uns vont herboriser dans la montagne, les autres enfourchent de petits ânes vigoureux, et vont visiter les cascades et les lacs des environs.

Le soir, quand il n'y a pas théâtre, on fait sa partie de whist, d'écarté ou de piquet. Quelques-uns se réunissent même dans un petit coin pour le petit bac de rigueur. Mais ce ne sont point des parties bien méchantes, comme à Vichy, à Aix, à Luchon, etc., etc.

La vie du mont Dore est plutôt une vie de famille.

On s'y soigne sérieusement, et l'on n'est gai que par circonstance. Qu'on en guérisse, c'est là le principal.

Les gens de *haut chic* ne fréquentent pas pour se divertir ces eaux, plus particulièrement consacrées à ceux qui en ont positivement besoin.

* * *

Je viens de voir cependant quatre messieurs qui se fouettaient de toutes leurs forces, et fouettaient surtout leurs chevaux, pour paraître très-gais. Ils étaient en tenue d'inhalation, robe de chambre, bonnet de coton, et galopaient le plus joyeusement qu'ils pouvaient sur la route de la Bourboule C'était, m'a-t-on dit, un pari qui avait été fait après la douche du matin et après le déjeuner.

Le plus vigoureux porteur du mont Dore.

Je les ai retrouvés à la *Bourboule,* une station d'eaux nouvellement éditée, et qui se révèle aux yeux, au fond d'une délicieuse petite vallée, par des constructions bien aménagées et disposées pour recevoir de nombreux voyageurs.

Les médecins de l'endroit disent naturellement le plus grand bien de ces eaux merveilleuses, destinées à guérir des maladies incurables autre part. Naturellement aussi, l'on ne partage point cet avis, j'allais dire dans la maison qui est au coin du quai, mais dans l'établissement voisin.

* * *

Les malades qui viennent là boivent la conviction chaque jour, d'après ce que l'on m'assure, et s'en trouvent à merveille. Comme les médecins de l'endroit, ils font l'éloge de ces eaux, inconnues jusqu'alors. Aussi le monde arrive.

— Songez donc, me dit un Provençal qui se baigne là, des eaux qui sentent l'ail, cela ne s'était jamais vu. Et quel bien ça doit faire !

Celui-là est enchanté.

Moi, je le suis moins, cela me paraît un peu triste. Quand j'aurai une de ces maladies que l'on guérit là, je verrai.

Mais maintenant, j'ai fini consciencieusement ma tournée, et je vais vous retrouver tous à Biarritz.

R. de Z.

— Et les meilleures eaux sont les eaux de la Bourboule. Souvenez-vous-en !

Le Grand Hôtel à Biarritz.

BIARRITZ

BIARRITZ est le Trouville du sud, comme Trouville est le Biarritz du nord.

C'est là que la grande famille des élégances européennes vient terminer la saison commencée dans toutes les stations à la mode, des Pyrénées, à Aix, dans l'Auvergne, dans les Vosges, et même sur les bords de la Manche.

Au moment où le vent s'aiguise plus âpre dans les montagnes et sur les plages normandes, il est donc encore saturé de chaleur et de soleil sur les sables fins qui bordent les côtes de Biarritz.

Aussi la réunion est-elle de premier ordre, et présente-t-elle des éléments que l'on ne rencontre pas même autre part. Le mélange heurté, bizarre et chatoyant qui est un des caractères de Trouville, Deauville, Dieppe, etc., n'a plus à Biarritz ni sa possibilité ni sa raison d'être.

Les côtes normandes sont à vingt-cinq francs de Paris, les côtes des Basses-Pyrénées en sont à cent vingt-cinq francs, ce qui est une considération. Quatre heures de voyage d'un côté, vingt heures de l'autre, considération nouvelle.

Partant, le train des maris est impossible. Les courtiers, les coulissiers, les agents de change, les petits commerçants de toute sorte, ne peuvent penser à faire chaque semaine le voyage nécessaire pour retrouver leurs compagnes envolées. Il faut pouvoir s'envoler avec elles

Le petit monde interlope a besoin du voisinage de Paris.

Il ne vient donc à Biarritz que ceux à qui leur fortune, vigoureusement assise, permet de ne plus songer que subsidiairement aux moyens de l'acquérir, de l'augmenter ou de la gérer. Il n'y vient que les femmes les plus riches et les plus élégantes dans tous les mondes connus ou inconnus, et même dans le demi-monde. On se montre çà et là quelques têtes découronnées. Les princes du sang, ou non, n'y sont pas rares. Les étrangers, riches et de distinction, s'y rencontrent à chaque pas.

Autour de cette population gravite la foule des gens qui en vivent, et qui spéculent sur ses fantaisies et ses caprices.

Bordeaux y envoie bien quelques brunes piquantes et bénévoles, un choix parmi ses plus élégants marchands de vin et ses plus séduisants armateurs.

Mais il réserve sa population flottante et de second ordre pour Arcachon, qui est pour Bordeaux ce que Trouville, la Grenouillère, Saint-Germain et Fontainebleau sont pour Paris.

* * *

A Biarritz, tout est préparé pour le confort des gens riches qui y viennent de tous côtés, depuis que l'impératrice Eugénie mit à la mode ces bains qui la rapprochaient de l'Espagne. Il y a vingt ans, ce n'était qu'une plage déserte labourée par le vent, près de laquelle vivaient quelques familles de pêcheurs, et sur laquelle de rares baigneurs venaient de temps en temps se glisser dans la vague. Maintenant la falaise qui surmonte cette plage est garnie de constructions splendides, bâties sur le modèle des hôtels de la ville de Pau.

Il y a un Casino de premier ordre, avec salles de spectacle, salles de bal, salles de jeu, concerts quotidiens, représentations continuelles; et il est des jours, des mois d'août et septembre, où, sur la plage, dans les rues, la foule est la même qu'à Paris, au printemps, dans les contre-allées des Champs-Élysées ou bien autour du lac.

*
* *

— Les voilà, là, tous, nous les avons vus cet hiver à Nice, à Monte-Carlo, à Cannes, à Pau; nous les avons vus à Paris ce printemps; à Luchon, à Cauterets, à Aix, à Vichy, à Royat, etc., cet été; ils viennent de partout, de

Le bain de quatre heures, à Biarritz. La pastourelle.

Suisse et d'Espagne, d'Amérique, d'Angleterre, d'Allemagne, de Russie, se retremper dans la vague bleue du golfe de Biscaye, danser, flirter et jouer au bruit du flot qui chante sur la grève.

*
* *

Sur cette plage merveilleuse, qui s'étend en bas du grand hôtel Gardère et du Casino, jusqu'à la villa Eugénie, les toilettes diaprées des jeunes filles, des dames accompagnées de leurs bébés, éclatent sur le sable comme les fleurs dans un parterre. C'est une foule étagée comme sur des gradins, assise sur des chaises, sur des pliants de toute sorte, au travers de laquelle circulent, de groupe en groupe, les messieurs aimables et empressés, les enfants qui se poursuivent en poussant des cris joyeux, les bonnes et les femmes de chambre affairées, et que traversent çà et là, dans leur peignoir, les baigneuses de l'après-midi, qui savent pouvoir affronter le regard des lorgnettes, et les hommes sans prétention, qui n'en ont aucun souci.

* * *

Le vieux marquis dont la présence a fait cet hiver les beaux jours de Nice et de Cannes, ce printemps ceux de Paris, cet été ceux d'Aix et de Luchon, fait encore ici les beaux jours de Biarritz. Il est plus jeune que jamais. Les jeunes filles se l'arrachent, et les maris, allant faire leur partie au Casino, lui déclarent que c'est en tremblant qu'ils le laissent aux côtés de leurs jeunes femmes. N'est-ce point là ce ministre égyptien que nous avons vu à Cauterets, ce prince qui prenait sa douche aux sources de César, cette duchesse qui se gargarisait à la Raillère, ce duc qui s'est fait décaver à Luchon, cette jolie blonde qui faisait de la poésie avec des collaborateurs variés, sur le lac du Bourget?

Toute la famille Perrichon est ici au grand complet. Madame Benoîton est toujours belle, le deuil s'éclaircit, et le prince polonais ne la quitte pas d'une semelle. Madame Benoîton sera princesse. Les paris sont ouverts. On ne peut faire un pas sans rencontrer une figure de connaissance. C'est Paris un soir de première aux *Francais,* ou un jour de courses par un beau dimanche de printemps.

* * *

Le voisinage de l'Espagne amène aussi, il faut le dire, un contingent qui n'appartient à Paris que par circonstance.

Les exigences et les craintes de la guerre ont fait aussi aux Espagnols une nécessité de la vie hors de chez soi. Biarritz, Bayonne et Saint-Jean de Luz en sont garnis. Mais il faut le dire, il y a là, pour les dégustateurs et les appréciateurs de jolies femmes, de bien précieuses recrues.

Tout le monde a vu ces Espagnoles aux cheveux d'ébène, au teint bruni, comme les chantait le poëte, avec des yeux de velours noir, le pied long comme le doigt, la taille petite, souple, bien prise. Mais ce que l'on ne connaît pas, c'est l'Espagnole d'un blond roux comme les déesses du Titien, aux yeux comme des diamants noirs, à la taille haute, élégante et svelte, fille des hautes races ibériques, que Charles-Quint se plaisait à croiser avec les vieilles races du Nord.

Il y a là quelques-unes de ces belles jeunes filles ou jeunes femmes qui sont une fête pour le regard, soit qu'elles prennent le matin leur bain au Port-Vieux, dans cette petite anse, abritée et restreinte, qui semble un théâtre, soit que, au Casino, le soir, elles livrent leur taille souple aux bras du valseur.

LA FLEUR DES POIDS.
On dit que c'est le fils d'un gros banquier de Madrid !

— Les Espagnols sont de braves gens, disait hier, au cercle, le vieux marquis, lequel fait profession d'être connaisseur, mais combien je préfère les Espagnoles !

A Biarritz et même autre part, il ne court pas grand risque de trouver des contradicteurs.

Madame Éloa de Saint-Phar, la baronne de Vaugirard, madame Ida de Mémorency et deux comtesses de leurs amies sont arrivées depuis quelques jours, et ont loué une villa dans la Grand'Rue; elles viennent de Cauterets et de Luchon, où elles ont noué connaissance avec un jeune lord, bien près d'atteindre sa majorité, un Américain qui possède un lac de pétrole dans la patrie de Chingackook le Grand-Serpent, un vieux Russe qui a une mine dans l'Oural et un petit banquier égyptien. On s'amuse beaucoup à la ville. Il y a

tous les jours des promenades à cheval ou en calèche dans les environs, promenades au champagne et au lunch sur le sable, au bord de la mer, ou sur l'herbe sous les grands pins.

* * *

Les soirs, le plus souvent, de forts soupers dans la petite salle particulière de l'hôtel Gardère, ou dans le boudoir au Casino.

M. Bassecourt y a été invité avant-hier. « C'était d'un drôle, disait-il, une vraie tour de Babel. » Il en rit encore. Au langage près, cela lui a rappelé quelques bonnes parties à Nice, et l'on finissait toujours par s'entendre.

Il y a ici deux ou trois princes russes, et des Autrichiens aimables qui font des démarches pour se faire inviter. Mais l'Américain au pétrole est démocrate, c'est lui qui paye les notes. Il n'aime pas les princes. Je ne sais pas si la chose pourra s'arranger.

Les Bernardines. Au couvent des Anglettes.

BAYONNE ET LE COUVENT DES ANGLETTES

Une jolie excursion à faire est celle de Bayonne.

Bayonne, vingt-sept mille habitants, chef-lieu d'arrondissement, célèbre par ses jambons, son chocolat et ses jolies filles, au confluent de l'Adour et de la Nive.

Bayonne est charmant. On y va en trois quarts d'heure, pour se promener dans les allées marines et sur la place Grammont, visiter la cathédrale, l'église Saint-André et la barre de l'Adour. On y fait d'assez bons déjeuners. On y accommode le jambon d'York aux épinards, d'une façon tout à fait hospitalière.

Ne pas oublier, en revenant dîner à Biarritz, de visiter le couvent des Anglettes. C'est un couvent situé au bord de la mer, sur un territoire de plusieurs centaines d'hectares, conquis pied à pied sur les sables.

Ce couvent est uniquement habité par des religieuses et des filles repenties. Il n'y a pas un homme dans l'établissement. Les religieuses et leurs aides labourent, sèment, récoltent, fanent, soignent les vaches, les bœufs et les chevaux, élèvent du bétail et y joignent un pensionnat de jeunes filles auxquelles elles enseignent l'orthographe, le piano, la cuisine, le labourage et la culture des pommes de terre. Ajoutons qu'il se fait en outre, dans ce couvent où vivent quatre cents femmes, des ouvrages de couture merveilleux, de prestigieuses broderies, qui approvisionnent les plus élégants magasins de Paris.

Dans l'enceinte du couvent se trouve une sorte de Chartreuse, où vivent une trentaine de religieuses dites Bernardines, vêtues d'espèces de sacs de laine blanche, dont le capuchon rabaissé ne laisse jamais voir ni la bouche ni les yeux. Ces femmes ont fait vœu de ne pas parler, et se sont condamnées volontairement à un silence perpétuel.

C'est bien beau dans un siècle où les hommes eux-mêmes parlent tant.

Les bonnes religieuses sont très-heureuses des visites qui leur sont faites par les dames en station à Bayonne ou à Biarritz.

Les plus grandes dames y vont faire une sorte de pèlerinage, et les religieuses citent leur nom avec reconnaissance et avec fierté.

La veille de notre visite, une des sœurs nous raconte que deux personnes haut placées sont venues de Biarritz pour visiter aussi le couvent. Ces dames ont été touchées de ce qu'elles ont vu, et surtout de ce qu'elles n'ont pas entendu. Elles ont laissé leur nom; c'étaient madame la baronne de Vaugirard et la comtesse Éloa de Saint-Phar. Elles étaient accompagnées d'un étranger, sir John Smith de l'Arkansas, et du comte Anatole de Bassecourt. Ces dames ont honoré le couvent d'une commande : chacune, deux douzaines de chemises de nuit brodées à jour et au plumetis, tout cela payé par avance. Sir John était le caissier et riait beaucoup.

Les bonnes religieuses étaient ravies.

SAINT-JEAN DE LUZ

Hé i i i! langousta!!

De l'autre côté de Bayonne, du côté de l'Espagne, est Saint-Jean de Luz. C'est une promenade éblouissante que celle qui y conduit en suivant le bord de la mer en voiture, si l'on ne préfère prendre tout simplement le chemin de fer qui y conduit en une petite demi-heure.

La mer, dans ce golfe de Gascogne, est majestueuse et parfois terrible. Au moindre vent qui vient de l'ouest et souffle la révolte, les vagues libres et sans entrave dans l'immense Atlantique, depuis les milliers de lieues qui séparent l'ancien du nouveau continent, semblent tout à coup s'indigner contre l'obstacle inaccoutumé qu'elles rencontrent. Elles s'élancent furieuses comme à l'assaut, déferlent avec rage et retombent blanches d'écume sur le sable pour s'élancer de nouveau et remonter encore. En un jour de colère, la mer détruisit tous les obstacles et conquit une partie de la ville qu'elle ne voulut plus rendre depuis. A la marée basse on peut encore découvrir, par un temps clair et calme, les maisons du vieux Saint-Jean de Luz qu'elle a gardées pour toujours.

Jadis Saint-Jean de Luz était une ville puissante, dont les marins étaient célèbres et faisaient une guerre redoutable aux marins de Bretagne et de Normandie. Chaque année il sortait de son port une quarantaine de navires pour aller au loin pêcher la baleine.

Maintenant la mer redoutable a fait sa conquête, qu'on ne peut plus songer à lui arracher. Ce qui reste de port est vide. Quelques barques de pêcheurs, un ou deux vapeurs qui partent de Socoa pour aller à Santander, pour remplacer le chemin de fer, et c'est là tout.

Cette mer terrible de Biscaye a trois fois rompu sa digue ; on en reconstruit en ce moment une autre, une monumentale, qui ferme, ou peu s'en faut, l'entrée de la rade. Les vagues, indignées de cette entrave, ont bouleversé plusieurs fois les matériaux et les préparatifs, mais n'ont pu entamer le rempart. L'ennemi sera-t-il dompté? On l'espère, mais pour combien de temps?

C'est à Cibourre qu'il faut aller voir le dimanche soir, au son d'un flageolet et d'une sorte de tambour, danser le fandango aux filles de pêcheurs et aux jeunes Basques.

Les *Cascarotes* sont une des curiosités dans le pays; ce sont ces filles d'une race étrange et particulière, arabe ou bohême, qui ont conservé intact le type originel. Grandes, bien faites, élégantes et vigoureusement découplées, elles chargent sur leur tête d'énormes paniers de poissons et langoustes, et vont les vendre allégrement à Bayonne, faisant en courant leurs quatorze kilomètres d'aller et quatorze de retour.

Aussi il y a parmi ces filles des coureuses célèbres, et les filles basques des montagnes, de même que les garçons, osent à peine lutter avec elles, lorsqu'ils sont conviés pour les courses favorites du pays.

Il faut aller à Socoa, le pays privilégié des Cascarotes, les voir à l'arrivée des barques de pêcheurs, charger sur leurs têtes les mannes de poisson, les pieds et les jambes nus jusqu'au jarret, s'élancer sur la route à qui arrivera la première en ville.

A Socoa, une grande distraction pour ceux qui viennent prendre leurs bains dans le joli petit établissement situé de l'autre côté de la rade, est de venir manger la saucisse et le pain basque chez monsieur et madame Pinati, en arrosant le tout de vin d'Espagne, que l'on tire soi-même de la peau de bouc, pendant que les voyageurs et les jolies Espagnoles descendent du bateau arrivant de Santander, ou montent dans le bateau pour y aller.

M. et madame Pinati.

CASCAROTE.

— Saprrristi, mon cher, comme ça doit tenir chaud de porter, comme ça,
soixante livres de poisson sur la tête.

HENDAYE, IRUN ET FONTARABIE

Mais l'excursion la plus accoutumée, et celle qui offre la plus vive attraction, est celle qui, lorsque le temps et la guerre civile le permettent, conduit les voyageurs à Hendaye et à Fontarabie. Chaque jour deux ou trois trains amènent la foule de Biarritz et de tous les points sur la ligne, jusqu'à Dax et même jusqu'à Pau.

De Biarritz à Fontarabie, il n'y a pas plus de distance que de Nice à Monte-Carlo. On passe la Bidassoa soit à Hendaye, où, par tous les temps et à toute heure de marée, les marins de M. Dupressoir vous conduisent en bateau, ou bien on la passe à Irun, sur le chemin de fer qui conduit à Saint-Sébastien.

Des omnibus conduisent à Fontarabie, quand le chemin de fer marche, que les omnibus roulent et ne servent pas de cible aux fusils désœuvrés de messieurs les carlistes. Plusieurs fêtes ont été données déjà et se donneront encore au-dessous de ce curieux bijou moyen âge qui est la ville de Fontarabie, au pied de laquelle sont placés le Casino et la maison de conversation qu'y a élevée M. Dupressoir, et dont il veut faire un Bade mi-français, mi-espagnol.

C'est alors que des milliers de personnes accourent de tous côtés. L'endroit si pittoresque, avec les Pyrénées au fond, la Bidassoa, les pignons étranges de Fontarabie et la mer au premier plan, se prête à merveille à toutes ces fêtes, et le pays n'a jamais vu tant de monde depuis l'entrevue de l'île des Faisans et le mariage du roi Louis XIV avec l'infante. Quand il y a temps d'arrêt dans ces fêtes, par suite de force majeure, et que la roue de la

Fortune ne tourne pas à Fontarabie, c'est un deuil pour Biarritz et tous les pays environnants. Mais ce n'est qu'un deuil de passage.

Après la fête, on dîne à Fontarabie. Comme on vient coucher à Menton et à Nice, après les fêtes de Monte-Carlo, on revient coucher à Biarritz.

* * *

La vie est donc aimable et gaie pour ceux qui n'ont d'autre souci que celui d'avoir l'occasion de dépenser de l'argent et de se laisser vivre.

Biarritz est la dernière étape de la vie hors de chez soi, pendant l'été. Il faut se mettre à penser sérieusement à ce que l'on va faire pendant le commencement de l'automne, et s'occuper des projets que l'on peut former pour la partie de l'automne qui confine à l'hiver.

Puis l'on recommence de plus belle.

Au casino de Fontarabie.

Les bateliers qui font le trajet de Hendaye à Fontarabie.

QUATRIÈME PARTIE

L'AUTOMNE

RÉSERVISTES HORS DE CHEZ EUX.
— Dis donc, Jules, s'il faut à la France des hommes bien trempés, les voilà!

Voici l'automne. Les nuages se sont emparés des montagnes. Il y pleut, il y grêle, il y neige. Adieu les excursions et les courses dans les sentiers devenus fangeux et glissants. La mer a pris des tons glauques et sombres, on frissonne avant d'y entrer, on grelotte en en sortant. Il faut quitter tout cela. La moisson vient d'être faite, on cueille les fruits, on récolte les grappes.

Les campagnes sont libres, c'est le signal attendu pour courir les guérets et les champs, soit en chasseur, soit en soldat, puisque la fatalité veut qu'en cette époque réputée de progrès, tout le monde soit soldat de nos jours.

Les réservistes, eux aussi, quelle que soit leur situation, abandonnent à ce moment leurs foyers et leur travail pour mener, comme ceux qui n'ont que peu de chose à faire, la vie hors de chez soi. Un dieu leur a fait ces loisirs.

Dans les châteaux, dans les maisons de campagne, les chiens et les chevaux sont prêts, les fusils nouvellement fourbis, les voitures brillantes, les salons étincelants, les pianos accordés, les chambres d'amis remises à neuf; on n'attend plus que ceux que le bon vent ou le chemin de fer amènera céans.

Les jours sont moins longs.

Le soir on commence à glisser les longues bûches qui petillent dans les foyers. Jeunes filles et jeunes femmes sont conviées de toutes parts.

On appelle çà et là le ban et l'arrière-ban des jeunes gens et des hommes aimables et utiles. Chacun racontera ses campagnes, les scandales des bains et des eaux, les succès et les revers, les séparations et les mariages, la comédie de l'année qui vient de vivre.

C'est le moment des charades et des saynètes, des opérettes de salon et des tableaux vivants de toute sorte. C'est alors que les mariages, ébauchés aux bains de mer et dans les villes d'eaux, se consolident et se dénouent comme à la fin des comédies et des vaudevilles.

C'est le moment où la vie hors de chez soi prend un caractère plus intime, et celui aussi où les maîtres de maison ont cessé pour ainsi dire d'être chez eux, à force de dire à leurs invités : Vous êtes chez vous.

RÉSERVISTES.

— Quelles sont ces dames qui me demandent?
— Mon commandant, c'est une mince qui doit être des volontaires d'un an, et une forte dame, comme qui dirait de la territoriale.

RÉSERVISTES

— Des camaraux comme ça qu'a des connaissances aussi chouettes, c'est comme qui dirait flatteur pour un régiment. Faut être juste.

GUIDE DE L'INVITÉ

Après la saison des bains de mer et des eaux de toute sorte, un homme qui se respecte ne saurait pourtant revenir, mais surtout rester à Paris.

Cela est bon pour les pauvres diables et pour les cochers d'omnibus.

L'homme élégant, c'est-à-dire l'homme qui n'est obligé à aucun travail immédiat ou productif, parce qu'il possède en quantité suffisante quelque bonne petite rente au soleil, — pourvu que ce ne soit pas au soleil turc, par exemple, — vient rapidement repasser par les boulevards, pour constater qu'il ne s'y promène personne que des exotiques, ou des boutiquiers, ou des employés, ouvriers et ouvrières; il donne un coup d'œil aux fenêtres béantes des clubs où bâillent les domestiques, et vérifie les persiennes closes des hôtels. Puis il va en toute hâte chez certain fournisseur acheter quelques menus objets pour femmes et enfants, dont il se fait une pacotille utile en voyage, renouvelle sa provision de vêtements appropriés aux circonstances prévues de l'automne, et reprend vivement le chemin de fer.

Un certain nombre de gens ont, ou la satisfaction, ou l'embarras de posséder, ou bien un château avec communs, bois et forêts, chasses, pêches, ou tout simplement une bonne maison de campagne bien installée et bien pourvue.

Habiter seuls ces châteaux ou maisons de campagne serait chose triste et cruelle pour ceux qui viennent tout récemment de se mêler au mouvement fiévreux des stations d'eaux ou des bains de mer. Quelques jours de repos suffisent, puis la nostalgie du mouvement, du bruit et de l'agitation reprend.

Après un an de ménage, et souvent plus tôt, le tête-à-tête conjugal ne suffit plus pour égayer la situation. On se souvient de la baronne de P... disant : « Le mari et la femme ne font qu'un, et c'est plus fort que moi, quand je suis seule je m'en...nuie. »

Il faut soigner ces douloureux symptômes.

*
* *

Or, tout château qui se respecte, ou toute maison de campagne douée d'aspirations élevées, est machiné comme un théâtre. Les chambres d'amis y foisonnent; les salons y sont vastes, bourrés de pianos, et peuvent se transformer facilement en salles de spectacle et de danse; les greniers et les armoires regorgent d'accessoires de toute sorte. Il y a des chevaux à l'écurie, des voitures à la remise, des chiens au chenil et des fusils au râtelier. Le chef de la maison est un véritable impresario. Tout est pris pour les représentations d'automne; il n'y manque que les acteurs, c'est-à-dire les amis ou les invités, ce qui revient à peu près au même.

Invitées indispensables.

Le rôle d'invité est beaucoup plus agréable et moins coûteux que celui de chef de maison et d'impresario, et se trouve à peu près à la portée de toutes les bourses; aussi est-il des plus recherchés.

Un invité adroit et intelligent, et qui a su bien préparer ses batteries, peut aménager si bien son temps et ses invitations, qu'il passe son automne de la façon la plus agréable, et sans bourse délier, dans sept ou huit châteaux ou maisons de campagne agréablement variés. Bien accueilli, bien vu, regretté partout, parce qu'il sait n'y pas rester assez longtemps pour épuiser totalement le fond de son sac.

Il y a des invités assez intelligents pour collectionner des amis inviteurs, pourvus de maisons de campagne aux bords de la mer pour l'été, et de villas à Nice, à Cannes, Menton ou Monte-Carlo pour l'hiver. Ainsi toutes les saisons sont utilement représentées, sauf le printemps, qui se passe à Paris à dîner en ville chez les uns et chez les autres. Mais pour arriver à ces résultats, il faut beaucoup d'adresse, de temps et de relations.

Jadis cette sorte d'invités portait le nom de parasites, ou plus vulgairement de pique-assiettes.

Les chemins de fer ont modifié les choses. Les invités maintenant ont la conscience de leur nécessité et de leur rôle providentiel, et avec quelques cadeaux bien choisis aux moments opportuns et quelques louis bien placés à l'office, on évite adroitement les réflexions qui pourraient naître à la salle à manger, tout en se créant d'utiles sympathies à la cuisine. Par suite, on dépense beaucoup moins que chez soi, tout en vivant beaucoup mieux et en se distrayant beaucoup plus. Tous les avantages sont donc réunis.

Un bon invité doit donc cultiver avec soin les qualités particulières qui doivent entraîner ses invitations.

Il y a plusieurs sortes d'invités, et ces sortes varient cependant suivant les milieux où l'on vous invite.

Invités danseurs.

Il y a l'*invité jeune,* qui est admis partout. Celui qui figure dans cette catégorie d'invités doit être fort soigné dans sa mise, bon valseur et conducteur de cotillon au besoin. Il est bon qu'il soit au courant des nouveautés de théâtre et capable de jouer un rôle dans une charade, ou une petite pièce, genre *Gymnase* ou *Variétés*. Il doit être discret dans ses propos, réservé avec les jeunes filles, plein d'empressement pour les dames, tout en étant utile et complaisant dans ses rapports avec les messieurs d'un âge plus avancé; éviter avec soin de se mêler aux conversations politiques ou religieuses, à moins qu'il ne constate avec certitude que tout le monde est du même avis.

Ce genre d'invités est très-agréable dans une maison, fait bien dans un bout de table, et dans un salon est fort utile pour faire danser ou valser les héritières, et les mettre en valeur devant les gens à marier, comme un habile jockey fait pour un cheval de sang en présence de l'acquéreur.

* * *

Il y a l'*invité homme d'esprit*. Celui-là peut, s'il lui plaît, être moins jeune et moins soigné dans sa tenue. A table, il doit prendre la parole à partir du second service, et semer sa conversation de paillettes et de mots variés.

Les anecdotes seront autant que possible neuves, et du moins n'auront que peu servi. Dans le cas où le fond en serait un peu connu, elles doivent être retapées et rafraîchies avec soin.

Il faudra ne risquer le calembour, l'à-peu-près et le jeu de mots, que si le maître ou la maîtresse de maison en donne le signal. De temps en temps seulement une petite gauloiserie fera bien, mais au bénéfice des dames et des mamans, et après le départ des jeunes filles. Ne pas en abuser, et soigner toujours la finesse de l'expression. Sauf des exceptions rares, les dames accueillent ces choses avec une certaine bienveillance. Le tact indiquera le moment précis où il conviendra d'enrayer.

* * *

L'invité cocasse.

L'invité original est assez goûté. Il doit trancher sur l'ensemble des autres invités, ne pas être mis comme eux, et s'exprimer sur les sujets quelconques d'une façon différente et inattendue. Son intervention rompra la monotomie et tranchera sur l'uniformité de l'ensemble. Il faudra varier son originalité à propos et avec discrétion, pour ne pas en perdre le bénéfice.

* * *

L'invité sérieux est nécessaire et donne le cachet à une maison. Un ancien diplomate, commandeur de quelque chose, et avec la rosette d'officier, fait bien à une table et dans un salon. Il est bon aussi d'avoir un magistrat aimable ou un vieux général en retraite, qui ne saisisse pas trop souvent

Invité vieux militaire.

Invité savant.

Invité magistrat.

Invité riche et sans enfants.

Invité qui a un fils à marier.

LE GÉNÉRAL.
Invité pour le fils de la maison. Un lieutenant qui désire de l'avancement.

l'occasion de raconter ses campagnes. La présence d'un homme qui exerce la profession de savant est aussi des plus recommandables, et il est quelquefois utile de pouvoir le feuilleter au besoin.

* * *

L'invité qui a une jolie femme. Celui-ci est assez recherché. On ne lui en veut pas d'être ennuyeux, ou prétentieux, ou même un peu sot. Il serait très-myope, ou tout à fait sourd, que cela ne nuirait en aucune façon au plaisir que l'on montre à le recevoir. Souvent il est un peu grincheux et on le lui pardonne. Dans la journée on flatte son goût pour la chasse, qui l'emmène promener au loin, et qui l'endort de bonne heure, au soir. Les jours où l'on ne chasse pas, on le confisque le plus qu'on peut, au billard d'abord, puis à la table de whist.

JUDITH. — Quel sera l'homme assez heureux pour être son Holopherne. (Premier acte.)
(Il est bon qu'elle soit bien faite et disposée à accepter les rôles gracieux dans les tableaux vivants.)

*
* *

Le monsieur qui chante. L'invité qui a su utiliser ses loisirs d'une façon suffisante pour déchiffrer à peu près le nouveau morceau à la mode et

quelques choses des partitions récentes, est particulièrement bien reçu. La musique est le lien des âmes, l'amusement des jeunes personnes et la tranquillité des parents. Les duos sont d'excellents prétextes, et les petites opérettes de séduisants exercices. L'invité qui a une voix de ténor est plus recherché que celui qui possède une basse ou un baryton. Il peut prétendre à toutes les invitations, et n'a plus que l'embarras du choix.

Le monsieur qui dessine est agréablement vu, mais il plaît moins que le ténor, sa spécialité étant plus silencieuse et moins meublante. Il est utile pour croquer les voisins et prendre la silhouette des visiteurs. Il rend des services pour les costumes et les agencements de charade et de mise en scène pour comédie de société, où il fait les oncles et les rôles de seconde portée.

* * *

L'artiste. Un artiste est indispensable dans un château bien aménagé. S'il a du talent et de la réputation, rien de mieux. Il faut qu'il dise de temps en temps une petite énormité pour que l'on ne croie pas avoir affaire à un faux

L'invité spirituel et son partenaire.

artiste; on lui pardonne à peu près tout. Aussi est-il bon qu'il s'habitue à dire à peu près tout ce qui lui passe par la tête On trouvera cela très-gai. Quelques-uns, pour plaire à la galerie, affectaient de faire des cabrioles dans le salon ou de marcher sur les mains : cela est tout à fait passé de mode. Un artiste maintenant a rompu avec ce vieux préjugé, et se costume en officier ou en notaire. Il dit avec gravité quelques mots étranges et sait raconter solennellement des histoires à faire dresser les cheveux sur les têtes les plus chauves.

Il y en a qui gardent le silence pour avoir l'air d'être des penseurs. Il faut dire que cela leur réussit parfois. Il y a des banquiers, maintenant, qui invitent des artistes pour leur donner leur fille en mariage, ou qui, n'ayant pas de fille, finissent par les coucher sur leur testament.

L'invité à tout faire est indispensable. C'est lui qui voit si les fusils sont en état, si les chiens et les chevaux mangent bien, qui donne un coup de marteau au besoin pour la représentation du soir, porte le châle et le

L'invité utile.

L'invité à tout faire.

parapluie de madame à la promenade, fait des croquis pour les demoiselles, des vers pour les dames et des cerfs-volants pour les gamins, joue les rôles comiques dans les charades et monte les scies et charges aux grotesques du voisinage.

C'est lui qui reste le plus longtemps à la maison. Il s'arrange pour être

La partie avec l'oncle grincheux et la vieille tante sourde.

bien avec tout le monde. On a vu des femmes de chambre le prendre par la taille, et des domestiques lui taper sur le ventre.

Un bon invité à tout faire doit savoir au besoin appuyer d'un coup de fusil la pièce manquée par un homme influent, et la lui laisser ramasser en se déclarant lui-même un ignare et un maladroit.

Il faut qu'il sache faire le troisième au whist avec l'oncle grincheux et la vieille tante sourde.

Il ne doit ignorer ni le jacquet ni le trictrac, les jeux favoris du vieux marquis, le voisin de campagne.

Il doit connaître les points savants de tapisserie, la confection des liqueurs de famille et l'art de gonfler les ballons.

Le rôle est difficile, mais, à tout prendre, point désobligeant pour ceux à qui il convient. Il attire parfois quelques désagréments, mais représente une série satisfaisante de bénéfices, sans compter qu'à la mort du chef de maison, il lui est alloué souvent une pension de retraite, et qu'en outre on le lègue le plus souvent comme indispensable aux héritiers et aux successeurs.

L'INVIVÉ A TOUT FAIRE.

— Mon ami, il n'est qu'une heure du matin, commencez le cotillon, à trois heures vous serez libre.

— Alors, mon vieux Baptiste, ton petit-fils sera vicomte ! Ça, c'est drôle !
— Dame, mon gros, ça me coûte cher, mais ça plaît à la petite ! et moi, ça m'amuse !

MARIAGE

BILLET DE FAIRE PART

M. Aaron.

A Monsieur Guy de Trois-Étoiles, à Biarritz.

Enfin, mon cher ami, le sort en est jeté ! La mer de Trouville m'a été favorable ; j'entre à pleines voiles dans le port : je me marie.

Il était temps. J'hésitais encore. Ce petit brigand d'Aaron Drosselmayer, auquel j'ai, hélas ! de trop nombreuses obligations, a tellement appuyé sur la chanterelle, que j'ai fini par consentir à aliéner ma liberté.

Pendant le temps où j'hésitais encore, d'autres ont pris ce qu'il y avait de plus avantageux sur la place, au moins au point de vue de l'argent. On parle déjà de deux ou trois douzaines d'unions conclues, ou prêtes à se conclure. Aaron m'a montré, clair comme le jour, la place se dégarnissant et bientôt ne présentant plus que des *laisser pour compte*, ou des impossibilités évidentes ; il m'a fait le tableau de ma dette grossissant à vue d'œil, et de sa gêne à lui, qui le forcerait, malgré ses répugnances, à prendre des mesures rigoureuses.

« Croyez-moi, me disait-il avec des larmes affectueuses dans la voix, croyez-moi, il n'est que temps : vous épaississez, les cheveux diminuent, la République semble s'installer, la valeur des titres baisse; croyez-moi, liquidez! »

Je liquide.

Tu connais Aaron, je crois, ou du moins tu l'as vu : c'est un type. Jadis, les prêteurs avaient le nez pointu, la figure hâve, des vêtements sordides, une calotte sinistre sur la tête, de larges lunettes de fer, une barbe taillée comme celle du bouc de Belzébuth, et des mains osseuses, garnies de tendons rigides, qui se crispaient furieuses sur les pièces d'or amoncelées, comme dans l'*Amour de l'or,* du père Thomas Couture : c'étaient des juifs.

M. Aaron Drosselmayer, lui, est un israélite; c'est un brun sémillant; une raie se dessine finement au milieu de sa tête, ses moustaches sont redressées coquettement, et sa barbe lissée avec soin laisse voir un menton gras à fossette; il porte un lorgnon dans l'œil, est habillé à l'avant-dernière mode, assez pour être élégant et ne pas être prétentieux; au dehors, il loge et dîne aux meilleurs hôtels, et ne boit à l'ordinaire que du château laffitte; à Paris, il ne manque pas une première, est fou de littérature et de musique. Et cependant, de sa main potelée, garnie de gants, il vous étrangle tout aussi bien, et même mieux, que n'étranglaient ses ancêtres.

Je suis son ami; l'argent qu'il m'a généreusement prêté, me dit-il, me revient à 95 pour 100. Jugez des autres.

Du reste, il est aimé dans les mêmes conditions, je pense, de plusieurs de ces messieurs qui viennent s'ébattre comme moi sur les côtes normandes, sans doute pour le même bon motif.

Et lui, sans plus de doute, tout en se baignant, banquetant et coquetant à gauche et à droite, vient surveiller ses affaires et ses clients, liquider les unes et recruter les autres.

A tout prendre, je ne lui en veux pas; sans lui, j'aurais fait triste figure à de certains moments. Je tâche de ne point songer que je suis en train de dépouiller mes malheureux enfants. Mais comme ils sont encore à l'état futur, que je ne les connais pas, je m'en console, d'autant plus qu'il serait fort possible que je n'en eusse point, ce qui serait déplorable pour le nom des la Rochecise, mais ce dont il faudrait bien aussi que je me console.

Je crois bien, mais je n'en suis pas bien sûr, que c'est Aaron qui m'a trouvé celle qui doit vivre à mes côtés dans les sentiers de l'existence. La fortune est solide alors, et il n'y a rien à craindre; il a dû prendre ses précautions, car il doit toucher ce qui lui revient sur la remise de la dot. Je suis donc tranquille.

Il n'y a pas de belle-mère, ce qui est inappréciable. La fortune de la mère, qui appartient aujourd'hui à la fille, et qui demain sera celle de ton très-dévoué, est de huit cent mille francs. Le père ajoute quatre cent mille livres en écus, le jour du contrat ; ce n'est pas déjà si mal.

Tout cela, disent les ennemis du père, — tout le monde en a, — a été gagné dans la haute droguerie, par l'adroite substitution de la glucose au sucre dans la confection de certains sirops. J'ai pris des informations : cela n'a jamais été prouvé ; d'ailleurs, le beau-père a vendu son fonds depuis longtemps, et vit dans une petite campagne d'où il ne bouge pas.

Un de ses frères, qui est sans enfants, et qui, par conséquent, figure dans mon avenir conjugal à l'état d'espérances, a fait une très-belle fortune, en qualité de fournisseur de l'armée. Des malveillants avaient voulu insinuer que des souliers fournis par lui ne possédaient à leur avoir que des semelles de carton. Il est sorti victorieux de l'examen. Les souliers que l'on a pu présenter avaient fait si bon service en temps utile, qu'ils étaient parfaitement usés, et n'avaient plus de semelle.

Les détracteurs et jaloux en ont été pour leur courte honte.

Plus tard je pourrai, moi et mes enfants, marcher sans rougir dans les souliers de cet oncle qui, dit-on, a deux ou trois millions sur la planche, et offre par anticipation des diamants superbes à sa nièce.

* * *

Je te dirai, entre nous, maintenant, que cette petite est positivement bien. Le père devenu veuf, et qui ne savait naturellement qu'en faire, l'a mise pendant quatre ans aux Oiseaux ; elle est jolie, elle a des cheveux splendides, un petit nez retroussé comme ceux qui étaient à la mode au temps de madame de Pompadour, et des yeux surpris, étonnés et un peu bébêtes, qui sont séduisants au possible.

Elle a dix-neuf ans, elle est bien faite, et tout à fait à point. Ce ne serait pas la peine d'être à Trouville, si je ne l'avais pas étudiée consciencieusement. Ce serait parfait si l'ensemble pouvait rester ainsi, mais il y a peut-être à craindre l'embonpoint prématuré de la trentaine.

Un peu de gaucherie dans les allures et la tournure, ce qui ne me déplaît pas ; cela disparaîtra bien vite. Ma vieille tante la trouve à son goût, et se propose de la former : j'aime mieux cela que d'en charger quelques-unes de ses compagnes de couvent, qui sont venues aussi à Trouville pour la saison des bains de mer, et dont certaines, mariées précédemment, semblent avoir déjà jeté leur bonnet par-dessus les falaises. Je pointe celles-là pour l'avenir.

Ma tante ne peut naturellement souffrir ni le beau-père ni l'oncle futur; elle prétend que ce sont des goujats, et compte bien les voir le moins possible, ce qui sera des plus faciles, puisqu'ils ne bougent guère, l'un de sa campagne, l'autre de ses tripotages d'affaires.

Elle leur pardonne au fond du cœur, en faveur de la dot; mais c'est là tout.

Charmante du reste, cette petite Alexandrine, — ce diable de nom ne me va guère, mais je compte bien ne pas m'en servir, — et figure-toi qu'elle m'adore, qu'elle a l'air d'être enchantée, ravie. La pensée d'être comtesse la transporte : elle me regarde avec des yeux si éblouis, que cela me touche moi-même.

Vrai, parole d'honneur, il me semble que si j'avais rencontré à Paris cette petite fille, dans un petit théâtre, aux *Folies* ou aux *Bouffes*, j'aurais ruiné mon ami Aaron pour elle; au lieu de cela, c'est elle qui me fait cadeau d'une douzaine de cent mille francs, et puis se donne elle-même par-dessus le marché!

Voilà ce qui me semble une affaire bien présentée, de toutes les façons.

* * *

C'est ma tante qui, malgré ses répugnances, a fait la demande.

J'ai été agréé carrément; je suis évidemment aimé. Je n'ai pas entendu parler du moindre cousin. C'est complet.

Nous sommes à Paris depuis quinze jours. Le contrat est signé. On fait les emplettes de toutes sortes. Je porte des bouquets tous les jours, je donne un coup d'œil à l'appartement, dont ma tante s'occupe pour nous, et qui se trouve boulevard Haussmann.

* * *

Dans huit jours, le mariage à Saint-Augustin. Il n'y a presque personne à Paris, tant mieux : j'aime autant ne pas trop faire voir ma nouvelle famille.

Le jour même, naturellement, après la cérémonie, nous partons pour l'Italie. Dans les circonstances graves, comme celle du mariage, on ne peut pas décemment penser à commencer par rester chez soi : on serait trop mal vu. La petite ne connaît pas le Midi, elle s'en fait une joie qui m'amuse et me divertit par avance.

Nous ne nous arrêterons qu'à Nice. J'enverrai la veille une dépêche dans un hôtel, pour retenir une chambre, sans dire quels sont mes motifs, car je ne veux pas nous donner en spectacle.

Je compte nous promener tout doucement jusqu'à Naples. Nous reviendrons pour la saison des fêtes à Monaco et Monte-Carlo.

Adieu, cher; tu verras que tu te marieras aussi. Au printemps, nous nous retrouverons à Paris; je te présenterai à ma femme, à condition que tu n'abuseras pas de ma confiance.

Vale.

C. R. DE LA ROCHECISE.

LE DÉPART.
Voyage de Paris à la lune — de miel.

LE PREMIER QUARTIER

A Monsieur Guy de Trois-Étoiles, à Pau.

Nice, 17 novembre 1875.

Tu sais, ou tu ne sais pas, que ce pauvre la Rochecise a fait une fin. Il est marié. Il a, dit-on, épousé une petite fille appartenant à une famille des plus communes : le père était un commerçant taré, enrichi dans des fabrications plus que douteuses ; il y a un oncle encore plus riche qui a gagné un argent fou en vendant des fusils sans chien et des cartouches sans poudre aux armées du Nord.

Il n'y avait plus moyen d'aller; le pauvre garçon était à la côte, et l'on était sur le point de lui exproprier les derniers moellons de sa vieille bicoque à la Rochecise. La tante, la vieille comtesse, a bien résisté tant qu'elle a pu à ce mariage, mais il a fallu se résigner, il était perdu sans cela, et la bonne dame n'a plus que cinq ou six mille francs de rente, dont elle vit pauvrement dans son vieil hôtel hypothéqué de la rue Cassette.

Bref, il est marié, et j'ai vu sa femme, la nouvelle comtesse, qui, par parenthèse, a des yeux bleus et de certains sourcils noirs... Je m'y connais, et je ne te dis que cela, pour l'avenir.

Jolie à tout prendre, et je voudrais bien être à la place de ce bon Raoul, pour deux ou trois mois.

Ce qui fait que je t'en parle, c'est que je viens de le voir passer à Nice. Franchement, le pauvre garçon n'a pas de chance!

Il était parti, suivant la coutume, après la cérémonie fatale, pour ce voyage obligatoire de l'Italie; voyage qu'entre nous je trouve idiot et bête au possible.

Ils n'ont voulu s'arrêter ni à Lyon ni à Marseille.

Ils ont donc passé leur première nuit de noces en chemin de fer. Comme c'est gai!

Ils comptaient arriver à Nice pour le dîner, et faire ensuite leurs dispositions conjugales comme ils l'entendraient. Pas du tout.

Un retard extraordinaire a fait que le convoi est arrivé à Nice seulement à onze heures.

Justement il pleuvait à verse, ce qui n'est pas arrivé, m'assure-t-on, depuis six mois.

Il avait télégraphié le matin à l'hôtel où j'habite, sans dire le motif de son voyage, pour demander le numéro 14, une chambre bien aménagée, dont il connaissait les ressources.

Impossible de l'avoir, elle était retenue justement pour la baronne Ida de Vaugirard, que tu connais bien, et qu'il connaissait trop, comme nous savons tous.

Quand il est arrivé, nous étions encore quelques-uns dans la grande salle vitrée du bas. Ils étaient tous deux trempés, comme il n'est pas permis de l'être, surtout à Nice. Raoul était si préoccupé qu'il ne m'a pas reconnu. Un garçon venait de lui dire que le numéro 14 était occupé par une dame qui n'avait pas voulu s'en dessaisir, et qu'il n'y avait plus qu'une petite chambre au second, qu'une autre dame venait d'abandonner pour aller se fixer à Monte-Carlo. C'était la belle Éloa de Saint-Phar; elle descendait l'escalier au moment où il montait avec sa femme, — j'ai su seulement alors que c'était sa femme, par un monsieur qui avait fait la route avec eux, et avait compris à leur conversation ce qu'il en était. — Comme Éloa descendait, elle l'a reconnu, accompagné d'une femme qu'elle ne connaissait pas, et lui a pincé si violemment le bras, en guise de souvenir, qu'il en a fait un cri.

— Qu'avez-vous, mon ami? dit la jeune épouse.

— C'est ce maudit pied qui vient de tourner sur cette marche, a-t-il répondu d'un air navré.

— Avez-vous vu ce grand imbécile de Rochecise? nous dit Éloa en descendant. Quelle est cette péronnelle qui l'accompagne? Je viens, en passant, de lui faire un bleu dont il se souviendra, l'ingrat personnage.

— Mais c'est sa femme, mais il entame aujourd'hui sa lune de miel.

— Ah bah! Ah vraiment! pas possible! Quel grand niais! Et ils n'ont que ma chambre pour le moment; eh bien! c'est gentil, je leur en fais mon compliment. Une cloison épaisse comme trois feuilles de papier! on entend tout ce qu'on dit dans les chambres à côté. A droite : un gros colonel russe, qui ronfle tout le temps comme une énorme toupie hollandaise; à gauche : deux vieux Allemands, homme et femme, ornés tous les deux d'un effroyable catarrhe, et qui se disputent tout le temps en allemand, lorsqu'ils n'ont pas de quinte à ébranler la maison. C'est un enfer; ils auront bien de la peine à en faire un paradis, les pauvres chéris!

Sans compter que le lit est plein d'affreuses petites bêtes noires qui marchent, et l'air plein d'horribles petites bêtes noires qui volent.

Je leur souhaite bien de l'agrément, à ces tourtereaux.

Si nous allions, pour compléter la petite fête, leur faire un charivari dans le corridor? Mais non, je serai généreuse.

Et la belle Éloa, éclatant de rire, est montée dans son fiacre pour aller à la gare.

Ma parole d'honneur, je l'ai plaint, ce pauvre garçon.

Le lendemain matin, au jour, ils sont partis par le premier train. Raoul avait l'air furieux, la pauvre petite femme avait les yeux rouges et gros comme le poing, m'a dit le garçon. Il croit qu'ils vont à Menton.

J'ai raconté cela à ma chère vieille grand'mère, que nous avons décidée à grand'peine à venir ici pour sa santé.

— Eh bien, mon ami, m'a-t-elle dit, comme c'est triste, tout cela! C'est la vie hors de chez soi qui commence pour cette pauvre petite femme et pour son mari, qui en souffrira comme elle, et plus qu'elle sans doute, dans l'avenir.

« Quand votre grand-père et moi nous nous sommes mariés, il y a de cela bien longtemps, nous avions tous deux l'un pour l'autre, depuis longtemps, une douce et tendre affection. Le petit hôtel que nous possédons encore, nous l'avions alors. La chambre qui nous a reçus le premier jour de notre union, était celle qu'avait habitée avant nous avec mon père, ma mère si adorable et si regrettée. Chaque meuble était un souvenir, chaque portrait appendu aux murs semblait avoir des regards pour nous sourire et nous protéger. C'était une atmosphère de calme, de bonheur et de traditionnelle vertu. Ta mère est née dans cette chambre, mon enfant, comme j'y étais née moi-même.

« C'était alors la mode, ou plutôt la coutume, une sainte coutume à mon sens, qui avait son enseignement et sa grandeur.

« Maintenant la mode est d'arracher subitement la jeune fille au vieux foyer maternel, de l'enlever comme une proie, de la jeter dans la promiscuité révoltante d'un lit d'auberge, souillé par des souvenirs repoussants; de la donner en spectacle à des indifférents, grossiers et railleurs, et de l'exposer à tous les déboires qui enlèvent la poésie du souvenir à ces premières et douces émotions de l'amour permis.

« Rien que de penser à toutes ces insultes aux convenances, à la virginité, à la vertu, cela m'attriste et me bouleverse le cœur. »

Ainsi m'a parlé cette chère ancêtre que j'aime tant, et je dois dire que j'ai été assez faible pour me laisser persuader par elle pour l'époque où je me marierai, ce que par bonheur je n'entrevois pas encore.

Mais c'est égal, l'histoire de la lune de miel, ainsi entamée par notre ami Raoul, n'est-ce pas que c'est bien divertissant, — pour nous s'entend?

A toi.

J. de V.

ÉPILOGUE.

L'INTRODUCTION dans la vie moderne de deux forces encore inconnues, et mal définies dans leurs actions et dans leurs résultats, a dominé, quoi qu'on en dise en Europe, toute autre manifestation intellectuelle, politique et sociale. Ces forces sont celles de la vapeur et des chemins de fer, celles de l'électricité et des télégraphes électriques.

Par ces forces, les relations sont devenues plus directes et plus immédiates entre les peuples. Le premier résultat semble avoir été de produire un contact subit et violent qui les a fait s'entre-battre et s'entre-tuer, puisqu'ils vivaient jusqu'alors chacun de leur côté, dans les erreurs défiantes et dans les préjugés des temps passés. Le second résultat sera, nous le croyons, de les faire se connaître et s'apprécier davantage, d'abattre progressivement les barrières qui les séparent, échanger facilement leurs idées et leurs produits, et établir par la rapidité des échanges, les moyennes de compensations qui assurent les moyennes de satisfactions et de jouissances.

Les hommes qui jadis ne se déplaçaient pas ou ne se déplaçaient guère, se haïssaient par tradition et par ouï-dire. Les chemins de fer et l'électricité, qui les réunissent rapidement et à volonté, leur apprendront bientôt à reconnaître qu'il n'y a pas que d'un seul côté des sentiments généreux, des talents profitables à tous et d'utiles vertus.

La vie hors de chez soi, qui n'est pas pratiquée seulement par les oisifs et les gens auxquels un travail du temps passé a créé des loisirs, est féconde en enseignements et renseignements dont la sagesse humaine doit tirer infailliblement un profitable parti.

Les penseurs et les travailleurs vivent aussi hors de chez eux. Ce sont eux qui percent les montagnes et creusent les isthmes, rapprochent les mondes et annulent les distances. Il n'est pas de politicien bavard qui vaille le terrassier silencieux courbé pour creuser un canal, ou poser les rails d'un chemin de fer.

Ces moyens de communication rapides et nouveaux, qui ont été détournés de leur but pour servir à la guerre et à la haine, deviendront nécessairement ce qu'ils doivent être, des instruments d'union et d'amour.

* * *

Ce ne serait point la peine de rouler comme nous l'avons fait sur tous les chemins de fer où se déroule et se prépare la vie hors de chez soi, pour ne s'amuser à voir que de simples Parisiens comme soi-même, et n'échanger qu'avec eux de ces idées ressassées à Paris tous les jours.

A la foule des Perrichon, des Benoîton de toute espèce, des Goinfreville, et des la Rochecise, et des Bassecourt, se mêlent aussi des gens sages, hommes du pays ou de l'étranger, qui savent observer avec sagacité les choses et en tirer les observations justes.

C'était à Pau, cet hiver, il y avait là un de ces beaux vieillards anglais, graves et sévèrement distingués, comme il en est certains dans les hautes classes de ce pays. Il venait là pour la santé de deux belles jeunes filles, qu'il promenait ainsi partout où le soleil peut vaincre les brumes et réparer les tristesses dangereuses de l'hiver anglais.

Comment se fait-il, lui disions-nous un jour, que votre peuple qui vante plus que tout autre les délices de l'*at home,* c'est-à-dire de la vie chez soi, puisse être précisément désigné comme celui qui vit le plus hors de chez lui?

— Les oiseaux qui, dites-vous, sont et doivent être les guides pratiques de notre vie, nous fourniront notre réponse. Leur chez soi à eux, c'est le nid qu'ils viennent accrocher à notre maison. Ces nids sont des nids d'amour, de paternité et de souvenir filial, comme sont nos maisons auxquelles ils les attachent.

« Comme nous, ils vont chercher ailleurs ce qu'il leur faut et ce qui leur manque. Comme nous ils reviennent nécessairement avec émotion et avec tendresse à leur berceau et à celui de leurs enfants. Croyez-vous que les oiseaux, lorsqu'ils sont dans les pays lointains où ils vont trouver le soleil ou la fraîcheur, suivant les temps, ne pensent pas avec attendrissement comme nous à ces nids où ils sont nés et où ils verront naître leurs petits?

« La même attraction que nous sentons les ramène toujours à cet *at home* qui est pour ainsi dire joint au nôtre comme par un enseignement nouveau.

« Les déplacements et les voyages que les Anglais, plus que tous les autres peuples, ont depuis longtemps pratiqués par goût et aussi par calcul, ont été pour eux la cause de leur sagesse, de leur stabilité et de leur indiscutable prospérité.

« Avant tous les autres, ils ont eu leurs inspirations libérales et fécondes; dans un moment de fièvre populaire ils ont, il est vrai, devancé tous les révolutionnaires modernes en élevant un échafaud pour faire tomber la tête de leur roi; mais instruits par la comparaison et l'étude des différents peuples qu'ils visitaient chaque jour, ils ont reculé dans la route où ils s'étaient fatalement avancés.

« Deux cents ans et plus se sont passés depuis lors, et maintenant les Anglais, mûris par l'expérience, ont une reine et des princes qu'ils respectent. Ils sont le peuple le plus libre de l'Europe, ils ne subissent pas l'impôt du sang, ils sont unis à l'intérieur et craints au dehors, tout cela parce qu'ils chérissent leur *at home* comme un port et un repos, mais aussi parce qu'ils ne craignent pas de le quitter pour aller vivre au dehors de la vie hors de chez soi, afin d'y récolter et rapporter à leur profit ce qu'ils rencontrent ailleurs de bon et d'utile.

« Notre sympathie pour la France est grande et profonde. Nous nous plaisons à admirer ce peuple, charmant et spirituel, capable de toutes les grandes supériorités comme de toutes les graves erreurs; aussi c'est avec tristesse que nous assistons parfois à ses défaillances, et que nous constatons les progrès du double phylloxera, dont la rage attaque votre vigne, qui est une source de joie pour le monde entier, et votre spirituelle raison, qui en fut si longtemps l'ornement.

« Il y a trop d'esprit peut-être en France, et trop souvent l'esprit y étouffe la raison.

« Nous autres, gens d'ennuyeuse réflexion, nous ne pouvons ne pas observer ceci entre autres choses : c'est qu'à une époque où les chemins de fer changent et bouleversent tout, modifiant de bas en haut et de haut en bas les conditions de la guerre et de la paix, celles du commerce, les combinaisons de la vie générale et celles de la vie privée, l'homme qui semble, d'après une opinion à peu près accréditée chez vous, représenter plus spécialement l'esprit français, a signalé précisément sa présence au pouvoir, en niant officiellement à la tribune les chemins de fer, leur avenir et leur vertu.

« Chez nous, peuple pratique, un homme affichant ainsi la sûreté de son jugement sur la question la plus importante du siècle, eût à jamais perdu la confiance du public. On l'eût renvoyé dans son district, tandis que l'on eût élevé des statues aux frères Pereire qui ont lutté contre cette opinion qu'il avait fait admettre, puis ont fini par en triompher et donner le mouvement qui a doté, malgré lui, la France de ses chemins de fer et de tous les avantages qu'ils apportent avec eux, multipliant ainsi les bienfaisantes récoltes de la vie hors de chez soi.

« Car la vie hors de chez soi n'est pas seulement un moyen de tuer ce temps sur lequel les incapables et les oisifs s'acharnent. »

« Elle est utile, elle est profitable, elle est providentielle pour ceux qui peuvent ou qui savent s'en servir. »

En faisant la part de certaines exagérations et de quelques excès de vanité, nous avons été contraints de penser, sans trop en convenir, que notre interlocuteur avait raison.

TABLE DES MATIÈRES

PREMIÈRE PARTIE.

*** 84

DEUXIÈME PARTIE.

TROISIÈME PARTIE.

QUATRIÈME PARTIE.

PARIS. TYPOGRAPHIE DE E. PLON ET Cie, 8, RUE GARANCIÈRE.

H P
LABOR
IMPROBUS
OMNIA VINCIT

www.ingramcontent.com/pod-product-compliance
Lightning Source LLC
LaVergne TN
LVHW010515100826
845148LV00001B/10